BÜNDNER SPORT JAHRBUCH 2·0·2·2

IMPRESSUM

© Somedia Production AG, Somedia Buchverlag, Chur/Ennenda
Edition Somedia

www.somedia-buchverlag.ch
info.buchverlag@somedia.ch

Gestaltung: Viaduct AG, Chur
Redaktionsleitung: Anita Fuchs
Produktion: Somedia Production AG Ennenda/Chur

Herausgeber: Bündner Verband für Sport, Chur

ISBN: 978-3-907095-54-6

Der Somedia Buchverlag wird vom Bundesamt für Kultur für die Jahre 2021–2024 unterstützt.

INHALTSVERZEICHNIS

Editorial Thomas Gilardi 5
Editorial Jon Domenic Parolini 7
Olympische Spiele 8
Bündner Sportnacht 18
Topsportler, Topmannschaften 32
Rücktritte 50
Top-Events 60
Sportverbände und -vereine 110
BVS-Partner 200
Sport- und Talentschulen 214
Bündner Meister 234
Bildnachweis 242
Dank 243

EDITORIAL

Bündner Verband für Sport
Thomas Gilardi
Wiesentalstrasse 150
7000 Chur
www.bvs-gr.com

DER SPORT LEBT UND IST WICHTIGER UND VIELFÄLTIGER DENN JE

Die Herausforderungen der Zeit sind gegeben, und der Sport im Kanton Graubünden nimmt diese an, sucht kreative und konstruktive Lösungsansätze und setzt das bestmöglich um. Der Bündner Sport lebt, und im grössten Kanton der Schweiz wird Sport von höchster Qualität inszeniert. Es freut mich ausserordentlich, Ihnen hiermit die achte Ausgabe des «Bündner Sport Jahrbuch» präsentieren zu dürfen. Sie halten ein grossartiges Sammelwerk und wiederum ein Stück Sportgeschichte in Ihren Händen.

Das «Bündner Sport Jahrbuch» lebt und der Sport im Kanton Graubünden ebenfalls. Unsere Mitgliederorganisationen, die im vorliegenden Sportjahrbuch aufgezeigt und abgebildet sind, brachten die schwierigen Zeiten hinter sich, fuhren ihre Angebote wieder hoch, und viele Organisationen konnten ihre Mitgliederzahlen in den Vereinen und Verbänden halten, was einer hervorragenden sportlichen Leistung gleichzustellen ist.

Der Sport braucht starke Partner und entsprechend bedanke ich mich bei der Regierung des Kantons Graubünden und insbesondere bei Regierungsrat Dr. Jon Domenic Parolini für das Vertrauen in die Arbeit des Bündner Verbands für Sport und seiner Mitgliederorganisationen. Unsere Verbände und Vereine leisten täglich hervorragende Arbeiten und tragen entsprechend Verantwortung für die Gesundheit und die Bewegungsfreude der Bündner Bevölkerung.

Der Stellenwert des Sports nimmt im Kanton laufend zu. Qualitativ hochstehende Sport-Events werden in unserem Kanton organisiert und zeigen den schönsten Kanton der Schweiz zu allen Jahreszeiten von seiner besten Seite. In verschiedensten Sportarten auf vielfältigen Unterlagen in den schönsten Regionen des Kantons wird Sport inszeniert, und all das wird im «Bündner Sport Jahrbuch» aufgezeigt.

Endlich durfte wieder eine richtige Bündner Sportnacht gefeiert werden, und natürlich werden sämtliche Sportpreisträgerinnen und Sportpreisträger im vorliegenden Sammelwerk porträtiert. Ebenfalls wurden internationale, nationale und kantonale sportliche Höchstleistungen von Bündnerinnen und Bündnern erzielt, und viele derselben werden im vorliegenden Sportjahrbuch abgebildet, beschrieben und kommentiert.

Das «Bündner Sport Jahrbuch» kann nur mit der redaktionellen Unterstützung der Mitgliederorganisationen produziert werden. Für das aktive Mitwirken geht ein grosses Dankeschön an die unzähligen Sportfunktionäre, die redaktionelle Beiträge leisten, aber auch an Trainerinnen und Trainer, die täglich mithelfen den Sport in Graubünden lebendig zu halten.

Einen besonderen Dank geht an unsere Sponsoren, die Tourismus Destinationen, an die Graubündner Kantonalbank und an die Sportförderung des Kantons Graubünden, die das Sportjahrbuch immer wieder mittragen und unterstützen.

Nun wünsche ich Ihnen viel Vergnügen mit dem Lesestoff «Bündner Sport Jahrbuch 2022».

Thomas Gilardi, Präsident Bündner Verband für Sport

EDITORIAL

Erziehungs-, Kultur- und
Umweltschutzdepartement
Quaderstrasse 17
7000 Chur
Tel. +41 81 257 27 02
Fax +41 81 257 20 51

50 JAHRE J+S IN GRAUBÜNDEN – UNTERSTÜTZUNG IN DREI BEREICHEN

Nach zwei herausfordernden Jahren ist es eine Freude zu sehen, wie auf den Bündner Sportplätzen wieder fleissig trainiert, emsig gewetteifert und freudig gejubelt wird. Dass die Einschränkungen der vergangenen Jahre den Bündner Sport nicht in seinen Grundstrukturen erschüttern konnten, ist neben den raschen Hilfeleistungen auch einem sehr stabilen Fundament zu verdanken. Ein starker Pfeiler dieses Fundaments ist seit nunmehr 50 Jahren das Sportförderungsprogramm Jugend+Sport, kurz J+S.

Bis Anfang 1972 hiess die staatliche Sportförderung noch «militärischer Vorunterricht», diente der «körperlichen Ertüchtigung der (damaligen) Jugend» für den Militärdienst und war Aufgabe der Armee. Erst mit der Volksabstimmung über die Aufnahme der «Förderung von Turnen und Sport» in die Bundesverfassung wurde die Sportwelt «entmilitarisiert» und der Grundstein für ein eigenständiges Sportförderungsgesetz gelegt. Herzstück dieses Gesetzes war und ist das Programm Jugend+Sport, welches sich an Knaben und Mädchen von 14 bis 20 Jahren richtete sowie sportliche Aktivitäten und Ausbildungen in vorerst 18 Sportfächern unterstützte. Zu den 18 «Pionier»-Sportarten von Jugend+Sport gehörten auch einige für Graubünden typische Sportarten, so zum Beispiel Bergsteigen, Skifahren, Skilanglauf, Skitouren, Wandern und Geländesport, Orientierungslauf und natürlich auch Fussball. Seither wuchs J+S kontinuierlich; aktuell umfasst das Programm 85 Sportarten und ist bereits für fünfjährige Kinder zugänglich. Bundesrat und Parlament finanzieren J+S mittlerweile mit über 100 Millionen Franken pro Jahr, und die Kantone investieren gesamthaft wohl einen ähnlich hohen Betrag in die Administration und Organisation von Leiterkursen und Fortbildungsmodulen.

Ziel des J+S-Programms ist es, schon früh für Sport zu begeistern. In regelmässigen Trainings und Lagern dürfen jährlich über 25 000 Bündner Kinder und Jugendliche Freude an der Bewegung entwickeln, damit Sport auch im Erwachsenenalter Teil ihres Lebens bleibt. Im Kindes- und Jugendalter leistet Sport ausserdem einen wichtigen Beitrag zur Persönlichkeitsentwicklung: Durch das Training in der Gruppe lernen Kinder, sich auf faire Weise zu messen, Erfolge zu feiern und mit Misserfolgen umzugehen.

J+S unterstützt die Bündner Sportvereine, -verbände, Schulen und Gemeinden in drei Bereichen: Einerseits durch finanzielle Beiträge von rund 2,5 Millionen Franken jährlich an ihre Sportaktivitäten. Anderseits durch eine praxisorientierte Aus- und Weiterbildung für die rund 5000 J+S-Leitenden in Graubünden. Und zu guter Letzt auch in Form von geeigneten Lernmedien und hilfreichem Leihmaterial.

Dafür, dass Sie, liebe Leserinnen und Leser, Jugend+Sport mittragen, sei es als Leiterin, als J+S-Coach, sogar als Experte oder (nicht weniger wichtig) als Funktionärin oder Helfer, möchte ich mich bei Ihnen, Ihren Verbänden und Vereinen ganz herzlich bedanken. Der Kinder- und Jugendsport lebt von Ihrem Engagement.

Dr. Jon Domenic Parolini,
Regierungsrat/Cussegljer guvernativ/Consigliere di Stato
Vorsteher des Erziehungs-, Kultur- und Umweltschutzdepartements
Schef dal departament d'educaziun, cultura e proteczun da l'ambient
Direttore del Dipartimento dell'educazione, cultura e protezione dell'ambiente

10   IMPRESSIONEN
16   BILANZ

OLYMPISCHE SPIELE

OLYMPIA

OLYMPIA

Olympische Spiele 11

OLYMPIA

1 Glücklich und zufrieden lächelt der Skicross-Vize-Olympiasieger Alex Fiva in die Kameras.

2 Gino Caviezel fährt im Riesenslalom auf den siebten Rang und holt auch im Teamwettkampf ein Diplom.

3 Mit dem undankbaren vierten Platz im Slopestyle-Final muss Andri Ragettli eine grosse Enttäuschung verkraften.

4 Als jeweilige Siebte läuft Laurien van der Graaff sowohl im Teamsprint als auch in der Staffel auf den siebten Rang.

5 Mit jeweils einem siebten Platz gewinnt Jonas Baumann sowohl im Teamsprint als auch in der Staffel ein Diplom.

6 Dario Cologna beschliesst seine Olympia-Dernière mit einem Diplom in der Staffel.

7 Mit dem siebten Platz in der Staffel sichert sich Nadja Kälin bei ihrer Olympia-Premiere gleich ein Diplom.

OLYMPIA

8 Bei ihrem Einstand auf der olympischen Bühne ergattert Alina Meier mit dem siebten Staffelrang ein Diplom.

9 Evelina Raselli enteilt einer Gegnerin und belegt mit dem Schweizer Team den undankbaren vierten Platz.

OLYMPIA

10 Andres Ambühl (oben links) und
11 Enzo Corvi gelangen mit
    dem achten Rang zu einer eher
    schmeichelhaften Ehre.

Olympische Spiele

OLYMPIA

EINMAL SILBER UND 13 DIPLOME – FIVA SORGT FÜR SPÄTE ERLÖSUNG

Bis fast zum Ende der Olympischen Winterspiele in Peking mussten sich die Bündnerinnen und Bündner gedulden, bis einer der Ihren zuschlug. Der in Chur lebende Skicrosser Alex Fiva vom Skiclub Parpan erlöste mit seiner Silbermedaille einen ganzen Kanton. Doch, dass es so lange dauern könnte bis zum ersten und schliesslich auch einzigen Glanzmoment, musste fast ein wenig angenommen werden. Höchstens noch dem Flimser Freeskier Andri Ragettli wurde im Vorfeld aus Bündner Sicht ebenfalls ein Platz auf dem Podest zugetraut. Doch zwei Tage vor Alex Fivas Silbergewinn musste sich der 23-jährige Ragettli mit dem undankbaren vierten Platz im Slopestyle-Final anfreunden und eine grosse Enttäuschung verkraften.

Einen solchen vierten Platz erreichte auch das Schweizer Eishockey-Nationalteam der Frauen. Und mit ihr Evelina Raselli aus dem Puschlav, für die es in Peking wohl die letzten Olympischen Spiele gewesen sein dürften. Die weiteren Bündnerinnen und Bündner, die sich für eines der insgesamt 13 Diplome verantwortlich zeigten, waren deutlich weiter entfernt vom Gewinn einer Medaille. Zumindest gleich deren zwei Rangierungen in den besten acht durfte sich Skirennfahrer Gino Caviezel notieren lassen. Im Teamwettkampf zwar mit der Schweiz als Titelverteidiger angetreten, aber bereits im Viertelfinal ausgeschieden, zeigte er in seiner Paradedisziplin Riesenslalom mit dem siebten Schlussrang eine ansprechende bis gute Leistung.

Ebenfalls zwei Diplome sicherten sich die Langläuferin Laurien van der Graaff an ihren letzten Olympischen Spielen kurz vor ihrem Karriererücktritt und Langläufer Jonas Baumann. Beide waren im Teamsprint und in der Staffel erfolgreich. Der 31-Jährige überzeugte auch in seinen Einzelrennen, auch wenn dies nicht zu einem

26 Bündnerinnen und Bündner an den Olympischen Spielen

Irene Cadurisch
Maloja
23. Oktober 1991

Selina Gasparin
Lantsch/Lenz
3. April 1984

Evelina Raselli
Poschiavo/Zug
3. Mai 1992

Andres Ambühl
Davos
14. September 1983

Enzo Corvi
Davos
23. Dezember 1992

Alexia Paganini
Brusio/Zürich
15. November 2001

Basil Sieber
Samedan
14. Juni 1995

Jasmine Flury
Davos Monstein
16. September 1993

Gino Caviezel
Lenzerheide/Pfäffikon SZ
23. Juni 1992

Stefan Rogentin
Lenzerheide
16. Mai 1994

Talina Gantenbein
Davos
18. August 1998

Joos Berry
Grüsch/Heiligkreuz SG
8. Mai 1990

Alex Fiva
Chur
29. Januar 1986

Rafael Kreienbühl
Davos
10. Juni 1999

Kim Gubser
Davos
17. Mai 2000

Andri Ragettli
Flims
21. August 1998

Nadja Kälin
St. Moritz
20. April 2001

Alina Meier
Davos
19. Februar 1996

Laurien Van der Graaff
Davos
14. Oktober 1987

Jonas Baumann
Davos
27. März 1990

Dario Cologna
Davos
11. März 1986

Valerio Grond
Davos Monstein
26. Oktober 2000

Jason Rüesch
Davos
16. Mai 1994

Bianca Gisler
Scuol
15. Februar 2003

Dario Caviezel
Chur/Wangen SZ
12. Juli 1995

Nevin Galmarini
Ardez/Flumenthal
4. Dezember 1986

Biathlon
Eishockey
Eiskunstlauf
Skeleton
Ski alpin
Ski Cross
Freestyle-Skiing
Langlauf
Snowboard

Gold
Silber
Bronze
Diplom

BÜNDNERSPORT JAHRBUCH 2022

Licht und Schatten für die Bündner Vertretung – Alex Fiva erlöst mit seiner Silbermedaille einen ganzen Kanton.

weiteren Diplom reichte. Und doch bot er persönlich den durchzogenen Leistungen der Schweizer Langlauf-Delegation Paroli.

SCHMEICHELHAFTE EHRE

Dass Diplome auch zu einer eher schmeichelhaften Ehre werden können, sah man beim Schweizer Eishockeyteam um die Bündner Andres Ambühl und Enzo Corvi. Mit der Viertelfinal-Niederlage wurde der Schweiz am Ende des Turniers Platz 8 und somit ein Diplomrang ermöglicht. Dass dies gelang, obwohl die Schweiz alle drei Gruppenspiele verlor und lediglich im Achtelfinal den einzigen Sieg in Peking landen konnte, ist nur dem Modus am olympischen Eishockeyturnier zuzuschreiben.
Neben der Silbermedaille und den 13 Diplomen resultierte für die 26-köpfige Bündner Vertretung auch die eine oder andere Enttäuschung. Mit am härtesten traf dies wohl auf die beiden Alpin-Snowboarder Nevin Galmarini und Dario Caviezel zu. Für Ersteren, den Olympiasieger von 2018, war bereits nach der Qualifikation Schluss. Für Zweiteren ging es zumindest bis in den Achtelfinal.
Ansonsten lieferten die weiteren Athletinnen und Athleten aus Graubünden wohl in etwa so ab, wie es von ihnen zu erwarten war. Einzig noch Jasmine Flurys Leistungen mit einem zwölften Rang im Super-G und Platz 15 in der Abfahrt, dürften der Skirennfahrerin wenig Freude bereitet haben. Zumal der Formaufbau kurz vor den Winterspielen stimmte und sie sich als eine von neun Athletinnen und Athleten während vier Jahren als Soldatin Zeitmilitär mit optimaler Förderung auf dieses Highlight vorbereiten konnte. Aber auch den neun anderen Athletinnen und Athleten reichte es in Peking zu keiner Medaille. Es dürfte für Jasmine Flury nur ein schwacher Trost gewesen sein.

EINE CHANCE FÜR TALENTE

Während es für die eine oder den anderen definitiv die letzten Olympischen Winterspiele waren, soll bei mehreren der Stern in vier Jahren so richtig aufgehen. Klar ist: Für Dario Cologna war Peking die Dernière. Eine, die er mit einem Diplom in der Staffel beschliessen konnte. Auch für Nevin Galmarini, Laurien van der Graaff und für die Biathletin Selina Gasparin war Schluss. Wenn solch grosse Namen die Bühne verlassen, bietet sich immer auch eine Chance für Talente. Solche, die bereits in Peking zu ihrer Feuertaufe kamen und sich schon ganz ordentlich präsentierten.
Beispielsweise die 19-jährige Freestyle-Snowboarderin Bianca Gisler, die nur knapp den Big-Air-Final verpasste. Oder der 21-jährige Langläufer Valerio Grond, dem es als bester Schweizer im Sprintrennen an seiner Olympia-Premiere auf Rang 18 reichte. Dem Freestyle-Skier Kim Gubser, der nur aufgrund einer Verletzung im Slopestyle-Final nicht zeigen konnte, was er als 21-Jähriger bereits für Tricks auf Lager hat. Und zu guter Letzt der 20-jährigen Langläuferin Nadja Kälin, die gleich in drei Rennen das Vertrauen des Trainerstaffs erhielt, Rang 21 im Skiathlon holte und sich in der Staffel mit Platz 7 ein Diplom sicherte.

20	**IMPRESSIONEN**
22	**DER BÜNDNER SPORTLER DES JAHRES**
24	**ALEX FIVA**
25	**FABIANA MOTTIS**
26	**EVELINA RASELLI**
27	**JONAS BAUMANN**
28	**GINO CAVIEZEL**
29	**LIVIA PENG**
30	**PREISGEWINNER IN ANDEREN KATEGORIEN**

BÜNDNER SPORTNACHT

SPORTNACHT

VIEL PROMINENZ BEIM WIEDERSEHEN UND EIN EHRENVOLLER GALA-ABEND

Musik, edle Tropfen und ein Gourmetmenü. Nach zwei durch das Coronavirus verursachten Absagen konnte die Bündner Sportnacht wieder stattfinden und bot der illustren Gästeschar beim Wiedersehen, was sich an einer Gala gehört. Zu den mehr als 200 vom Bündner Verband für Sport eingeladenen Gästen gehörten unter anderem GKB-CEO Daniel Fust, Nationalrat Martin Candinas, Ständerat Martin Schmid, Somedia-Verwaltungsrätin Susanne Lebrument und HCD-Boss Marc Gianola. Sie alle bereuten ihr Kommen nicht. Wie sämtliche anderen Gäste kamen sie am ersten Juni-Freitag nicht nur kulinarisch auf ihre Kosten. Höhepunkt des Abends, der im GKB-Auditorium in Chur mit Small Talk beim Apéro lanciert wurde, waren neben einer Ukraine-Tombola die Auszeichnungen in den fünf Kategorien. Genauso gefeiert wie Alex Fiva, der Bündner Sportler des Jahres, wurden Carlo Janka und Dario Cologna. In einem Talk sprachen die zurückgetretenen Olympiasieger über ihre Karrieren und Zukunftspläne.

Ständerat Martin Schmid (links) und BVS-Präsident Thomas Gilardi.

Dario Cologna, Moderatorin Oceana Galmarini und Jonas Baumann (von links).

SPORTNACHT

Die Eishockeyspielerin Evelina Raselli und der Skirennfahrer Gino Caviezel.

Der Skitouren-Rennfahrer Arno Lietha und die Volleyballerin Fabiana Mottis.

Der Ex-Leichtathletik-Kantonalboss Roger Gabathuler und Jana Blumenthal.

Das zurückgetretene Skiass Carlo Janka (links) und Regierungsrat Jon Domenic Parolini.

Kantonsgerichtspräsident Remo Cavegn (links) und Hubert Tomaschett vom Bündner Schiesssportverband.

HCD-Boss Marc Gianola (links) und GKB-CEO Daniel Fust.

SOWOHL BEIM PUBLIKUM ALS AUCH BEI DER JURY AN ERSTER STELLE

Alex Fiva kann sich nicht mehr genau erinnern, wie oft er in den vergangenen zehn Jahren als Bündner Sportler des Jahres vorgeschlagen war. Auf alle Fälle ziemlich oft. Doch für den Sieg reichte es dem Skicrosser nie. Auch nicht im vergangenen Jahr, als dem Routinier trotz Weltmeistertitel die mittlerweile zurückgetretene Langläuferin Laurien van der Graaff vor der Sonne stand.

Wahrscheinlich fragte sich der 36-Jährige schon ein paar Mal, was es denn noch bräuchte, um ausgezeichnet zu werden. Vor allem in den vergangenen zwei Jahren, wo er gar seine letzte Schwäche zu einer Stärke gemacht hatte – das Abliefern an Grossanlässen.

Vielleicht nochmals etwas mehr für sich werben auf dem Instagram-Kanal, dass die Fans im Publikumsvoting auch wirklich für ihn abstimmen? Ja, weshalb auch nicht. Aber lieber selbst nochmals etwas dazu beitragen und mithelfen, was er mit seiner eigenen Leistung beeinflussen kann. An den Olympischen Spielen im Februar in Peking hielt Alex Fiva dem grossen

Auf dem Weg zur Bühne nimmt Alex Fiva Gratulationen (im Bild von Jonas Baumann) entgegen ...

... und stellt sich dann den Fragen von Moderatorin Oceana Galmarini.

Druck stand. Hinter Teamkollege Ryan Regez fuhr er als Zweiter über die Ziellinie und sicherte sich die Silbermedaille.

Als seine erneute Selektion als Bündner Sportler des Jahres bekannt war, sagte er: «Ich war schon bei der ersten Bündner Sportnacht mit dabei. Vielleicht wäre es nun mal an der Zeit, dass ich zuoberst stehen würde.» Und genau dies tat der Parpaner, der mit seiner Frau Regula, Tochter Nalani und Sohn Leif in Chur wohnt, nun. Der Kreis schloss sich. Sowohl im Publikums-Voting als auch beim Jury-Entscheid sicherte sich Alex Fiva Rang 1. In der Gesamtwertung vor Volleyballerin Fabiana Mottis und der Eishockeyspielerin Evelina Raselli.

Der Favorit, wie er von seinen Mitstreiterinnen und Mitstreiter mehrfach respektvoll betitelt wurde, setzte sich verdientermassen durch. Und wurde am ersten Juni-Freitag an der Bündner Sportnacht im GKB-Auditorium in Chur für seine Spitzenleistungen in der Saison 2021/22 geehrt.

INTERESSANTE JAHRE STEHEN BEVOR

Doch wie lange darf das Publikum dem Bündner Skicrosser noch zujubeln? In Zeiten, in denen sich Stars wie Dario Cologna, Carlo Janka und Nevin Galmarini in ähnlich fortgeschrittenem Alter zum Rücktritt entschieden haben. So genau weiss das Alex Fiva selbst noch nicht. Wie in Sportlerkreisen üblich, nimmt er Saison für Saison, schaut von Jahr zu Jahr. Solange er weiterhin vorne mitfahren kann, dürfte er nicht so schnell die Lust an seiner Sportart verlieren. Kurz vor der Sportlerwahl sagte er: «Man will weiterfahren, wenn man schnell ist und die Unterstützung von zu Hause aus spürt.»

Hinzu kommt, dass interessante Jahre bevorstehen. Angefangen mit der Weltmeisterschaft in Georgien im kommenden Jahr, wo er als Titelverteidiger starten darf und sich nicht der äusserst starken Konkurrenz aus dem Schweizer Lager stellen muss, um überhaupt dabei sein zu dürfen. Zwei Jahre später folgt die Heim-Weltmeisterschaft in St. Moritz und 2026 die nächsten Olympischen Spiele im Nachbarland Italien. Alex Fiva wird dann 40 Jahre alt sein. Dass er immer wieder gerne Skirennfahrer Johan Clarey erwähnt, der im Februar als 41-Jähriger eine Olympia-Silbermedaille holte, zeigt, dass Mailand 2026 durchaus in seinem Kopf herumschwirrt.

Zuerst aber soll neben der Weltmeisterschaft im kommenden Jahr auch der Gesamtweltcup wieder in den Fokus rücken. Dass sich Alex Fiva nun endlich und längst verdient Bündner Sportler des Jahres nennen darf, dürfte ihn im Erreichen seiner Saisonziele noch stärker beflügeln.

Im Beisein von Regierungsrat Jon Domenic Parolini zeigen Alex Fiva, Fabiana Mottis und Evelina Raselli ihre Checks.

SPORTNACHT

«ICH WAR VOR ZEHN JAHREN SCHON AN DIESEM SUPERCOOLEN ANLASS»

Mit Freude zeigt Alex Fiva die frisch gedruckte «Südostschweiz» mit ihm auf der Titelseite.

Während Alex Fiva, Favorit auf den Titel und verdienter Sieger, auf dem Weg zur Bühne erste Gratulationen entgegennehmen durfte, begleitete ihn kräftiger Applaus. Aber nicht nur das. Gar Standing Ovations gab es für den 36-jährigen Skicrosser, der 2021 den Weltmeistertitel und im Februar dieses Jahres Olympia-Silber gewonnen hatte. Im Anschluss an die Ehrung wollte der in Chur lebende Parpaner nicht von einem letzten erreichten Ziel sprechen. Er sei noch immer motiviert – und gespannt auf die nächste Saison, so der routinierte Wintersportler.

Wie gross ist die Genugtuung, den Titel Bündner Sportler des Jahres gewonnen zu haben?
Sehr gross. Ich machte mehr Werbung als auch schon, mobilisierte und versuchte, dass die Fans für mich voten. Dies war nicht so einfach. Denn gerade Nominierte aus einer Teamsportart haben ganz viele Leute, die sie unterstützen und so auf eine Unmenge an Stimmen kommen. Deshalb ist es umso schöner, wenn ich weiss, dass ich sowohl vom Publikum als auch von der Jury gewählt wurde.

Graubünden ist ein starker Sportkanton. Nun gelangen Sie in den exklusiven Reigen der Bündner Sportler des Jahres. Sind Sie stolz darauf?
Auf jeden Fall. Bereits bei Nino Niederreiter, der 2013 gewann, stand ich auf dem Podest. Mehrere zweite und dritte Ränge folgten. Und Dario Cologna, mit dem ich auch schon trainierte, hielt nun die Laudatio und würdigte mich. Das ist auch sehr schön.

Einen solchen Erfolg fassen einige Sportler als Motivation auf, andere sind genügsamer. Wie sieht es bei Ihnen aus?
Ich habe immer Motivation. Es kommt stets noch mehr. Ich bin gespannt auf die nächste Saison und freue mich darauf.

Wie sieht es mit den Olympischen Spielen 2026 aus? Geografisch liegt Livigno, wo die Skicross-Wettkämpfe stattfinden, quasi um die Ecke.
Das stimmt. Von dem her würde es motivieren. Aber ich nehme Jahr für Jahr und schaue, was möglich sein wird. Klar ist, dass es nicht einfacher werden wird im Alter. Ich muss dranbleiben, sonst macht es eh keinen Spass mehr. Aber ich probiere alles zu geben und schaue, wie lange das funktioniert. Auch wie lange meine Familie mich unterstützen kann. Es sind so viele Faktoren, und alles ist noch völlig offen.

Verändert dieser Titelgewinn in Sachen Vorbereitung auf die nächste Saison etwas?
(überlegt) Dies ist schwer zu sagen. Ich weiss nicht, wir werden es sehen. Auf alle Fälle ist es schön, gewonnen zu haben, weil ich lange darauf hinarbeitete. Ich war vor zehn Jahren schon hier und finde es einen supercoolen Anlass. Speziell für uns Wintersportler, die im Sommer ihren Sport einmal in den Mittelpunkt rücken können.

IN ZWEI JAHREN VON DER 2. LIGA ZUM NLA-TITEL

Dass sie nicht nur in den Medien wegen ihrer Sprache immer wieder als Tessinerin bezeichnet wird, daran gewöhnte sich Fabiana Mottis. Sie sei aber «zu 100 Prozent eine Bündnerin. Auch im Herzen.» Umso mehr freut sie sich, dass sie als Bündner Sportlerin des Jahres nominiert wurde. «Ich konnte das eigentlich nicht fassen», sagt die 18-jährige Volleyballerin. Spricht man mit ihr, wird schnell klar, dass die Verarbeitung, was ihr in der jüngsten Saison widerfuhr, noch nicht ganz abgeschlossen ist. «Es ist ein Wahnsinn. Damit rechnete ich niemals auch nur in den kühnsten Träumen», bestätigt sie. Vor zwei Jahren besuchte Fabiana Mottis in Chur noch die Kantonsschule und spielte Volleyball in der 1. Liga in Lugano und für den Bündner Fusionsklub Rätia Volley in der 2. Liga. Zwölf Monate später, im Frühjahr 2021, flatterte das Angebot von Schweizer Meister Neuchâtel Université Club auf den Tisch. Insbesondere Erfolgstrainerin Lauren Bertolacci, die neben der Neuenburger NLA-Equipe das Frauen-Nationalteam führt, bemühte sich um die Libera. Nach einer kurzen Bedenkzeit sagte die 165 Zentimeter grosse Südbündnerin zu. «Das Abenteuer konnte beginnen.»

SCHULBANK IN BIEL DRÜCKEN

Ganz so einfach fiel der im Sternzeichen der Löwin geborenen Fabiana Mottis der Klub- und Wohnortswechsel nicht. Einerseits musste sie das Elternhaus und ihre Freunde in Lostallo verlassen. Gleichzeitig musste sie sich auch von ihren Schulkolleginnen und -kollegen in Chur verabschieden. Ein Jahr später sagt Fabiana Mottis, dass sich der Schritt «zu 100 Prozent lohnte». Nicht nur sportlich fand sie in Neuenburg ihr Glück, auch in der Schule in Biel kam sie nach Anfangsproblemen immer besser zurecht. «Sport und Schule unter einen Hut zu bringen ist ganz schön hart. Ich kann zwar für Trainings und Spiele dem Unterricht fernbleiben, muss den Schulstoff inklusive der Prüfungen aber nachholen.»

Dies ist der Grund, weshalb Fabiana Mottis bis im nächsten Sommer dem Nationalteam nicht zur Verfügung steht. «Ich merkte, dass alles zusammen mit Meisterschaft, Champions League und Schule zu viel ist. Das geht einfach nicht. Neben dem Klub hat darum vorerst der Schulabschluss Priorität. Danach würde ich gerne für die Schweiz spielen – wenn man mich dann noch will», so Fabiana Mottis.

Der Hauptgrund, dass Fabiana Mottis ihr Glück kaum fassen kann, sind ihre Leistungen in den Turnhallen im In- und Ausland. Mit Neuchâtel UC gewann sie die NLA-Qualifikation, den Supercup und spielte in der Champions League gross auf. Als Krönung gewann sie mit den Westschweizerinnen als erste Bündnerin überhaupt nach einer packenden Finalserie gegen Aesch Pfeffingen den Schweizer-Meister-Titel. Fabiana Mottis war in den finalen Play-off-Spielen nicht nur mit dabei, sondern genoss von ihrer Trainerin und den Teamkolleginnen das volle Vertrauen als Stammkraft. Sie dankte dies ihrer australischen Teamchefin mit starken Leistungen und war neben den beiden amerikanischen Ausnahmekönnerinnen Tia Scambray und Kyra Holt der dritte Eckpfeiler des Meisterteams.

«Alles ging für mich perfekt auf. Zu Beginn der Saison wechselte ich mich auf der Libero-Position regelmässig mit Nationalspielerin Flavia Knutti ab. Einmal spielte ich, einmal sie. In der entscheidenden Phase spielte dann plötzlich nur noch ich.» Als wäre das nicht genug, wurde Fabiana Mottis wenige Tage nach dem Gewinn des Meistertitels bei den Swiss Volley Indoor Awards als «Youngster of the Year» ausgezeichnet. Eine Wahl, die der Mesolcinese viel bedeutet, weil sich die klare Mehrheit der Trainer aus der höchsten Spielklasse des Landes für sie aussprach.

Fabiana Mottis holt mit dem Neuchâtel Université Club den Meistertitel.

SPORTNACHT

IN DEN USA NOCHMALS NEU HERAUSGEFORDERT

Evelina Raselli feiert als Profi-Spielerin in den USA den Meistertitel.

Dass es für Athletinnen und Athleten, die für die Wahl zur Bündner Sportlerin oder zum Bündner Sportler des Jahres vorgeschlagen sind, in einer erfreulichen Saison nicht ausschliesslich Erfolgserlebnisse geben kann, zeigt das Beispiel von Evelina Raselli. Zwar gewann die 30-jährige Eishockeyspielerin aus dem Puschlav nach mehreren Schweizer-Meister-Titeln mit dem HC Lugano nun auch den nationalen Titel in den USA mit Boston Pride, musste aber an den Olympischen Spielen in Peking eine Enttäuschung verkraften. Mit Rang 4 verpassten die Schweizerinnen die angestrebte Medaille. Viel länger aber beschäftigte sie ihre eigene Leistung in China: «Ich war nicht zufrieden, wie ich dort spielte. Das schmerzt mich immer noch ein wenig.»

Das tut es wahrscheinlich auch, weil die Ansprüche an sie selbst gestiegen sind. Evelina Raselli bekam unverhofft die Chance, in den Staaten und somit in der besten Eishockeyliga der Welt zu spielen. Statt täglich einer normalen Arbeit nachzugehen, konnte sie als Profispielerin leben und gemächlich in den Tag starten. Um 10 Uhr ging es jeweils in den Kraftraum, individuelle Techniktrainings folgten, der Abschluss bildete die Einheit mit den Teamkolleginnen am Abend. Und an die Auswärtsspiele reiste die Mannschaft mit dem Flugzeug. Evelina Raselli spricht von einer «riesigen Erfahrung», wenn sie auf ihre Saison mit Boston Pride zurückblickt. Und sagt: «Ich habe jede Sekunde genossen.»

Und geniessen tut sie es noch immer. Denn die Saison endete, wie sie nicht besser hätte zu Ende gehen können. Mit dem Meistertitel nämlich – dem Pendant zum Stanley Cup der Männer. Dass das Frauen-Eishockey in den Staaten einen deutlich grösseren Stellenwert geniesst als in der Schweiz, zeigte sich nicht nur daran, dass das Spielniveau viel höher ist. Sondern auch, wie nach einem Meistertitel gefeiert wird. Evelina Raselli kehrte zwar in die Schweiz zurück, ihre Teamkolleginnen aber erhielten eine Einladung nach der anderen und kamen aus den Feierlichkeiten nicht mehr heraus. Beispielsweise bei einem Spiel der NHL-Mannschaft Boston Bruins oder bei den Baseballern der Boston Red Sox. «Sie feierten noch den ganzen Sommer über», sagt sie lachend. «Mein unbezahlter Urlaub hingegen war vorbei. Ich musste wieder in die Schweiz zurück, um zu arbeiten.»

EINIGE FANS DAZUGEWONNEN

Zum dritten Mal wurde die Eishockeyspielerin als Bündner Sportlerin des Jahres nominiert. Nach dem Vorjahr zum zweiten Mal in Folge. Mehrmals betont sie, wie schön es sei, in diesem Sportkanton mit so vielen erfolgreichen Athletinnen und Athleten wiederum nominiert zu sein. «Es ist eine riesige Ehre für mich.» An einen Sieg glaubte Evelina Raselli aber nicht wirklich. Zu gross war die Konkurrenz, zu schwierig sei es, sich mit anderen Sportlerinnen und Sportlern zu vergleichen. Und für sich werben tut sie auch weniger als andere. «Ich bin nicht so die Social-Media-Person und habe wohl weniger Fans als andere», sagt sie lachend.

Zumindest dürfte sie nach ihrer Saison in Boston in den USA den einen oder anderen Fan dazugewonnen haben. Vor allem in den Play-offs und in den Finalspielen, wo sie zu überzeugen wusste. In der Qualifikation zuvor spielte sie gute und weniger gute Partien, was bei einem Wechsel in eine andere Liga völlig normal ist. Zumal Evelina Raselli betont: «Die Umstellung war gross. Dazu musste ich zuerst das Vertrauen meiner Mitspielerinnen und des Cheftrainers verdienen.»

STARKE VORSTELLUNG AUF UNGELIEBTEM TERRAIN

Seit er vor 15 Jahren ins Langlauf-Kader von Swiss-Ski aufgestiegen ist, erlebte Jonas Baumann vieles. Und so war auch die Nomination für die Wahl zum Bündner Sportler des Jahres definitiv kein Neuland mehr für den 32-jährigen Profilangläufer mit Wurzeln am Schamserberg sowie langjährigem Wohn- und Trainingsort in Davos. Dies tat der Freude allerdings keinen Abbruch. «Es ist ein Zeichen, dass meine Leistungen von der Öffentlichkeit wertgeschätzt werden. Dies erfüllt mich mit Stolz.»

Seine Berücksichtigung verdiente sich Jonas Baumann mit einem denkwürdigen Olympia-Winter. Da passten nicht bloss die Leistungen auf der Loipe – auch das Timing bei der Familienplanung fügte sich nahtlos ins stimmige Gesamtbild ein. Über den Jahreswechsel während der Tour de Ski sei er angesichts der Schwangerschaft seiner Ehefrau und der unmittelbar bevorstehenden Geburt wie auf Nadeln gewesen, verrät er mit einem Lachen im Gesicht. Doch die zweite Tochter im Hause Baumann hielt sich brav an den sportlichen Fahrplan ihres Vaters. Sie liess ihn das Premiumprodukt des Langlaufs auf Rang 18 und damit so gut wie noch nie beenden. «Endlich gelang es mir, eine Tour de Ski erfolgreich durchzuziehen», bilanziert Jonas Baumann.

DIE LEHREN GEZOGEN

Zum bestmöglichen Zeitpunkt nach der Tour de Ski und vor den Olympischen Spielen im Februar in Peking erlebte Jonas Baumann dann mit der Niederkunft seiner zweiten Tochter die prägendsten Glücksgefühle des Winters. Diesen Schwung nahm er mit an die Winterspiele in China. Nicht eben die Wunschdestination für den naturverbundenen Sohn eines Landwirts. «Das geht in keine gute Richtung mit Olympia. Weltmeisterschaften mit weit mehr Tradition für unseren Sport und weniger Gigantismus sind mir lieber», hält er fest. All dies blendete Jonas Baumann mit Erfolg aus. Er zog die richtigen Schlüsse aus dem für ihn niederschmetternden Olympia-Abenteuer vor vier Jahren bei ähnlichen Verhältnissen im südkoreanischen Pyeongchang. Als verlässlichster Wert von Swiss-Ski brillierte er mit zwei Olympia-Diplomen auf Rang 8 im Teamsprint respektive Rang 7 in der Staffel sowie mit Rang 15 im Skiathlon und Rang 16 über 15 Kilometer klassisch. Jonas Baumanns Fazit: «Ich konnte beim Saisonhöhepunkt meine bestmögliche Leistung abrufen. Das macht Freude.»

Jonas Baumann glückte im Olympia-Winter die Trendwende. Der Grund für die klare Leistungssteigerung nach einer missglückten vorangegangenen WM-Saison 2021? Er sagt: «Das lässt sich ganz simpel erklären. Im Vorjahr war ich regelmässig krank. Nun kam ich gesundheitlich ohne Sorgen durch den Winter.» Die Probleme holten ihn derweil im Nachgang der Saison ein. Eine bis zum Zeitpunkt der Bündner Sportnacht ungeklärte Trainersituation bei Swiss-Ski machte Jonas Baumann und seinen Teamkollegen zu schaffen. Obwohl er es nicht bestätigen konnte und wollte, deuteten einige Zeichen auf eine interne Rochade von Trainer Kein Einaste hin. Jonas Baumann, der gerne mit dem Esten weiterarbeiten würde, hatte derweil einen Grundsatzentscheid gefällt. «Im Herbst meiner Karriere werde ich keine Experimente mehr wagen.»

Jonas Baumann ist seit Jahren ein verlässlicher Wert im Schweizer Langlauf.

SPORTNACHT

AUCH IM SUPER-G IST MIT IHM ZU RECHNEN

Skirennfahrer Gino Caviezel nennt es eine «schöne Geschichte». Diese Premiere in der Saison 2021/22, als er im Super-G mit Rang 3 auf dem Podest stehen durfte. Im Riesenslalom war ihm das Debüt auf dem Podium als Dritter im Winter zuvor schon geglückt. Nun also auch in der schnelleren Disziplin. Klar, dass ihn das glücklich macht und er mit Freude zurückschaut: «Es war wohl der beste Winter in meiner bisherigen Karriere.»

Seine Mutmassung lässt sich einerseits mit der Konstanz von sieben Top-Ten-Plätzen im Weltcup erklären, anderseits damit, dass es ihm gelungen war, mit dem Super-G eine zweite Disziplin zu etablieren. Auch wichtig, um eine Ausweichmöglichkeit zu schaffen, sollte es in einer der beiden Sparten mal nicht mehr wunschgemäss laufen. Trifft dies nicht ein, ist der 30-Jährige überzeugt, dass die Top Ten für ihn immer im Bereich des Möglichen liegen. «Gar die Top 5 sind in Griffnähe. Fürs Podest muss hingegen alles aufgehen», sagt Gino Caviezel.

Aufgegangen ist es für den Riesenslalom-Spezialisten auch im Heimkanton. Zum zweiten Mal in seiner Karriere wurde er als Bündner Sportler des Jahres nominiert und hätte damit zum Nachfolger seines Bruders Mauro werden können, der sich 2020 über die Auszeichnung freuen durfte. Gino Caviezel lässt durchblicken, dass er den Skirennsport mit der hochkarätigen Konkurrenz höher einschätzt als viele andere Sportarten. Sinngemäss sagt er: «Wenn man aufs Podest fährt und einige Top-Ten-Plätze gegen die Weltelite holt, dann darf man bestimmt auch mal in Graubünden gewählt werden.»

BEIM GLEITEN AUF DER SUCHE NACH LÖSUNG

Vielleicht ja in einem der kommenden Jahre, in denen er nicht nur im Riesenslalom, sondern auch im Super-G noch näher an die absolute Spitze heranrücken will. Ein Schlüssel dazu ist noch mehr Konstanz und weniger Aufs und Abs. Denn diese gingen nicht spurlos an ihm vorbei, als er im Dezember 2021 im französischen Val d'Isère und den drei aufeinanderfolgenden Rennen in Italien nie besser klassiert war als 17. «Diese schlechten Rennen taten weh und waren mental nicht einfach zu verdauen», so Gino Caviezel. Und doch fand er auch eine Erklärung dafür. Denn der Grat zwischen einem Top-Resultat und einem Nuller wegen eines Ausscheidens ist schmal. Riskiert man gerade im Riesenslalom wenig und gibt nicht Vollgas, muss man froh sein, wenn man noch unter den besten 30 Fahrern landet.

Wo es im Super-G noch Arbeit gibt, ist Gino Caviezel klar. Wenn es steil ist, ist er gut dabei. In den flachen Passagen zum Gleiten verliert er noch zu viel Zeit. Deshalb trainierte er an dieser Schwäche direkt nach der Saison noch lange in St. Moritz. «Um besser ins Gleiten zu kommen», wie er sagt. «Ich hoffe, dass ich mit gewissen Anpassungen nun eine Lösung gefunden habe.»

Doch sein Fokus gilt in Zukunft nicht ausschliesslich dem Super-G. Auch im Riesenslalom sieht er noch Potenzial und Luft nach oben. «Ich glaube, dass ich mich noch steigern kann. Deshalb bleibe ich motiviert und hungrig.»

«Riesen»-Spezialist Gino Caviezel unterstreicht seine Ambitionen im Super-G.

DER MEISTERTITEL UND DER CUPSIEG BEFEUERN ERFOLGSHUNGER WEITER

Livia Peng, Torhüterin bei BK Häcken, weiss, was sie will. «Champions League, Europameisterschaft, Weltmeisterschaft – am liebsten würde ich alles gewinnen», erzählt die gebürtige Emserin mit leuchtenden Augen. Im Frühling feierte sie die bisher grössten Erfolge ihrer Karriere. Sie wurde Schweizer Meisterin sowie Schweizer Cupsiegerin mit den FC-Zürich-Frauen. Besonders der Cupfinal wird Livia Peng immer in Erinnerung bleiben. «Das Erlebnis veränderte etwas in mir», sagt die 20-Jährige. Das «unglaubliche Gefühl» mit der Trophäe in der Hand will sie wieder erleben. «Ich habe heute noch Hühnerhaut», meint Livia Peng zur Atmosphäre im Zürcher Letzigrund. Die Torhüterin redet gerne und mit Stolz über die Titelgewinne. Und doch schweifen ihre Gedanken bald zu nächsten grossen Zielen, zu nächsten Titeln. Die Erfolge bei den FC-Zürich-Frauen haben den Erfolgshunger nicht etwa gestillt, sondern weiter befeuert.

«Mein Ehrgeiz treibt mich an; das war schon immer so», sagt Livia Peng. Sie spricht von einem Glück, dass sie diesen Charakterzug in sich trägt. Es ist ihr Antrieb und ihre Kraft. Früher habe sie diesen noch etwas mehr in der Schule ausgelebt, erzählt Livia Peng lachend. Heute liegt der Fokus fast gänzlich auf dem Fussball. Im Sommer schloss sie das Gymnasium in Zürich ab, ihrem fussballerischen Zuhause unter der Woche. Nach der letzten Prüfung soll es dann mit dem Traum vom Profifussball klappen. Nebenbei will sie auch noch studieren, Kriminalistik findet sie spannend.

UNTERSTÜTZUNG AUS GRAUBÜNDEN

Während viele junge Menschen in ihrem Alter noch nach dem richtigen Weg im Leben suchen, weiss die 20-Jährige bereits, wohin sie will. Es ist beeindruckend, mit welcher Gewissheit sie über ihre Ambitionen spricht, als wüsste sie schon genau, wie sie diese erreichen wird. «Meine grössten Talente bestanden immer aus Wille, Ehrgeiz und Fleiss. Darum bin ich heute da, wo ich bin», so die Torhüterin.

Auch ihre Eltern seien ehrgeizige Menschen, da habe sie etwas geerbt, meint Livia Peng. Und doch wusste sie sich immer wieder zu bremsen, spricht von Geduld und davon, nicht alles auf einmal zu wollen. Gross überlegt habe sie zwar damals nicht, als sie nach der Primarstufe nach Biel ging, um dem Profi-Traum ein Stück näherzukommen. Das sei heute anders, und sie überlege zweimal, bevor sie solch grosse Entscheidungen trifft.

Bei diesen hilft ihr auch Romano Cabalzar, Livia Pengs Mentor und ihr ehemaliger Trainer in der Südostschweizer Auswahl. Seinen Namen möchte sie nicht unerwähnt lassen. Er war der Erste, der ihr Potenzial erkannte und förderte. Heute noch trainieren die beiden zusammen, indem sie gemeinsam die individuellen Trainingspläne schreiben und koordinieren. Mit Romano Cabalzar kann sie über alles sprechen, auch über die Dinge neben dem Platz. Er hilft ihr bei Entscheidungen und kann sie auch einmal bremsen, wenn es ihr auf der Karriereleiter nicht schnell genug nach oben gehen kann. Einer dieser Entscheide, um ihrem Ziel, in England zu spielen, näherzukommen, war der Schritt zu BK Häcken in die schwedische Liga, in der Livia Peng heute ihren Kindheitstraum als Profifussballerin leben kann. Mit dem Wechsel ins Ausland in eine Profiliga stiess sie sich eine Tür auf, um im Nationalteam der Frauen Stammtorhüterin zu werden.

Livia Peng wird mit dem FC Zürich Frauen Schweizer Meisterin und Cupsiegerin.

OLYMPIA-START UND HEIMSIEG

Den Namen von Nadja Kälin kennt man in Graubünden spätestens seit dem 52. Engadin Skimarathon im März. Die St. Moritzerin stürmte bei ihrem Heimrennen gleich an die Spitze des traditionsreichen Langlaufevents. «Das war sicher ein ganz spezieller Erfolg für mich. In der Heimat zu gewinnen ist etwas vom schönsten», so die Newcomerin des Jahres. Aufwiegen kann der Erfolg am Engadin Skimarathon nur die Olympia-Teilnahme in Peking: «Das war ebenfalls eine sehr schöne, durch die Coronaeinschränkungen aber auch ganz spezielle Erfahrung», erzählt Nadja Kälin von ihrem Abenteuer. Für die nächste Saison nimmt sie die Qualifikation für die Weltmeisterschaften im slowenischen Planica ins Visier. Auch ein Topresultat an den U23-Weltmeisterschaften in Kanada sollte drin liegen. Dazu wird Nadja Kälin die nächsten vier Jahre eine Zeitmilitärstelle für Spitzensportlerinnen antreten und als Botschafterin für die Armee ganzjährig angestellt sein.

Voller Freude ehrt GKB-CEO Daniel Fust die talentierte Nadja Kälin.

Stolz zeigt Anton Zarn an der Seite von Rahel Bachmann den Siegercheck.

VIELFALT UND TRADITION

Der Rad- und Mountainbike-Verein (RMV) Chur ist seit mehr als 100 Jahren im Radsport aktiv tätig und gehört zu den ältesten Velovereinen der Schweiz. Er wurde 1907 als «Veloclub Rätia Chur» gegründet und erlebte seither einen grossen Wandel. Als einer der grössten Rad- und Mountainbike-Clubs der Ostschweiz bietet der RMV Chur ein vielfältiges und interessantes Angebot rund um das Velo und das Bike an. Dies nicht nur im Sommer, sondern auch im Winter ausserhalb der Radsaison. Der von Anton Zarn präsidierte RMV Chur organisiert regelmässig Radtouren, Biketrainings, Kindervelorennen und nationale Radsportanlässe, darunter in diesem Jahr schon zum 40. Mal den Bergklassiker Chur–Arosa. Gleichzeitig fördert der RMV Chur aktiv und mit grossem Engagement den Nachwuchs. Mit Pascal Nay, Dominik Bieler, Alessia Nay und Nina Zoller gehören aktuell je zwei Elite-Athletinnen und -Athleten dem Klub an.

ZUVERLÄSSIGE ARBEITERIN

Bloss die älteren Semester erinnern sich noch an einen BTV Chur ohne Sonja Bonell. Die Multifunktionärin blickt auf ein 40-jähriges Wirken im Verein, zunächst als aktive Turnerin und später in leitender Funktion, zurück. Unter ihrer Ägide wurde die Jugendabteilung des BTV Chur in den vergangenen Jahren weiterentwickelt. Dies ermöglicht knapp 450 Kindern und Jugendlichen ein gemeinsames Sporttreiben und somit eine sinnvolle Freizeitbeschäftigung. Sonja Bonell war auch in die Reorganisation ihres Vereins involviert. Sie leistete zudem Vorstandsarbeit als Aktuarin, Kassierin und Vizepräsidentin. Sonja Bonell gilt als sehr zuverlässige, eher stille Arbeiterin mit einem Faible für weniger populäre administrative Dinge, die sie zur vollsten Zufriedenheit zu erledigen pflegt. Zuletzt trat sie in einem weiteren Amt in Erscheinung. Sonja Bonell tat dies an der Spitze der Organisation des Churer Pumpilaufs für einmal auch an vorderster Front.

Peter Philipp, Präsident von BTV Chur Leichtathletik, hält die Laudatio und gratuliert Sonja Bonell.

BEACHTLICHE ERFOLGE

Hansjörg und Patrick Hummel sind die treibenden Kräfte des Projekts Special Alligators und seit der Gründung anlässlich der ordentlichen Generalversammlung des NLA-Unihockey-Vereins Alligator Malans 2014 mit dabei. Die Vereinigung der Menschen mit geistigem Handicap, welche mit dem Anerkennungspreis des Bündner Behinderten-Verbands Procap Grischun ausgezeichnet wurde, trainiert einmal wöchentlich und erzielte schon mehrere beachtliche Erfolge. Die Special Alligators sind bei Alligator Malans ein Vollmitglied – mit allen Rechten und Pflichten. Dazu gehört neben der Mithilfe an den NLA-Heimspielen auch das Anfeuern der Teams auf der Tribüne. Regelmässig fahren die Special Alligators auch an die NLA-Auswärtsspiele. Gleichzeitig erhalten sie immer wieder Besuch von Spielern des NLA-Teams und dürfen mit diesen trainieren. Das Wichtigste ist, gemeinsam Freude am Sport allgemein und natürlich dem Unihockey zu haben.

Laudator Bruno Barth von Special Olympics Switzerland posiert mit Hansjörg und Patrick Hummel (von links).

34	ANDRES AMBÜHL
35	JEREMY FREIBURGHAUS
36	ARNO LIETHA
37	ANNIK KÄLIN
38	NINO NIEDERREITER
39	ANDRI RAGETTLI
40	WILLIAM REAIS
41	NINO SCHURTER
43	SIMONA WALTERT
44	HC DAVOS
46	ALLIGATOR MALANS
47	CHUR UNIHOCKEY
49	PIRANHA CHUR

**TOPSPORTLER
TOPMANNSCHAFTEN**

TOPSPORTLER

ZWEI WELTREKORDE FÜR DEN UNERMÜDLICHEN KRAMPFER

Andres Ambühl ist nicht nur im Nationalmannschafts-Dress ein nimmermüder Vorkämpfer.

EHRENVOLLE AUSZEICHNUNGEN

An den «European Hockey Awards» wurde Andres Ambühl Mitte Juni von der Vereinigung der europäischen Eishockey-Klubs (EHC) mit dem «Warrior Career Excellence Award» geehrt. Diese jährlich vergebene Auszeichnung geht an jenen Spieler, der beispielgebend für Sportsgeist und Hingabe agiert und einen hohen spielerischen Standard erfüllt.

Damit aber nicht genug. Ende Juli bekam Andres Ambühl an den Swiss Ice Hockey Awards einen weiteren Award: jenen für den beliebtesten Spieler der National League. Dieser wurde in einem Voting vergeben, zu welchem jeder Club einen Spieler nominiert hatte. Die Auszeichnung zum «Most Popular Player» bekam Andres Ambühl bereits zum sechsten Mal in Serie. Auch dies ist ein Rekord.

Rekorde interessieren Andres Ambühl nicht. Dies betont er immer wieder. Trotzdem kommt man nicht umhin, diese immer wieder zu erwähnen. Es sind Bestmarken, welche der Spieler des HC Davos wahrscheinlich für die Ewigkeit aufstellt. In diesem Jahr bestritt er in Finnland seine 17. Weltmeisterschaft und brach damit einen Weltrekord, den er zuvor mit seinem langjährigen Weggefährten Mathias Seger geteilt hatte. Und am zweitletzten Mai-Samstag brach Andres Ambühl gegen Kanada bereits die nächste Bestmarke. Er spielte die 120. Partie an einer Weltmeisterschaft und brach damit einen Weltrekord, den er seit dem Mittwoch davor mit dem Deutschen Udo Kiessling geteilt hatte.

Spricht man über Andres Ambühl, so fallen einem eigentlich nur Superlative ein. Der Bauernbub aus dem Sertigtal debütierte vor 21 Jahren in der National League und ist seither aus der Liga kaum mehr wegzudenken. 2004 bestritt er im tschechischen Prag seine erste Weltmeisterschaft. Seither ist er auch aus der Nationalmannschaft nicht mehr wegzudenken. Nur zweimal – 2018 wegen einer Verletzung und 2020 wegen der Absage der Heim-Titelkämpfe – setzte Andres Ambühl seine Saison nicht mit der Nationalmannschaft fort. Er betonte immer, dass er niemals den Rücktritt aus dem Nationalteam geben wird, sondern so lange dabei ist, wie er auch aufgeboten wird.

IN DEN USA UND IN ZÜRICH

Dass Andres Ambühl auch im sehr hohen Sportleralter von 39 Jahren noch auf allerhöchstem Niveau Eishockey spielt, ist beeindruckend, aber nicht ganz unlogisch. Krampfen lernte er auf dem Bauernhof der Eltern, das zeichnet auch heute noch seinen Spielstil aus. Er spielt mit viel Energie, läuft und läuft und ist eine Leaderfigur, wie sie sich jeder Trainer in der Mannschaft wünscht.

Dass Andres Ambühl auch mit 39 Jahren noch immer dieser nimmermüde Vorkämpfer ist, bewies er in der Saison 2021/22 auch beim HC Davos, als er in den Play-offs zur absoluten Hochform auflief. Seit 2013 spielt er wieder in seinem Jugendverein, nachdem er im Landwassertal 2010 nach seinem missglückten Nordamerika-Abenteuer ein mittelschweres Erdbeben ausgelöst hatte. Statt zum HC Davos zurückzukehren, unterschrieb er für drei Jahre beim grossen Rivalen aus Zürich. Das goutierten viele für lange Zeit nicht. Nach seiner Rückkehr, und spätestens seit er den HC Davos als Captain zum Meistertitel 2015 führte, ist man aber froh, dass der verlorene Sohn wieder zu Hause ist.

TOPSPORTLER

VERLOCKENDE AUSSICHTEN NACH KNAPP VERPASSTER SIEG-PREMIERE

Nach einer jahrzehntelangen Durststrecke präsentiert das Schweizer Golf erneut einen Profi mit sehr guten Perspektiven: Jeremy Freiburghaus. Am zweitletzten August-Wochenende erspielte sich der Bündner in Stockholm den mit 27 500 Euro und ebenso vielen Ranglistenpunkten honorierten zweiten Platz. Den ersten Sieg auf der Challenge Tour verpasste er um lediglich einen Schlag. Dennoch sicherte er sich die Startberechtigung auf der DP World Tour 2023.

Mit dem Exploit in Schweden verbesserte sich Jeremy Freiburghaus in der Jahreswertung des zweithöchsten Circuit vom zwölften auf den vierten Rang. Die besten 20 Spieler am Ende der Saison steigen in die DP World Tour auf. Die komfortable Situation erlaubte es dem 26-Jährigen aus Bonaduz, wenige Tage später nicht an einem Turnier der Challenge Tour im schwedischen Helsingborg zu starten, sondern sich am European Masters in Crans-Montana zu beteiligen.

Im Wallis figurierte Jeremy Freiburghaus zum dritten Mal auf der Teilnehmerliste. Die letzten beiden Male (2016 und 2017) startete er noch als Amateur. «Damals ging es vor allem darum, Erfahrungen zu sammeln», erklärte er. «Diesmal war mein Spiel nicht super, womit es wiederum beim Sammeln von Erfahrungen – fürs nächste Jahr – blieb», sagte der aussichtsreiche Golf-Profi nach zwei Runden von jeweils 71 Schlägen (ein Schlag über Par).

EINDRUCK VERSCHAFFEN KÖNNEN

Den Cut verpasste Jeremy Freiburghaus beim hierzulande bedeutendsten Turnier zwar, seine Klasse liess er im Wallis gleichwohl aufblitzen. Vor allem konnte er sich auch einen Eindruck davon verschaffen, was ihn nächste Saison auf der DP World Tour erwartet: zahlreiche Profis mit erstklassigen Leistungsausweisen und somit äusserst starke Konkurrenz.

Um den bis heute letzten Schweizer Aufsteiger zu finden, muss man 20 Jahre zurückblättern. Der Genfer Julien Clément promovierte Ende 2002, stieg aber zwei Jahre später endgültig von der PGA European Tour, wie die oberste Tour damals hiess, ab. Diese 20-jährige Durststrecke machte aus der Schweiz die schwächste Nation Westeuropas (exklusive Kleinstaaten) im Profigolf der Männer. Mit Jeremy Freiburghaus beendet sie nun ein Bündner.

Als erster Schweizer seit zwei Jahrzehnten schafft Jeremy Freiburghaus den Aufstieg in die DP World Tour.

DIE ZWEITE KRISTALLKUGEL UND VERLOCKENDE AUSSICHTEN

Gleich zum Weltcupauftakt der Saison 2021/22 demonstrierte Arno Lietha im italienischen Ponte di Legno seine Stärke im Sprint. «In der Qualifikation ging ich das Rennen bewusst schnell an, weil ich wissen wollte, wie mein Körper reagiert. Insbesondere nach einer Woche, in der ich etwas weniger trainierte als üblich. Und es funktionierte sehr gut», so der Skitourenläufer aus Fideris. Danach habe er in den weiteren Runden taktisch laufen können. «Im Finale ging dann erneut alles auf», resümierte der 23-Jährige nach dem Nachtrennen.

In den folgenden Weltcuprennen, in Morgins und im italienischen Valmalenco, erreichte Arno Lietha jeweils den zweiten Rang. Einzig und ausgerechnet an den Europameisterschaften im spanischen Boi Taüll verpasste der amtierende Schweizer Meister und letztjährige U23-Weltmeister das Podest als Fünfter. «Im Final machte ich einen kleinen Fehler, und es fehlte mir danach das letzte Zwicklein Energie», blickt er auf die internationalen Titelkämpfe zurück.

Im zweitletzten Sprint-Weltcup der Saison lief Arno Lietha am dritten März-Wochenende im italienischen Val Martello als Dritter aufs Podest. Drei Wochen später kürte er sich im französischen Flaine mit dem Sieg beim Weltcup-Finale zum besten Sprinter der Saison. Die kleine Kristallkugel für den Sprint-Gesamtweltcup gewann der Prättigauer zum zweiten Mal in Folge.

Dass er als Sprintspezialist in den längeren Rennen, den Individual und Vertical, mit der Weltspitze resultatmässig nicht ganz mithalten konnte, macht Arno Lietha keine Sorgen. «Auf den ersten Blick sieht es für mich vielleicht nicht so gut aus. Solange ich es bei der Elite in die Top 30 oder Top 40 schaffe, passt das schon. Mein Fokus liegt halt beim Sprint. Die anderen Rennen sind für mich mehr ein Training.»

WENIGER RENNEN ALS IN VORWINTERN

Er habe, weil er sich auf seine Hauptdisziplin fokussiere, bewusst weniger Rennen bestritten als in früheren Jahren. «Ich habe das Gefühl, dass auch in den längeren Rennen durchaus noch etwas drin liegt, wenn mir die Strecke zusagt.» Das Niveau an der Weltspitze sei in den vergangenen Jahren gewaltig gestiegen. Man müsse sich darum festlegen und spezialisieren. Darum sei sein Fokus beim Sprint. In allen anderen Disziplinen ebenfalls vorne dabei zu sein, sei fast nicht möglich.

Arno Lietha, der seinen Sport im Winter als Profi betreibt und zusätzlich von den Vorzügen als Militärsportler profitiert, verbesserte sich in den vergangenen Jahren stetig. Sein Blick geht darum über die bevorstehende Saison hinaus. Im Februar 2026, wenn der Skitourensport bei den Olympischen Spielen in Mailand und Cortina d'Ampezzo seine Premiere feiert, wäre der Bündner gerne mit dabei – wie viele andere auch. «Einfach wird das für niemanden. Es wird ein grosses Gerangel um die Startplätze geben, weil für den Sprint und die Mixed-Staffel pro Nation nur je zwei Athleten und Athletinnen selektioniert werden können.»

Arno Lietha kann diesen Entscheid des Internationalen Olympischen Komitees nicht nachvollziehen. Das Starterfeld werde aus 15 Athleten bestehen, und von diesen werde es schon einige Exoten geben. Das sei schade für seinen Sport. «Warten wir ab. Wenn ich in Mailand dabei sein kann, wäre das schön – und toll. Bis dann kann aber noch so viel passieren. Also konzentriere ich mich jetzt auf die Weltcuprennen.»

Arno Lietha ist der beste Sprinter der Welt.

EIN ERSTAUNLICHES TRIPLE UND EIN ACHTUNGSERFOLG ZUM ABSCHLUSS

Der Freitag war der Tag danach. Der Tag nach diesem denkwürdigen Abend im lauten Rund des Münchner Olympiastadions. Der Tag nach dem Gewinn von Europameisterschafts-Bronze im Siebenkampf. Und er brachte für Annik Kälin den nächsten Auftritt auf grosser Bühne. Am Olympiasee durfte die Bündnerin knapp 24 Stunden nach ihrem Coup ihre Auszeichnung entgegennehmen. Die Zeremonie vom dritten August-Freitag war der passende Abschluss dreier erstaunlicher Tage. Ja, eines erstaunlichen Sommers, auf den einige Monate davor kaum etwas hingedeutet hatte. Doch dazu später.

«EINE ABSOLUTE TRAUMSAISON»

Mitternacht war nahe, Annik Kälin stand im Bauch des Olympiastadions. Obwohl seit dem 800-Meter-Lauf, der abschliessenden Disziplin im Siebenkampf, eine lange Ehrenrunde gefolgt von einem TV-Interview-Marathon vergangen war, sprudelte es nur so aus ihr heraus. «Dass ich mit 22 Jahren an den Europameisterschaften eine solche Leistung abrufen kann und dies auch noch für den dritten Platz reicht, ist unglaublich.» Mit 6515 Punkten verbesserte Annik Kälin ihren eigenen Schweizer Rekord deutlich – zum dritten Mal innert weniger Monate. «Eine absolute Traumsaison», sagt sie dazu. Wobei sie vor dem 800-Meter-Lauf auch Zweifel geplagt hätten. «Aber ich wusste, an welche Fersen ich mich heften musste.» Annik Kälin realisierte wie schon zuvor im Weitsprung (6,73 Meter) eine neue persönliche Bestmarke (2:13:73 Minuten).

Die Europameisterschaften waren für Annik Kälin der Abschluss eines beeindruckenden Triples. Im Mai stellte sie im italienischen Grosseto mit 6398 Punkten einen neuen Schweizer Rekord auf. An den Weltmeisterschaften im amerikanischen Eugene überbot sie diese Marke auf 6464 Zähler. Mit Rang 6 katapultierte sie sich mitten in die Weltspitze. «Die Leistungen in Grosseto und an den Weltmeisterschaften gaben mir extrem viel Vertrauen und zeigten, dass ich an der Weltspitze angekommen bin.» Bronze an den Europameisterschaften ist der nächste Beweis.

WILDCARD FÜR WELTKLASSE ZÜRICH

Um Annik Kälins Leistungen – die Grüscherin sorgte für die erste Schweizer Medaille im Siebenkampf überhaupt – einzuordnen, lohnt sich auch der Blick in die Vergangenheit. Und damit zurück an den Anfang. Im März 2021, an den Hallen-Europameisterschaften in

Im Weitsprung braucht sich Annik Kälin nicht hinter den Spezialistinnen zu verstecken.

Polen, hatte sie sich einen Ermüdungsbruch im Wirbelbogen zugezogen. Viel Ruhe, wenig Belastung statt Olympia. Annik Kälin erinnert im Moment ihres grössten Triumphs auch an diese schwere Zeit. «Ich lernte, mit meinem Körper umzugehen.» Um die Disbalancen auszugleichen, trainiert sie vermehrt auch ihre «schwächere» Seite. Dass sie jetzt schon bereit war für den grossen Coup, kam aber auch für sie überraschend.

Schon Anfang September wurde Annik Kälins erstaunliches Triple durch ein weiteres Kapitel ergänzt. Von Weltklasse Zürich erhielt sie eine Wildcard für den Weitsprung-Wettkampf. Im ersten Versuch erreichte sie bei ihrer Diamond-League-Premiere gleich 6,50 Meter, womit sie sich lange an dritter Stelle hielt, bevor sie noch zwei Positionen zurückfiel. Der fünfte Platz im starken Feld der Spezialistinnen war für Annik Kälin ein Achtungserfolg.

TOPSPORTLER

«DIESER KARRIEREABSCHNITT IST VORBEI, NUN BEGINNT DER NÄCHSTE»

Stolze 44 Skorerpunkte sammelte Nino Niederreiter in der Qualifikation der Saison 2021/22 für die Carolina Hurricanes in der National Hockey League. Zu einer Vertragsverlängerung kam es trotzdem nicht. Mitte Juli unterzeichnete der Churer darum bei den Nashville Predators einen Zweijahresvertrag, der ihm acht Millionen Dollar einbringt. Nach den New York Islanders, den Minnesota Wild und den Carolina Hurricanes ist dies für den 29-jährigen Churer die vierte Station in der besten Eishockeyliga der Welt. Wie jedes Jahr bereitete sich Nino Niederreiter auch in seiner Heimat auf die neue Saison vor.

In diesem Jahr ging es am zweiten September-Wochenende nicht mehr zurück nach Carolina, sondern nach Nashville.
Ich habe das Gefühl, dass es für mich eine gute Destination werden könnte, weil ich ins Team passen könnte. Einige Spieler meiner neuen Mannschaft kenne ich, das macht alles einfacher. Mit Ryan Johansen spielte ich bereits in der Juniorenliga zusammen. Mikael Granlund war in Minnesota mein Teamkollege und Roman Josi kenne ich natürlich aus dem Nationalteam. Auch Luca Sbisa lebt in Nashville. Mit ihm spielte ich ebenfalls für die Schweiz. Darum waren die Predators für mich von Anfang an eine Art Wunschverein. Natürlich musste mich auch der Klub wollen. Am Ende kam zum Glück ein guter Vertrag zustande.

Zuletzt spielten Sie viereinhalb Jahre bei den Hurricanes. Wie fällt Ihre Bilanz aus?
Es war für mich eine wertvolle Zeit. Lange konnte ich im Team eine offensive Rolle einnehmen, was mir sehr passte. Gegen Schluss lernte ich dann das defensive Spiel immer häufiger kennen. Mein Wunsch war es immer, möglichst viele Tore zu erzielen. Darum ging ich am Ende weg. Carolina war ein guter Verein für mich. Dieser Karriereabschnitt ist nun aber vorbei, jetzt beginnt der nächste.

Der Abschied fällt Ihnen also nicht schwer?
Was heisst nicht schwer? Ein Wechsel ist immer auch eine emotionale Angelegenheit. Man lässt etwas zurück. Das ist aber ein Teil meines Werdegangs. Einerseits sind da die Mannschaft und die Organisation, anderseits die Fans und die Stadt. Ich hatte eine wirklich gute Zeit in Carolina. Wir schafften die Play-off-Qualifikation, welche die Organisation zuvor zehn Jahre verpasst hatte. Dies sorgte für Euphorie, die ich hautnah miterleben durfte. Es wird bestimmt wehtun, wenn ich mit Nashville das erste Mal auf die Hurricanes treffe und gegen mein ehemaliges Team spielen werde.

Die Nashville Predators bauen auf Sie. Sehen Sie den Zweijahresvertrag auch als Wertschätzung?
Die neue Organisation und das neue Team motivieren mich unglaublich. Es ist schön, zu sehen, dass Spielertypen wie ich weiterhin gefragt sind. In den vergangenen Jahren gingen die grösseren, schwereren Spieler etwas verloren. Heutzutage sind vielerorts kleine, wendige Playmakers wie Kevin Fiala gefragt. Ich bin halt der Spieler, der vor dem Tor die Drecksarbeit macht und sich tendenziell für nichts zu schade ist. Dieser Job tut oft weh, entspricht aber meiner Begabung. Ein Haufen Dinge, die ich für mein Team mache, tauchen halt in keiner Statistik auf. Damit muss ich leben.

Nino Niederreiter trägt neu das Dress der Nashville Predators.

KLEINE KRISTALLKUGEL ALS TROST FÜR VERPASSTE OLYMPIA-MEDAILLE

Andri Ragettli fuhr nach seinem zweiten Run anlässlich des Freestyle-Weltcupfinales in Silvaplana mit ausgestreckten Armen ins Ziel. Dort wurde er am letzten März-Samstag von seinen Konkurrenten genauso wie von den Zuschauerinnen und Zuschauern mit Applaus empfangen. Am Ende waren die exakt 90 Punkte, welche der Flimser von den Wertungsrichtern zugesprochen bekam, zu wenig. Es war Rang 3 hinter dem Norweger Birk Ruud und dem Amerikaner Mac Forehand. Andri Ragettli schien im ersten Moment enttäuscht. Dies erstaunte nicht. Zufrieden mit sich selbst ist er stets nur, wenn er zuoberst aufs Podest steigen darf. So ist Andri Ragettli, so funktioniert er.

Minuten später, im Wissen, mit dem dritten Rang die Weltcup-Disziplinenwertung im Slopestyle zum vierten Mal gewonnen zu haben, waren Andri Ragettlis Gedanken plötzlich positiv und nicht mehr beim verpassten dritten Triumph in Silvaplana nach 2016 und 2019. «Es war ein cooler Tag. Ich stand beide Läufe perfekt und gewann eine weitere Kristallkugel – was will ich mehr», sagte er. Dass die erst zum dritten Mal vergebene grosse Kristallkugel für den Gesamtweltcup in den Disziplinen Slopestyle, Big Air und Halfpipe an Birk Ruud ging, nahm der 23-Jährige gelassen. «Ich wusste, dass der Gesamtweltcup kaum möglich ist. Mein Punkterückstand war zu gross. Darum lag mein Fokus beim Slopestyle.»

EIN WERMUTSTROPFEN

Die fünfte kleine Kristallkugel – neben nun vier im Slopestyle reüssierte er 2019 auch im Big Air – hatte für Andri Ragettli aus mehreren Gründen eine spezielle Bedeutung. Nach den Weltmeisterschaften 2020 musste er sich das Kreuzband operieren lassen, und er kehrte erst im Januar in den Weltcup zurück. «Im Sommer konnte ich nicht trainieren, wusste lange nicht, ob ich in der Saison 2021/22 überhaupt noch am Start stehen kann. Nun wurden es zwei Siege, ein dritter Rang, die Slopestyle-Kristallkugel und der Sieg bei den X-Games. Das ist verrückt und bedeutet mir viel. Ich bin megaglücklich. Es war eine verdammt gute Saison», so Andri Ragettli. Blieb nur ein Wermutstropfen: An den Olympischen Spielen klappte es nicht mit der Medaille. Auf Rang 4 in Peking angesprochen, wich der 23-Jährige aus: «Es ist schön, auf dem Corvatsch feiern zu können – auch ein wenig als Trost.»

Mit fünf Disziplinen- und zehn Weltcupsiegen ist Andri Ragettli unter den Slopestylern die Nummer 1 auf der Welttour. Auch die drei Triumphe an den X-Games, davon zwei im Slopestyle, sprechen für sein gehobenes Format.

Voller Freude stemmt Andri Ragettli die kleine Kristallkugel in die Höhe.

Zum Abschluss der Saison fährt Andri Ragettli beim Heim-Weltcup auf den dritten Rang.

TOPSPORTLER

SCHWIERIGE UMSTÄNDE UND REKORD ZUM MEISTERSCHAFTSENDE

William Reais läuft über die halbe Bahnrunde zwar Saisonbestzeit, scheidet im Vorlauf aber aus.

William Reais hatte einen schwierigen Schluss im Winter und lange Probleme im Frühling. Zuerst wurde er im Training durch Schmerzen im Fuss, danach durch eine Oberschenkelverletzung gebremst. «Dies war eine langwierige Sache von Februar bis Mai», blickt der 23-jährige Churer zurück. Seine Erwartungen an die Saison mit den Welt- und Europameisterschaften als Höhepunkten waren denn auch nicht allzu hoch.

Vor den verlegten Welttitelkämpfen im amerikanischen Eugene stand William Reais mit 20,73 Sekunden für die halbe Bahnrunde an der Spitze der Schweizer Saisonbestenliste – dank dem Sieg an den nationalen Titelkämpfen von Ende Juni in Zürich. Zum Vergleich: Im Vorjahr lief er in 20,43 Sekunden zum U23-EM-Titel und 2000 realisierte er mit 20,24 seine persönliche Bestleistung – allerdings erst Mitte September an den Schweizer Meisterschaften. Ein weiteres Beispiel für die jeweilige Spätform ist der U23-Schweizer-Rekord über 100 Meter (10,20 Sekunden) vom September 2021 an den nationalen U23-Titelkämpfen.

Aufgrund der schwierigen Umstände erreichte William Reais heuer nicht das Niveau, welches ihm im Vorjahr auch die Olympia-Teilnahme eingetragen hatte. An den Weltmeisterschaften schied der Olympia-Halbfinalist 2021 am dritten Juli-Dienstag im Vorlauf aus.

Die 200 Meter absolvierte er in 20,71 Sekunden und war somit zwei Hundertstel schneller als an den Schweizer Meisterschaften. In seiner Serie belegte er den fünften Platz und verpasste so die direkte Qualifikation für den Halbfinal. Seine Zeit reichte ebenfalls nicht, um sich einen der drei Lucky-Loser-Plätze zu ergattern.

NEUER SCHWEIZER REKORD

Etwas weiter, bis in den Halbfinal, stiess William Reais an den Europameisterschaften in München vor. In seiner Serie belegte er am dritten August-Donnerstag in 20,82 Sekunden den siebten Platz. Im Vorlauf hatte der Sprinter, welcher in seinem Klub LC Zürich ins High-Performance-Projekt am OYM-Trainingszentrum in Cham integriert ist, in 20,66 Sekunden eine neue Saisonbestleistung aufgestellt. Aber auch diese hätte bei Weitem nicht für einen Finalplatz gereicht.

Zum Abschluss der europäischen Titelkämpfe gab es für William Reais doch noch Grund zur Freude: Mit seinen drei Staffelkollegen Pascal Mancini, Bradley Lestrade und Felix Svensson lief er als Schlussläufer über 4×100 Meter mit 38,36 Sekunden einen neuen Schweizer Rekord. Die bisherige Bestmarke lag bei 38,54 Sekunden, aufgestellt im Jahre 2014.

«ES GIBT MIR EXTREM VIEL, IMMER NOCH VORNE MITMISCHEN ZU KÖNNEN»

Trotz seines fortgeschrittenen Sportleralters gehört Nino Schurter noch immer zur absoluten Weltspitze. Am letzten August-Sonntag gewann der 36-jährige Mountainbiker im französischen Les Gets zum zehnten Mal den Weltmeistertitel und entschied eine Woche später im italienischen Val di Sole auch zum achten Mal den Gesamtweltcup für sich. «Das ganze Jahr fühlt sich an wie ein Traum», sagt der Churer. «Nach zwei schwächeren Jahren hätte ich nicht erwartet, dass diese Saison so gut verläuft.»

Welche Bedeutung hat der zehnte WM-Titel für Sie?
Es ist unglaublich, dass nochmals alles zusammenpasste. Ich kann es fast nicht glauben. Es war nochmals ein perfektes Rennen. Ich konnte das Geschehen früh in meine Hand nehmen. Gegen das Ende spürte ich, dass ich nochmals um den Titel mitfahren kann. In solchen Momenten gelingt es mir, einfach nochmals mehr aus mir herauszuholen und alles aus mir rauszupressen. Es ist gewaltig.

Jeder WM-Titel hat eine spezielle Geschichte, die dahintersteckt. Welches ist die Geschichte hinter dieser zehnten Goldmedaille?
Sie hat sicher mit meinem Alter zu tun. Am Samstag vor dem Rennen schaute ich die Startliste an. Ich wollte wissen, wer der älteste Athlet ist. Ich freute mich, dass ich in dieser Rangliste noch nicht ganz oben stand. Aber der Drittälteste war ich. Mit dem Wissen, dass ich nicht mehr zu den ganz Jungen gehöre, veränderte sich meine Wahrnehmung. Es bringt Herausforderungen mit sich. Aber es nimmt auch Druck von mir. Ich fühlte mich wie an meiner ersten Weltmeisterschaft 2009 in Australien. Damals wusste ich, dass ich Chancen auf eine Medaille habe. Aber niemand erwartete das von mir. Das Gefühl ist heute das gleiche. Es muss nicht mehr um jeden Preis klappen. Wenn aber alles zusammenpasst, wenn ich einen guten Tag und das nötige Glück habe, kann ich vorne mitfahren.

Neben Gold im Einzel gewannen Sie auch Gold mit dem Team. Ein schöner Zusatz oder mehr?
Ich finde Teamrennen etwas sehr Schönes. Es ist toll, als Mountainbiker mal in einem Team am Start zu stehen. Es ist schön, zusammen etwas zu erreichen, gemeinsam zu feiern. Für mich war es ein super Einstieg in die Weltmeisterschaft. Ich glaube, auch das Team profitierte von dieser Goldmedaille. Sie gab einen guten Spirit, eine gute Atmosphäre. Und das gleich zu Beginn der Titelkämpfe.

Sieben Tage nach dem Gewinn des Weltmeistertitels holten Sie auch zum achten Mal den Gesamtweltcup – und überflügelten damit Ihren einstigen Rivalen Julien Absalon in einer weiteren Rubrik.
Nach dem Sieg im ersten Weltcuprennen der Saison in Brasilien merkte ich, dass der Gesamtweltcup nochmals ein Ziel sein könnte. Ich fahre noch immer sehr konstant, wusste aber nicht, ob es nochmals für ganz nach vorne reichen würde. Während der Saison wurde das Thema Gesamtweltcup immer wichtiger. Der Vorsprung vor dem letzten Rennen war nicht riesig. Aber ich fuhr ein gutes Rennen und konnte den Gesamtweltcup nochmals gewinnen.

Fehlt eigentlich nur noch der 34. Weltcupsieg. Damit wären Sie alleiniger Rekordhalter.
Für mich war es wichtig, mit Julien Absalon gleichzuziehen. Dies schaffte ich im Frühling. Der 34. Sieg ist mir nicht so wichtig. Es ist auch schön, diese Marke mit Julien Absalon zu teilen. Klar bin ich stolz, sollte ich auch den 34. noch schaffen. Aber es gibt mir schon extrem viel, immer noch vorne mitmischen zu können.

Nino Schurter lässt sich feiern und filmt das Geschehen.

AN ALLEN GRAND SLAM TURNIEREN UND MEHRERE BEDEUTENDE ERFOLGE

Simona Waltert ist nicht mehr weit von einer Klassierung unter den 100 Besten entfernt.

Für Simona Waltert, damals die Weltnummer 219, startete das Jahr gleich mit einem Paukenschlag: Zum zweiten Mal in ihrer Karriere schaffte es die Churer Tennisspielerin in die Qualifikation eines Grand Slam Turniers. An den Australian Open schied sie Anfang Januar, wie im Sommer 2021 in Wimbledon, in der zweiten Qualifikationsrunde aus. Dennoch war der Start ein Highlight. «Erstmals begann ich eine Saison, wie sie bei einem Profi startet.»

Ende April stand Simona Waltert am mit 60 000 Dollar dotierten ITF-Turnier in Chiasso im Final. Dort unterlag sie der topgesetzten Italienerin Lucia Bronzetti (WTA 88) mit 6:2, 3:6, 3:6. Bei den French Open in Paris, und somit dem zweiten Grand Slam Turnier des Jahres, stiess die Bündnerin Ende Mai erneut bis in die zweite Qualifikationsrunde vor. Beim Grand Slam Turnier in Wimbledon schied sie Mitte Juni in der Startrunde aus. Etwa einen Monat später folgte der grösste Turniersieg der Karriere. Im holländischen Amstelveen gewann Simona Waltert zum ersten Mal ein mit 60 000 Dollar dotiertes Turnier und verbesserte sich dank diesem Triumph in der Weltrangliste vom 186. auf den 154. Platz.

Fürs wenige Tage später stattfindende WTA-250-Turnier in Lausanne bekam die Churerin eine Wildcard. In der ersten Runde traf sie auf die Weltranglisten-Siebte Danielle Collins aus den USA. Prompt schaffte sie den grossen Coup und bezwang die Turniernummer 1 mit 6:7 (5:7), 6:3, 7:6 (8:6). Für die 21-Jährige war es mit Abstand der grösste Einzel-Erfolg ihrer Karriere. Einen Tag nach ihrem ersten Triumph gegen eine Top-Ten-Spielerin durfte sich Simona Waltert am Genfersee über einen weiteren Meilenstein freuen: Zum ersten Mal in ihrer Karriere schaffte sie es an einem WTA-Turnier in die Top acht. Ihr grossartiger Lauf nahm mit dem Viertelfinal-Einzug ein Ende.

100 PLÄTZE GUTGEMACHT

In der ersten August-Hälfte flog Simona Waltert für mehrere Wochen in die USA. Bei zwei Vorbereitungsturnieren für die US Open in New York, welche sie 2017 als Juniorin bestritten hatte, erreichte sie in Landisville und in Bronx – wo sie mit der Russin Anna Blinkova auch ein Doppel gewann – jeweils die Halbfinals. Beim Versuch, sich fürs Hauptfeld des Grand Slam Turniers zu qualifizieren, scheiterte sie Ende August in der zweiten Qualifikationsrunde.

Mitte September sorgte Simona Waltert für ein weiteres Ausrufezeichen. Bei der Tiriac Foundation Trophy in Bukarest bezwang sie in der ersten Runde die Einheimische Sorana Cirstea und somit die Nummer 38 der Welt. 6:3, 6:3 lautete das Ergebnis gegen die zweifache Turniersiegerin auf der WTA-Tour. Bei Redaktionsschluss nahm Simona Waltert in der Weltrangliste die 119. Position ein und war somit exakt 100 Plätze besser klassiert als bei der Qualifikation für die Australian Open, mit welchen sie ihr bislang erfolgreichstes Tennisjahr lanciert hatte.

TOPMANNSCHAFTEN

GELUNGENE MEISTERSCHAFT UND EIN HERAUSRAGENDES DUO

Der HC Davos durchlebte eine Saison mit Hochs und Tiefs. Im Herbst überflügelten die Bündner die ganze Liga, mussten dann nach einem Zwischentief aber noch bis zuletzt um die direkte Play-off-Qualifikation kämpfen. Nachdem sie diese erreicht hatten, gerieten die Bündner im Viertelfinal gegen Rapperswil-Jona erst 0:3 in Rückstand, ehe sie die grosse Wende hinlegten und in den Halbfinal einzogen. Dort war gegen den amtierenden Schweizer Meister Zug schnell Schluss.

Alles in allem durfte der HC Davos aber auf eine gelungene Meisterschaft 2021/22 zurückschauen. Die sportlichen Ziele wurden erreicht, in der Saison 2022/23 spielen die Bündner erstmals seit fünf Jahren in der Champions Hockey League.

Von den 24 regelmässig eingesetzten Spielern stachen vor allem zwei Namen hervor: Sandro Aeschlimann und Andres Ambühl. Mit einer Fangquote von fast 95 Prozent in der Qualifikation und in den Play-offs spielte Sandro Aeschlimann die beste Saison seiner Karriere. Ausser in den ersten drei Viertelfinalpartien, wo er seinen Groove erst finden musste, war er immer der Rückhalt und gab seiner Mannschaft eine Chance auf den Sieg. Grosse Klasse, wie er den HCD ins Halbfinale hexte. Er dürfte viele Jahre die Nummer 1 in Davos bleiben.

Beeindruckend war, wie Andres Ambühl auf allerhöchstem Niveau ablieferte. In der Qualifikation skorte er in der zweiten Hälfte zwar nicht mehr so viel. Seinen wahren Wert bewies der 38-jährige Altmeister aber in den Play-offs, als er seine Mannschaft als unermüdlicher Vorkämpfer und Topskorer zur grossen Wende im Viertelfinal führte. Der Captain ist noch immer der wichtigste Spieler in dieser Mannschaft.

Captain Andres Ambühl ist noch immer der wichtigste Spieler.

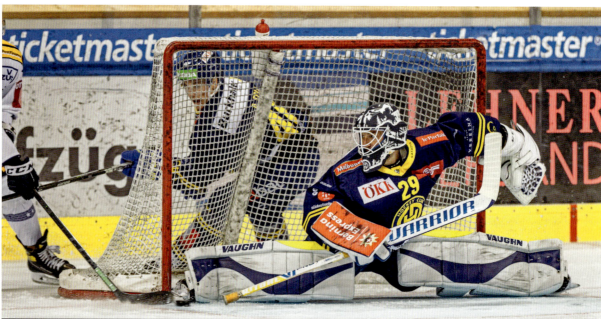
Sandro Aeschlimann spielt die beste Saison seiner Karriere.

Sportchef Jan Alston.

Geschäftsführer Marc Gianola.

«EINE SEHR POSITIVE SAISON»

HCD-Sportchef Jan Alston war zufrieden mit der Saison 2021/22. Trotzdem zeigte die Halbfinalserie gegen Zug, dass Davos einen weiteren Schritt machen muss.

Der HCD ist im Play-off-Halbfinal ausgeschieden. War das in diesem Jahr das Maximum für diese Mannschaft?
Nein, das Maximum hast du herausgeholt, wenn du das letzte Spiel der Saison gewinnst. Wir machten in diesem Jahr aber einen guten Schritt nach vorne. Zu Beginn der Qualifikation hatten wir einen Lauf, im Januar folgte die Korrektur, was normal ist.

Auffallend war, dass der HCD stets die Spiele gewann, als er das Messer am Hals hatte.
Wir hatten gegen Ende der Saison stets viel Druck. Zuerst mussten wir die direkte Play-off-Qualifikation sicherstellen. Dies schafften wir – auch, weil der Kampfgeist dieser Mannschaft unglaublich ist. Das war auch im Viertelfinal gegen die Lakers der Fall; dort hatten wir dann auch das nötige Glück. Wenn wir das grosse Ganze betrachten, war es eine sehr positive Saison.

Im Halbfinale war der EV Zug dann aber eine Nummer zu gross für den HCD.
In dieser Serie war interessant zu sehen, was uns noch fehlt. Der EVZ spielt Eishockey auf einem sehr hohen Niveau, und wir waren fast ein wenig überfordert. Wir dürfen aber trotzdem stolz sein; es war auch gegen den EV Zug eine umkämpfte Serie. Der Gegner war zwar besser, wir hatten aber in jedem Spiel eine Chance, um es zu gewinnen. Wir müssen nun eine positive Lektion daraus ziehen.

Wie sieht diese aus?
Die Serie gegen Zug öffnete uns die Augen. Wir merkten, dass wir noch nicht auf diesem Niveau sind. Nun müssen wir alle jeden Tag hart und mit viel Qualität auf allen Ebenen arbeiten, damit wir diese «Rote Zone» überbrücken und auch auf diesem Niveau performen können. Auch die Spieler sind realistisch und merken, dass da noch ein grosser Unterschied war. Jeder weiss, dass wir den nächsten Schritt machen müssen.

«MEHRERE ERFREULICHE MOMENTE»

Auch aufgrund des satten Verlustes verlief die Saison 2021/22 für Marc Gianola, den Geschäftsführer des HC Davos, nicht immer nur rosig.

Was nehmen Sie aus der Saison 2021/22 mit?
Wir hatten mehrere erfreuliche Momente. Sportlich erreichten wir unsere Ziele mit der direkten Play-off-Qualifikation und dem Halbfinal. Zudem konnten wir im letzten Spiel erstmals seit der Fertigstellung des neuen Stadions vor ausverkauftem Haus spielen.

Der HCD durfte heuer erstmals seit vier Jahren wieder Play-offs spielen und erreichte den Halbfinal. Wie wichtig ist das für den Klub?
Es hilft generell, wenn man erfolgreich ist. Einerseits aus finanzieller Sicht, anderseits auch für das Image. Die Play-offs sind die schönste Zeit des Jahres. Deshalb kämpfen wir immer wieder darum, dass wir dort jedes Jahr hinkommen und vielleicht sogar noch einen Schritt weitermachen können. Dies hilft, den HC Davos wieder dorthin zu bringen, wo er vor der Coronapandemie war.

Was meinen Sie damit?
Dank der erfolgreichen Play-offs fällt der Verlust um einiges kleiner aus als angenommen.

Von welcher Zahl sprechen Sie?
Der Verlust beläuft sich auf 2,6 Millionen Franken. Die drei zusätzlichen Play-off-Heimspiele brachten gut eine Million ein.

Der finanzielle Weg ist also steiniger wie der sportliche?
Wir kommen aus einer Phase, in der wir sportlich schwierige Momente hatten. Vor vier Jahren standen wir im Play-out-Final und wären fast abgestiegen. Das konnten wir gut auffangen und wieder neu aufbauen. Hinzu kamen dann die zwei Jahre mit dem Coronavirus, die uns wirtschaftlich in Schwierigkeiten brachten. Wir hoffen nun, dass wir eine Mannschaft, eine Wirtschaft und ein Umfeld haben, die nach Covid funktionieren.

TOPMANNSCHAFTEN

ZWEI UNGENUTZTE MATCHBÄLLE NACH DREI KLAREN SIEGEN HALLEN NACH

Spielt er oder spielt er nicht? Die Ungewissheit, ob Tim Braillard von Alligator Malans im entscheidenden Duell um den Halbfinaleinzug vom letzten März-Samstag in Zug auflaufen würde, war gross. Keine Partie dieser Play-off-Viertelfinalserie hatte der 29-jährige Ausnahmekönner bis dahin bestritten, war verletzungsbedingt lange ausgefallen. Doch Trainer Pius Caluori sagte wenige Tage vor dem Showdown: «Wenn er fit ist und uns mit seiner Leistung auf dem Feld helfen kann, wird er spielen.»

So war es denn auch. Tim Braillard war fit und konnte seinem Team helfen. Zumindest in den ersten zwei Dritteln. Der Nationalspieler stand am Ursprung des Führungstreffers durch Verteidiger Kevin Berry, als er diesen gekonnt mit einem Zuspiel von hinter dem Rücken anspielte. Eine Prise Genialität war zurück im Spiel der Alligatoren. Einsatzbereitschaft, Teamgeist und Führungsqualität sowieso. Aber eben auch fehlende Matchpraxis, die sich bemerkbar machen sollte.

Einerseits darin, dass der Mann mit der Trikotnummer 57 weniger dominant auftrat als sonst, wenn er in Topform den Rhythmus des Spiels nach Belieben bestimmt. Andererseits darin, dass er sich zu Beginn des Schlussabschnitts einen einfachen Ballverlust gegen Zugs Alexander Hallén leistete, der zum 1:1-Ausgleich führte. Und mit einem technischen Fehler kurz vor Schluss den Zugern die zwischenzeitliche 4:2-Führung schenkte. Doch die 2:5-Niederlage und das Ausscheiden im Play-off-Viertelfinal allein an seiner Person festzumachen, wäre unfair. Ja, es würde viel zu kurz greifen.

ZU KEINER REAKTION FÄHIG

Während die Zuger vor Heimpublikum im Schlussabschnitt nochmals aufdrehen konnten, kam von den Bündnern trotz einer zwischenzeitlichen 2:1-Führung nicht mehr viel. Den schwedischen Ausnahmestürmern war die Malanser Defensive nicht mehr gewachsen. Zu einer Reaktion waren auch die offensiven Leistungsträger in den eigenen Reihen nicht mehr fähig.

Doch wirklich verloren die Herrschäftler diese Serie nicht am letzten März-Samstag in Zug. Verloren haben sie diese, weil es ihnen nicht gelang, nach drei deutlichen Siegen in Serie einen der beiden Matchbälle zu nutzen. Beide engen Duelle – zuerst mit 2:4 in Zug und dann mit 4:5 nach Verlängerung in Maienfeld – gingen verloren.

Weshalb nach dem Halbfinal-Aus vor einem Jahr nun bereits der Play-off-Viertelfinal Endstation bedeutete, mussten die Verantwortlichen des Klubs nun analysieren und sich Fragen gefallen lassen. Beispielsweise, weshalb gegen Ende der Qualifikation ein Leistungsabfall erfolgte, der womöglich doch auch noch Einfluss auf die Viertelfinalserie hatte. Oder: Ob ein einziger, wenn auch grundsolider Ausländer auf der Verteidigerposition wirklich ausreichen kann, um den hohen (Titel-)Ansprüchen gerecht zu werden? Es müssen ja nicht gleich deren fünf wie bei Zug sein. Und vielleicht auch noch, wie es dazu kommen konnte, dass auch in dieser Saison im Vergleich mit der Konkurrenz mehr Leistungsträger verletzungsbedingt ausfielen.

Gewiss ist: Die Schlüsse werden gezogen werden. Und Alligator Malans wagt auch in der Saison 2022/23 wieder einen (Titel-)Angriff.

Die Malanser (in Rot) haben gegen die Zuger einen schweren Stand.

Alligator Malans

SOUVERÄNE UND SCHNELLE SICHERSTELLUNG DES LIGAERHALTS

Den ersten Matchball nutzte Chur gleich. Am zweiten März-Sonntag setzte sich der Bündner Unihockeyklub zu Hause mit 6:5 nach Verlängerung gegen Thun durch. Und sorgte damit dafür, dass die Play-out-Serie mit 4:1-Siegen deutlich an den Favoriten ging. Während die Thuner also bald schon um den Verbleib in der NLA kämpfen mussten, ging es für die Churer in die Ferien. Sportchef Sascha Eichelberger freute dies. Er sagte: «Ich bin extrem froh, dass wir die Serie so schnell für uns entscheiden konnten. Dies nahm allen Involvierten den Druck von den Schultern.»

Schaut man auf das Duell zurück, bleiben zum einen die deutlichen Siege von Chur im Kopf. Zum anderen aber auch der einzige Erfolg der Thuner zum zwischenzeitlichen 1:1-Ausgleich in der Serie. Sascha Eichelberger erinnert daran, dass sich vor dieser zweiten Partie vieles gegen die Churer wendete: «Die Trainingswoche lief nicht optimal, weil viele Spieler mit Grippesymptomen fehlten. Dazu fiel Torhüter Christoph Reich berufs- und Cheftrainer Iivo Pantzar krankheitsbedingt in Thun aus.» All dies machte sich auch in mentaler Hinsicht bemerkbar, indem die Bündner das Mitteldrittel mit 0:5 an die Thuner abtreten mussten. Doch es war am Ende nur ein kurzes Aufbäumen des Aussenseiters.

Der Qualitätsunterschied in der Breite der beiden Mannschaften und dazu die stärkeren Einzelspieler auf Churer Seite wurden über mehrere Partien gesehen immer deutlicher. «Das wussten wir auch schon vor Beginn dieses Duells. Uns war klar, dass wir zu diesen vier Siegen kommen werden, wenn wir es einstellungsmässig hinkriegen würden», so Sascha Eichelberger. Die Bündner bekamen es hin. Auch wenn es gerade im fünften Spiel nochmals ein Geknorze war und der definitive Ligaerhalt erst in der Verlängerung – in der Ausnahmekönner Aaro Helin für die Entscheidung sorgte – Tatsache wurde.

EIN MICKRIGER PUNKT FEHLTE

Um in einem Play-off-Viertelfinal auflaufen zu dürfen, fehlte Chur Unihockey ein mickriger Punkt. Unter dem Strich wurde das gesetzte Saisonziel also nicht erreicht. Die Art schmerzte den Sportchef: «Wir hatten es in den eigenen Händen. Wenn dann nur so wenig fehlt, tut das natürlich weh.» Zumal die Mannschaft im Vergleich mit dem Vorjahr spielerisch und einstellungsmässig einen grossen Schritt in die richtige Richtung machen konnte.

Gerade die ärgerlichen Niederlagen gegen Direktkonkurrenten waren Bestandteil einer sorgfältigen Saisonanalyse. Trat man in diesen Duellen zu selbstsicher oder gar zu überheblich auf? Standen taktische Fehler am Ursprung der Niederlagen? Oder woran haperte es sonst? Mit diesen Fragen setzte sich der Sportchef auseinander und erhoffte sich entsprechende Antworten, um in der Vorbereitung auf die Saison 2022/23 die richtigen Schlüsse ziehen zu können. Damit es dann wieder mit den Play-offs klappen wird.

Die Churer freuen sich über den deutlichen 4:1-Sieg in der Play-out-Serie.

TOPMANNSCHAFTEN

IM WICHTIGSTEN SPIEL PASST NICHTS ZUSAMMEN

Die Wortwahl war verschieden, der Inhalt aber gleich. Die Spielerinnen von Piranha Chur und Trainer Simon Zopf fanden klare Worte nach der 0:9-Finalklatsche gegen Kloten-Dietlikon im Superfinal. «Wir wurden 60 Minuten lang vorgeführt», brachte es Stürmerin Julia Suter auf den Punkt. Captain Corin Rüttimann sprach von «kollektivem Versagen». Und Simon Zopf attestierte den Gegnerinnen Stärke: «Sie bestraften uns knallhart.»

Es waren denn auch nur die ersten Spielminuten, in denen Piranha Chur vor etwas mehr als 3000 Fans im Klotener Eishockeystadion mit dem Titelverteidiger mithalten konnte. Während Kloten-Dietlikon viel Ballbesitz hatte, kamen die Bündnerinnen zu einigen schnell vorgetragenen Kontern. Doch die Tore fielen auf der Gegenseite. In den ersten beiden Dritteln musste Piranha-Torhüterin Jill Münger je zweimal hinter sich greifen. Im Schlussabschnitt kamen fünf weitere Gegentreffer hinzu. Und damit ein brutales Verdikt von 0:9 im wichtigsten Spiel des Jahres. Wie konnte das nur geschehen?

Piranha Chur war im Gegensatz zu Kloten-Dietlikon auf dem Weg in den Final getestet worden. Mit zwei 4:2-Erfolgen gegen Berner Oberland in der Viertelfinalserie und gegen Emmental Zollbrück im Halbfinalduell schienen die Churerinnen gerüstet fürs Endspiel. Um nicht in Ehrfurcht zu erstarren, reiste das Team bereits am Freitag an, übernachtete in einem Hotel und konnte sich damit Schritt für Schritt an die Kulisse gewöhnen, die mit knapp 3000 Fans aber etwas sehr dürftig ausfiel. Und doch schien das Team gehemmt zu sein. Nicht nur die unerfahrene zweite und dritte Formation. Auch der nominell stärksten Linie auf dem Feld um Julia Suter, Corin Rüttimann und den drei ausländischen Verstärkungen wollte wenig gelingen.

Wo waren die Emotionen? Wo der Wille? Wo der Glaube? Nach solch einem Auftritt müsse man über die Bücher, so Julia Suter. Corin Rüttimann wählte etwas weniger deutliche Worte als ihre Kollegin vom Schweizer Nationalteam. Auch auf das auf die Play-offs installierte Trainerduo Simon Zopf/Daniel Darms liess sie nichts kommen. «Sie probierten über die ganze Spielzeit so vieles. Doch wir konnten auf dem Feld nichts davon umsetzen.» Im Mittelabschnitt war es zeitweise ein hohes Pressing, im Schlussdrittel ein Time-out, gefolgt von der frühen Herausnahme der Torhüterin zugunsten einer sechsten Feldspielerin. «Wir scheiterten auch an unserer Effizienz im Abschluss», so Corin Rüttimann.

ZUM SIEGEN ZURÜCKGEKEHRT

Auch wenn im Moment des Scheiterns das Positive weit in den Hintergrund rückte, war es grundsätzlich eine sehr erfreuliche Saison für die Churerinnen. Vor einem Jahr war das Team nach dem altersbedingten Umbruch noch sang- und klanglos in seinem Viertelfinal ausgeschieden. Captain Flurina Marti verliess den Klub, um sich in Schweden einer neuen Herausforderung zu stellen. Doch Piranha Chur brach nicht auseinander, sondern kehrte zum Siegen zurück. Nur vier Punkte fehlten als Drittplatzierte auf die Spitze. In den Play-offs begeisterten die Bündnerinnen vor allem im Halbfinal gegen das leicht favorisierte Emmental Zollbrück, das ein Jahr davor noch im Endspiel gestanden hatte. Auch der kurzfristige Trainerwechsel aufgrund unüberbrückbarer Differenzen vor den Play-offs steckte das Team gut weg. Der Weg in die Zukunft scheint also zu stimmen.

In den Play-offs begeistert Piranha Chur (im Bild Corin Rüttimann) vor allem im Halbfinal gegen Emmental Zollbrück.

53	**DARIO COLOGNA**
54	**NEVIN GALMARINI**
55	**SELINA GASPARIN**
56	**CARLO JANKA**
57	**LAURIEN VAN DER GRAAFF**

RÜCKTRITTE

AUF DEN SPUREN EINES PHÄNOMENS

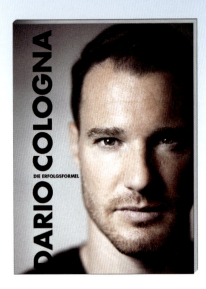

208 Seiten, Broschur
ISBN 978-3-907095-59-1
CHF 45.–

PETER RÖTHLISBERGER (HRSG.)

DARIO COLOGNA
DIE ERFOLGSFORMEL

Vier Olympiasiege.
Vier Siege im Gesamtweltcup.
Vier Siege in der Tour de Ski.
Kein Schweizer Wintersportler war erfolgreicher als der Bündner Langläufer Dario Cologna.
Nichts konnte ihn stoppen, nicht einmal ein bis heute ungeklärter Skibruch auf den letzten Metern des Olympischen 50-Kilometer-Rennens von Sotschi.
Wie lautet Dario Colognas Erfolgsformel? Was trieb ihn an? Was liess ihn zweifeln?
«Dario Cologna – die Erfolgsformel» offenbart faszinierende Einblicke in das Innenleben eines Phänomens. Mit verblüffenden Erkenntnissen für Hobbysportler.
Bei der Analyse mitgeholfen haben Roger Federer, Petter Northug, Nino Schurter, Simon Ammann, Carlo Janka, Bernhard Russi, Ueli Maurer, Sportjournalisten, ehemalige Trainerinnen, Langlaufkollegen, Sportmediziner, Leistungsdiagnostiker – und natürlich seine Frau Laura, seine Eltern und Geschwister.

«DARIO WAR UND IST IMMER NOCH EINE GROSSE INSPIRATION FÜR MICH! ICH HABE ALLE SEINE WETTKÄMPFE MITVERFOLGT UND DABEI MITGEFIEBERT, DENN DAS HAT MICH MOTIVIERT, NOCH HÄRTER AN MEINER SPORTLICHEN KARRIERE ZU ARBEITEN.»
Nino Schurter, Mountainbike-Olympiasieger

«ICH HABE DARIOS KARRIERE IMMER VERFOLGT. WIE ER AUCH NACH SCHWEREN VERLETZUNGEN ZURÜCK AN DIE SPITZE FAND, MOTIVIERTE MICH SEHR!»
Roger Federer, Tennis-König

«SEINE GOLDENEN SIEGE AN OLYMPISCHEN SPIELEN ALLEINE SIND MEHR ALS NUR BEEINDRUCKEND. ICH BIN ABER IMMER NOCH ELEKTRISIERT VON DER ART UND WEISE, WIE DARIO DIESE RENNEN GEWONNEN HAT.»
Bernhard Russi, Ski-Legende

Somedia Buchverlag ist jetzt auch auf Facebook zu finden

Erhältlich in der Buchhandlung oder bei Somedia Production AG
www.somedia-buchverlag.ch
Telefon 055 645 28 63

«WIE ICH MICH KENNE, STECKE ICH SCHNELL WIEDER VOLLER TATENDRANG»

Am Engadin Skimarathon vom zweiten März-Sonntag absolvierte der 36-jährige Dario Cologna sein letztes internationales Rennen als Profisportler. 16 Jahre lang war der in Davos wohnhafte Münstertaler hauptsächlich Langläufer. Als vierfacher Olympiasieger sowie viermaliger Gewinner des Gesamtweltcups und der Tour de Ski verfügt er über Heldenstatus im nordischen Skisport.

Nach 16 Jahren als Langläufer folgt für Sie ein neues Kapitel. Wo sehen Sie Ihre Zukunft?
Aktuell habe ich nicht vor, mich irgendwo aktiv zu bewerben. Es ist ein schönes Gefühl, dass ich dies nicht von einem Tag auf den anderen muss. Ich werde vorerst eigene Projekte mit bisherigen Partnern und Sponsoren vorantreiben. Es gibt schon viele Ideen, aber noch weniger davon ist wirklich spruchreif. Ich sehe mich definitiv noch nicht als Festangestellter.

Bis zum AHV-Alter werden Sie wohl aber nicht als Eigenmarke tätig sein können.
Ich habe das Privileg, in den nächsten Jahren den Weg mit einer gewissen Gelassenheit zu finden, in welche Richtung es gehen könnte. Ich spüre vielleicht bald, was mir beruflich am meisten Spass macht und investiere dann dort auch in die Aus- und Weiterbildungen. Das könnte etwas im Langlaufbereich, etwas in der Privatwirtschaft oder etwas mit Sponsoren sein. Aber so wie ich mich kenne, werde ich schnell wieder voller Tatendrang stecken.

Wird man Sie auch künftig im Langlauf antreffen?
Ich war jetzt 16 Jahre lang Langläufer von Beruf, und man kennt mich als Langläufer. Es wäre schade, wenn man das nun alles zur Seite stellen würde. Aber ich sehe mich nicht täglich als Trainer oder Langlauflehrer auf der Loipe. Aber ich würde gerne etwas von meinem Wissen an die nächste Generation weitergeben. Es gibt Pläne in diese Richtung.

Worauf freuen Sie sich besonders, das im Leben eines Spitzensportlers eher zurückgestellt werden muss?
Es sind die kleinen Dinge. Als Langläufer musste ich stets dranbleiben, selbst in den Ferien. Ich redete mir ein, ich könne nicht einfach zwei Wochen am Strand liegen. Im Sommer 2021 waren wir mit der Familie auf Kreta. Während die anderen sich zum Morgenessen trafen, ging ich für drei Stunden aufs Velo. Ich freue mich also beispielsweise darauf, künftig auch ohne schlechtes Gewissen ausgiebig gemeinsam zu «zmörgele». Oder mich während eines unterhaltsamen Abends nicht vorzeitig ins Bett zu verabschieden oder bei einem Glas Wein oder einem Bier nicht «Nein» sagen zu müssen. Das verstehe ich unter zusätzlicher Lebensqualität. Aber ich freue mich auch darauf, weiterhin Sport zu treiben. Ich trainierte gerne. Aber Zeitpunkt und Dauer sind nun keine Pflicht mehr.

Tat Abschiednehmen weh oder erleichterte es?
Die Wehmut überwog. Ich bin sicher, dass ich auch einiges aus meinem bisherigen Leben vermissen werde. Beispielsweise die Trainingslager mit den Teamkollegen, die Reisen an verschiedene Orte dieser Welt. Ich lebte bis zuletzt gerne so. Der Entscheid zum Rücktritt fiel mir entsprechend nicht einfach, selbst wenn ich überzeugt bin, dass es der richtige Moment war. Aufzuhören und dabei zu wissen, dass man vieles vermissen wird, ist letztlich aber schöner, als am Ende einer Karriere nur noch froh zu sein, dass man es hinter sich hat.

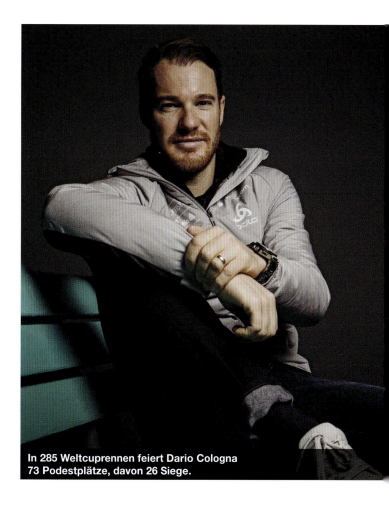

In 285 Weltcuprennen feiert Dario Cologna 73 Podestplätze, davon 26 Siege.

RÜCKTRITTE

«VIELES IN MEINEM LEBEN MACHTE ICH WOHL NICHT SCHLECHT»

Der Ardezer Alpin-Snowboarder Nevin Galmarini beendete am Ende des Winters 2021/22 seine Karriere. Wie die Zukunft des 35-jährigen Olympiasiegers und Gesamtweltcupsiegers 2018 aussehen wird, ist offen.

Wie schwer fiel es Ihnen, das Snowboard Ende Saison in die Ecke zu stellen?
Ich kann nicht genau sagen, wann der Entscheid gefallen ist. Es war ein Prozess. Er begann irgendwann nach den Olympischen Spielen 2018, als ich mir erstmals Gedanken machte, wo mein Weg hinführen könnte – als Sportler, aber auch als Mensch. Ich sah es seither als gesund und wichtig an, dass ich mich weiter um den Prozess kümmerte. Es gab dazwischen auch die Phase mit der Rückenverletzung, als ich mich intensiver damit befasste.

Als Snowboarder strebten Sie stets die Perfektion an.
Das stimmt und entspricht meinem Charakter. Wenn ich mich loben darf, kann ich sagen, dass ich vieles in meinem Leben wohl nicht schlecht machte. Ich hoffe, dass mir das in der Karriere nach der Karriere auch gelingt. Dafür müssen wir nun ein oder zwei Jahre abwarten. Bis dann sollte der Prozess abgeschlossen und ich am neuen Ort angekommen sein.

Wissen Sie konkret, was und wo Sie künftig arbeiten werden?
Das ist offen. Es gibt zwei Bereiche, die mich interessieren. Einer ist das sportnahe Umfeld, das Sportbusiness. Dies könnte in der Industrie oder im Verkauf von Produkten sein. Es könnte aber auch die Sportvermarktung oder in einem Verband sein. Dies alles interessiert mich. Dann gibt es auch den Bericht Innovation, den ich studierte. Digitale Geschäftsmodelle, Digitalisierung – das ist spannend. Sollte ich mich für diesen Weg entscheiden, dürfte es in Richtung grosse Unternehmen gehen.

Schauen wir zurück. Mehrfacher Schweizermeister, zwölf Weltcup-Podestplätze, Weltcup-Gesamtsieger 2018, Olympiasieger 2018, Olympia-Silbermedaille 2014 sowie WM-Bronze 2017. Auf dieses Palmarès können Sie stolz sein.
Der Olympiasieg 2018 sticht heraus, klar. Mit WM-Gold klappte es nicht. Nach dem Sieg in Pyeongchang hatte ich mich auf die Weltmeistertitel 2019 eingeschworen. Es war dann ein Schneefall-Regenrennen, bei dem der Zufall mitspielte. Zudem war ich verletzt, und ich musste den Slalom abbrechen. In der letzten Saison im slowenischen Rogla, auf dem Hang, auf dem ich 2017 meinen ersten Weltcupsieg geholt hatte, fuhr ich auf Rang 5. Lediglich zwei Hundertstelsekunden fehlten mir für den Einzug in den WM-Halbfinal. Das tat weh, weil ich mir mehr erhofft hatte. Wenn ich zurückschaue, bin ich zufrieden. Zwölf Weltcup-Podestplätze in 13, 14 Jahren tönt zwar nicht überragend. Bei Grossanlässen konnte ich dafür mehrere Medaillen gewinnen. Dies machte meine Karriere aus. Darauf bin ich stolz, dankbar und zufrieden.

Wenn Nevin Galmarini auf seine sportliche Laufbahn zurückschaut, ist er zufrieden mit der Ausbeute.

ZUM ABSCHIED EIN BLICK AUF DIE SCHWIERIGEN ANFÄNGE

Die grösste Karriere im Schweizer Frauen-Biathlon ging am dritten März-Samstag in würdigem Rahmen zu Ende. Selina Gasparin bestritt am legendären Holmenkollen in Oslo ihren letzten Wettkampf im Weltcup. «Ich hatte den Entscheid schon lange gefällt, wollte aber bis zum letzten Rennen warten mit der Bekanntgabe», verriet sie nach ihrem 41. Platz in der Verfolgung. «In zwei Wochen werde ich 38 und machte lange genug Biathlon.»

Selina Gasparin absolviert nun ein Praktikum in ihrem angestammten Beruf beim Zoll. «Ich habe das Glück, dass ich bei meinem Arbeitgeber weitermachen kann, einfach nicht mehr als Spitzensportlerin.» Sie würde grundsätzlich gerne ein Jahr nur noch Hausfrau sein. «Aber dafür habe ich nicht genug Preisgeld verdient», sagte die mit dem ehemaligen russischen Spitzenlangläufer Ilija Tschernoussow verheiratete Engadinerin. Zusätzlich ist Selina Gasparin bei Swiss-Ski in einem Mandatsverhältnis als U18 Talent Developer im Nationalen Leistungszentrum Ost angestellt. Bei Grossanlässen in der Roland Arena wird sie überdies als Repräsentantin im Einsatz stehen.

ZWEI WELTCUP-SIEGE UND OLYMPIA-SILBER

Selina Gasparin prägte ihre Sportart in der Schweiz nachhaltig. Ihr erfolgreichster Winter war 2013/14, als die älteste der drei im Weltcup startenden Gasparin-Schwestern die Weltcup-Sprints in Hochfilzen und Le Grand-Bornand für sich entschied. Zwei Monate später feierte sie an den Olympischen Spielen in Sotschi den grössten Erfolg ihrer Karriere, als sie über 15 Kilometer ohne Schiessfehler blieb und zu Silber lief. Insgesamt stand die zweifache Mutter viermal im Einzel auf dem Weltcup-Podest. Mit der Staffel holte sie drei weitere Top-3-Klassierungen.

Selina Gasparin blickte zum Abschied nochmals auf ihre Anfänge im Jahr 2005 zurück. «Wir hatten einen Trainer und zwei Techniker für die Frauen und Männer», erinnerte sie sich. «Ich schoss auf Pferdewiesen, wo ich fast Angst haben musste, dass ein Pferd in die Schusslinie läuft, und stellte die Scheiben noch selber auf», erzählte die ehemalige Langläuferin schmunzelnd. Im Prinzip entsprach diese Eigeninitiative sehr gut ihrem Charakter, aber klar ist auch: «Heute wäre es einfacher.»

Besonders Freude hat Selina Gasparin, dass «in den vergangenen Jahren ein Frauenteam aufgebaut wurde, das ohne mich bestehen kann.» Sie zeigte der Generation nach ihr, wie es geht. «Nicht zehn Klimmzüge machen,

Selina Gasparin prägt den Biathlonsport in der Schweiz nachhaltig.

sondern zehn Klimmzüge mit zehn Kilogramm Gewicht angehängt», lautete ihr Credo. Der Zeitpunkt zum Rücktritt kam auch, weil sie auf ihre «mit Abstand schlechteste Saison» zurückblickte. Die Qualifikation für ihre vierten Olympischen Spiele schaffte sie nur über die Staffel. Einerseits war sie im Sommer elf Wochen krank, anderseits gab sie zu, dass sie müde sei, «vielleicht auch zu alt». In der Biathlon Arena Lenzerheide unweit ihres Wohnorts wird man Selina Gasparin auch in Zukunft antreffen.

«VON A BIS Z WAR ES EINE SUPER-ZEIT, UND ICH SAH VIELES VON DER WELT»

Nach über 15 Jahren im Skisport gab Carlo Janka im Januar seinen Rücktritt bekannt. Der 35-Jährige aus Obersaxen erzählt von den verletzungsbedingten Tiefschlägen und verrät, was er ändern würde.

Skirennfahrer im Ruhestand. Wie hört sich diese Formulierung an?
Klingt gemütlich (lacht). Nein, es ist ein Druck, der wegfiel und eine Vorfreude auf eine ruhigere Zeit mit der Familie. Jetzt kann ich auch mal ohne Pläne in den Tag hineinleben. Das kannte ich vorher nicht wirklich. Irgendwann muss ich aber schon auch wieder etwas finden, was mir Struktur gibt.

Von Verletzungen blieben Sie nicht verschont. War diese Misere der Hauptgrund für Ihren Rücktritt?
Ja, denn sie spitzten sich von Jahr zu Jahr zu. Schon lange konnte ich nicht mehr in dem Umfang trainieren, den es gebraucht hätte. Deshalb sah ich längerfristig auch keine Perspektive mehr, um mit den Besten mitzuhalten. Der Unterschied zwischen dem, was der Kopf will und dem, was der Körper zulässt, wurde zu gross. Das befriedigte mich nicht mehr genug.

Über 15 Jahre Spitzensport. Was bleibt Ihnen in Erinnerung?
Von A bis Z war es eine Super-Zeit. Ich sah vieles von der Welt. Mit der Mannschaft unterwegs zu sein, schätzte ich sehr. Wahrscheinlich war ich eher der Team- als der Einzelsportler. Aber auch dieses Gefühl kam zuletzt zu kurz, weil ich immer mein eigenes Programm bestreiten musste.

Olympiagold 2010, Gesamtweltcupsieg 2010, WM-Titel 2009 und elf Weltcuperfolge. Angefangen hat aber alles 2005 in Kranjska Gora. Sind noch Erinnerungen daran vorhanden?
Klar, das erste Rennen vergisst man nicht so schnell. Ich hatte damals denselben Serviceman wie Didier Cuche, weil meiner nicht mitkommen konnte.

Neben den Höhenflügen erlebten Sie auch viele Tiefschläge. Stärkte Sie das in all den Jahren?
Sie machten mich zu dem, der ich heute bin. Dafür bin ich dankbar. Ich musste mich mit vielen Dingen auseinandersetzen, was meinen Körper betrifft. Daraus lernte ich viel. Ich entwickelte Interesse dafür, was funktioniert, was man ausprobieren kann. Das gehörte immer zu mir.

Macht man sich trotzdem Gedanken, was ohne schwere Verletzungen möglich gewesen wäre?
Es gibt diese Karrieren, aber die sind selten. Jeder im Weltcup hat seinen Rucksack zu tragen, der es nicht einfach macht. Deshalb stellte sich diese Frage für mich nie. Ich versuchte aus der Situation stets das Beste zu machen. Man muss mit dem zurechtkommen, was man hat und probieren, das Maximum herauszuholen. Das war immer mein Ziel.

Sie haben Einzigartiges erreicht. Gibt es etwas, das Sie wurmt?
Vielleicht die Abfahrt an den Olympischen Spielen 2014 in Sotschi, wo vieles möglich war und ich «nur» Sechster wurde. Dreiviertel der Strecke war ich gut unterwegs, dann kam der Fehler. Mich nähme wunder, wozu das gereicht hätte. Sportlich war dies der grösste Tiefschlag.

Wie sieht Ihre Zukunft aus?
Es ist noch nichts konkret. Ich muss herausfinden, was ich machen möchte. Sich mit dem eigenen Körper auseinandersetzen – das habe ich immer gerne gemacht und finde ich interessant. Ein Coaching beispielsweise. Es ergeben sich bestimmt einige Dinge.

Carlo Janka blickt auf eine erfolgreiche Karriere zurück.

AN GRENZEN GESTOSSEN UND PLANLOS GLÜCKLICH

Bei Laurien van der Graaff herrscht sichtlich gute Stimmung. Sie nimmt sich ausreichend Zeit, um ein wenig über den Sport und das Leben zu sinnieren. Etwaige Eile oder strikt einzuhaltende Trainingspläne liegen hinter der 34-jährigen vormaligen Profi-Langläuferin mit dem besonderen Faible für den Sprint in der freien Technik. Denn seit Anfang April gibt es die auf ihre Tätigkeit fixierte Spitzensportlerin nicht mehr.

Der richtige Zeitpunkt zum Rücktritt ist die «Königsdisziplin» im Leistungssport. Oft passt er nicht. Doch existiert er überhaupt, dieser goldrichtige Zeitpunkt? «Für mich stimmt es so, wie es ist», sagt Laurien van der Graaff an einem Frühlingstag und fügt an: «Beim Gedanken, dass ich nun bald wieder ins Training einsteigen müsste, bin ich erleichtert. Dazu hätte ich schlicht nicht mehr die nötige Energie.» Es lief nicht mehr alles rund in der finalen Olympiasaison. Nach einer Infektion mit dem Coronavirus im Herbst 2021 stiess Laurien van der Graaff definitiv an ihre Grenzen. Trotzdem will sie die letzten Jahre ihres langen Weges im Langlaufzirkus nicht missen. 2019 war sie nach einem Burn-out nahe am Rücktritt gestanden. Sie entschied sich anders. Fortan wählte sie einen strikt geänderten Zugang zum Sport. Sie sagt es so: «Es gelang mir, alles bewusst wahrzunehmen und den Sport zu geniessen.» Diese Herangehensweise bescherte ihr auch ein spätes Glücksgefühl an Titelkämpfen, die sie zuvor zumeist mit einer Enttäuschung im Gepäck verlassen musste. Die Silbermedaille im Teamsprint zusammen mit Nadine Fähndrich an den Weltmeisterschaften 2021 in Oberstdorf war ein Meilenstein für den Schweizer Frauenlanglauf. «Es war eine Leistung im Team und deshalb für alle Beteiligten besonders emotional», urteilt Laurien van der Graaff.

Laurien van der Graaff geniesst die nicht verplante Zeit zu Hause in Davos.

DREI KARRIERE-PHASEN

Ihre lange Karriere im Weltcup, die 2008 begann, unterteilt Laurien van der Graaff in drei Perioden. Die erste war die unbeschwerte Anfangsphase, die im Dezember 2011 im ersten Weltcup-Podestplatz als Dritte des Freistil-Sprints in Düsseldorf gipfelte. Es folgte Phase 2 der Etablierung in der Weltspitze mit der gezielten Arbeit unter ihrem Trainer und Lebensgefährten Andreas Waldmeier. Dies führte zu zwei Weltcupsiegen in ihrem ertragreichsten Winter 2017/18. Besonders der Premierenerfolg vor der Haustüre in Lenzerheide blieb in bester Erinnerung. Es folgte nach dem gemeisterten Burnout Phase 3 des bewussten Wahrnehmens der Vorzüge einer Spitzenathletin. Mit den Erfolgen meist an der Seite von Nadine Fähndrich. In Dresden feierte das Erfolgsduo im Dezember 2020 den ersten Schweizer Weltcupsieg im Teamsprint.

Ihre Zielstrebigkeit und ihre Teamfähigkeit nimmt Laurien van der Graaff ins «normale» Leben mit. Wie dies genau aussehen wird, lässt sie indes bewusst offen. «Ich geniesse die nicht verplante Zeit zu Hause in Davos. Diese entspannte Phase des Innehaltens war immer ein Ziel nach der Karriere», erläutert sie. Der Sport bleibt ein essenzieller Bestandteil ihres Lebens. Bloss zum Ausgleich und ohne neue Ziele am Horizont. Derweil habe es schon durchaus interessante Angebote zum Einstieg ins Berufsleben gegeben. Bis spätestens im Herbst will sie klären, wo und wie der neue Lebensabschnitt beginnen wird. Eine berufliche Tätigkeit im Langlaufsport wird es nicht sein, so viel ist klar.

62	SKI-WELTCUP ST. MORITZ
64	SKI-WELTCUP LENZERHEIDE
66	LANGLAUF-WELTCUP DAVOS
68	LANGLAUF-WELTCUP LENZERHEIDE
72	ENGADIN SKIMARATHON
74	SKICROSS-WELTCUP AROSA
76	SNOWBOARD-WELTCUP SCUOL
78	SNOWBOARD-WELTCUP LAAX
80	FREESKI- UND SNOWBOARD-WELTCUP CHUR
82	FREESKI- UND SNOWBOARD-WELTCUP SILVAPLANA
85	SPENGLER CUP DAVOS
86	OLYMPIA BOB RUN ST. MORITZ-CELERINA
90	WHITE TURF ST. MORITZ
91	FINAL GRAND PRIX MIGROS OBERSAXEN
92	MOUNTAINBIKE-WELTCUP LENZERHEIDE
94	BIKE REVOLUTION CHUR
95	SWISS EPIC AROSA/LAAX/DAVOS
97	TOUR DE SUISSE WOMEN
98	TENNISTURNIERE KLOSTERS
100	TRAMPOLIN-WELTCUP AROSA
101	PFERDERENNEN MAIENFELD
102	BÜNDNER-GLARNER KANTONALSCHWINGFEST
103	GIGATHLON
104	SCHWEIZER SCHULSPORTTAG
106	TAG DES BÜNDNER SPORTS

TOP-EVENTS

TOP-EVENTS

ERST DER SIEG, DANN EIN STURZ – EIN WECHSELBAD DER GEFÜHLE

Am zweiten Dezember-Samstag gewann Lara Gut-Behrami den ersten von zwei Weltcup-Super-G in St. Moritz. Die Tessinerin entschied das Duell gegen die Italienerin Sofia Goggia, Triple-Gewinnerin beim Speed-Auftakt in Kanada, mit 18 Hundertsteln für sich. Das Duo war eine Klasse für sich; die Amerikanerin Mikaela Shiffrin büsste als Dritte schon 1,18 Sekunden auf die Schweizerin ein.

Lara Gut-Behrami, die sich nach einer langwierigen Erkältung wieder gesund fühlte, untermauerte damit ihre Vormachtstellung im Super-G. In den vorangegangenen sieben Weltcup-Rennen in dieser Disziplin wurde sie fünfmal Erste und zweimal Zweite. Dazu holte sie im Februar 2021 in Cortina d'Ampezzo WM-Gold und sicherte sich in jenem Winter auch den Sieg in der Weltcup-Wertung.

WIEDER MIT SELBSTVERTRAUEN

Den Sprung in die ersten zehn schafften zwei weitere Schweizerinnen: Wendy Holdener wurde Siebte, Jasmine Flury Zehnte. Die Schwyzerin, die in den Weltcup-Super-G erst dreimal besser platziert war, bewies, dass nach ihrer durch die Frakturen an beiden Händen beeinträchtigten Saisonvorbereitung neben der Form auch das Selbstvertrauen zurück war. «Ich konnte mich wieder überwinden. Das war mir wichtig.» Auch körperlich ging es weiter aufwärts. Ihre Skischuhschnallen konnte sie wieder selber schliessen.

Jasmine Flury, vier Jahre davor Siegerin in St. Moritz, klassierte sich so weit vorne in einem Super-G wie seit mehr als zweieinhalb Jahren nicht mehr, als sie beim Saisonfinale in Soldeu in Andorra Sechste geworden war. Entsprechend zufrieden zeigte sich die Bündnerin: «Obwohl mir im unteren Teil auf Grund der schwierigen Sichtverhältnisse der Mut ein wenig fehlte, zeigte ich mit meiner hohen Startnummer eine gute Leistung.»

Die zweite Bündnerin, Stephanie Jenal aus Samnaun, fuhr mit der Startnummer 39 knapp an den Weltcup-Punkten vorbei. Sie musste sich mit Rang 35 begnügen. Und wusste bereits im Ziel, dass es trotz zwischenzeitlichem 28. Platz nicht in die Top 30 reichen würde: «Ich hatte im oberen Teil einen grossen Fehler drin. Zudem fiel es mir wegen der schlechten Sicht schwer, mich voll zu überwinden.»

ÜBER ZWEI B-NETZE KATAPULTIERT

24 Stunden nach ihrem 33. Weltcupsieg geriet Lara Gut-Behrami im zweiten Super-G im unteren Teil der Corviglia-Piste nach einem steilen Abschnitt in einer Linkskurve bei hohem Tempo von der Ideallinie ab. Die 30-Jährige raste direkt auf die Fangnetze zu. Aufgrund

Lara Gut-Behrami freut sich über den 33. Weltcup-Triumph.

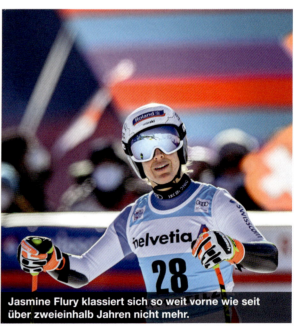

Jasmine Flury klassiert sich so weit vorne wie seit über zweieinhalb Jahren nicht mehr.

In ihrem Heimatkanton fährt Stephanie Jenal erstmals in die Punkteränge.

des fast ungebremsten Einschlags wurde sie über die zwei sogenannten B-Netze katapultiert und erst neben der abgesperrten Piste vollständig gestoppt.

Zwar sass Lara Gut-Behrami schnell wieder auf. Doch es verstrichen einige bange Minuten, bis sie aufstand und schliesslich auf den eigenen Ski hinunter ins Ziel fuhr. Dort wurde die Super-G-Weltmeisterin von den Fans erleichtert und mit kräftigem Applaus empfangen. Sie verschwand danach in einem nahestehenden Zelt und kam nach einigen Minuten warm angezogen wieder hinaus. Dann lief sie zur Leader-Box, um der siegreichen Italienerin Federica Brignone zu gratulieren.

QUARTETT SPRINGT IN DIE BRESCHE

Für Teamleaderin Lara Gut-Behrami, die in den acht Super-G zuvor sechsmal gewann und zweimal Zweite wurde, sprang ein Quartett in die Bresche. Jasmine Flury fuhr im wegen des starken Windes verkürzten Rennen mit der hohen Startnummer 28 auf Rang 7. Auf Federica Brignone büsste sie 0,82 Sekunden ein.

Auch Michelle Gisin als Zehnte in ihrem erst zweiten Speed-Rennen der Saison, Joana Hählen (12.) und Priska Nufer (14.) vermochten sich in den Top 15 zu halten. Überzeugend fuhr überdies Stephanie Jenal, die als 16. ihre ersten Weltcuppunkte gewann.

Hingegen erlebte Corinne Suter (26.) mit über zwei Sekunden Rückstand die nächste Enttäuschung nach Rang 21 am Tag zuvor. Auch Wendy Holdener kam als 22. nicht an die Topleistung des Vortages heran.

Die dominierende Nation im zweiten Super-G im Engadin war Italien mit fünf Fahrerinnen in den ersten zehn. Nur elf Hundertstel hinter der zu jenem Zeitpunkt 17-fachen Weltcupsiegerin Federica Brignone wurde Elena Curtoni Zweite vor Mikaela Shiffrin. Die Amerikanerin stand als Einzige wie 24 Stunden zuvor, als sie Dritte geworden war, erneut auf dem Podest. Die Vortages-Zweite und Speed-Dominatorin Sofia Goggia musste sich mit Platz 6 begnügen.

Die Schweizerinnen dürfen auf eine grosse Unterstützung zählen.

TOP-EVENTS

SIEGPREMIERE UND RÜCKKEHR AUF DIE HÖCHSTE STUFE DES PODESTS

Nach dem enttäuschenden vorangegangenen Wochenende mit dem 19. Platz und dem Ausscheiden in den Abfahrten von Crans-Montana zeigte sich Lara Gut-Behrami beim nächsten Heimrennen wieder auf der Höhe. Auf der eisigen und selektiven Piste in Lenzerheide erreichte sie am ersten März-Samstag als Dritte den fünften Weltcup-Podestplatz der Saison – den dritten im Super-G.

Lara Gut-Behrami (rechts) unterhält sich mit der Super-G-Gewinnerin Romane Miradoli.

Besser als die Tessiner Olympiasiegerin und Weltmeisterin in dieser Disziplin bewältigten die Strecke nur die Französin Romane Miradoli und die offenbar wieder erstarkte Amerikanerin Mikaela Shiffrin. Romane Miradoli zeigte von oben bis unten eine fast fehlerfreie Fahrt, was umso erstaunlicher war, weil vier der sieben vor ihr gestarteten Fahrerinnen ausschieden.

Bei ihrem ersten Triumph im Weltcup – bis anhin waren drei fünfte Plätze, den letzten vor mehr als drei Jahren herausgefahren, ihre besten Ergebnisse – war Romane Miradoli 38 Hundertstel schneller als Mikaela Shiffrin. Die Amerikanerin verblüffte mit dem zweiten Platz wohl auch sich selbst. Die grosse Verliererin der Olympischen Spiele jubelte im Ziel jedenfalls mehr als bei unzähligen ihrer 73 Weltcupsiege.

Dank dem zweiten Rang übernahm Mikaela Shiffrin im Gesamtweltcup wieder die alleinige Führung vor Petra Vlhova, die in Lenzerheide auf Platz 18 kam. Die Italienerin Federica Brignone entschied derweil den Disziplinen-Weltcup im zweitletzten Super-G der Saison dank dem neunten Rang für sich; die einzige verbliebene Konkurrentin, ihre Landsfrau Elena Curtoni, schied aus.

Dank eines brillanten zweiten Laufes gewinnt Tessa Worley den Riesenslalom.

Neben Lara Gut-Behrami klassierte sich von den Swiss-Ski-Fahrerinnen nur noch die Olympia-Dritte Michelle Gisin als Achte in den Top Ten. Wendy Holdener (11.), Joana Hählen (14.), Priska Nufer (17.), Jasmine Flury (19.), Corinne Suter (20.) und Jasmina Suter (21.) fuhren in den Bereich der Ränge 11 bis 21.

GRANDIOSER FINALDURCHGANG

Dank eines brillanten zweiten Laufes gewann die Französin Tessa Worley tags darauf den Riesenslalom und feierte ihren 16. Weltcupsieg. Eine Niederlage setzte es für die Olympiasiegerin Sara Hector ab. Nach vier Erfolgen in Serie – drei im Weltcup sowie an den Winterspielen – fiel die Schwedin im zweiten Lauf nach der Halbzeitführung sogar noch hinter die Italienerin Federica Brignone auf den dritten Platz zurück.

So kehrte Tessa Worley auf die höchste Stufe des Podests zurück. Die Französin war die Letzte gewesen, die Sara Hector in einem Riesenslalom hatte bezwingen können. Das war Ende 2021 im österreichischen Lienz gewesen. Auf der eisigen und selektiven Piste in Lenzerheide zeigte Tessa Worley im finalen Durchgang eine grandiose Fahrt und nahm Sara Hector 47 Hundertstel ab.

DAS BESTE «RIESEN»-RESULTAT DES WINTERS

Auch Michelle Gisin und Wendy Holdener wussten sich im zweiten Lauf zu steigern. Erstgenannte Fahrerin verbesserte sich um zwei Ränge auf Platz 5 und fuhr damit zum vierten Mal in dieser Saison in dieser Disziplin in die Top Ten. Wendy Holdener realisierte mit dem achten Platz sogar ihr bestes Riesenslalom-Resultat des Winters. In die Punkte-Ränge fuhren mit Camille Rast (12.), Simone Wild (23.) und Vivianne Härri (24.) drei weitere Schweizerinnen. Andrea Ellenberger schied im zweiten Lauf aus.

Lara Gut-Behrami verzichtete auf den Start. Die Tessinerin erlitt beim Einfahren einen Schlag auf das Knie. Ausserdem fühlte sie sich müde, weshalb sie als Vorsichtsmassnahme beim drittletzten Rennen in dieser Disziplin nicht dabei war.

Die weltbesten Skirennfahrerinnen begeistern das Publikum.

Dem achten Platz im Super-G (Bild) lässt Michelle Gisin einen fünften Rang im Riesenslalom folgen.

TOP-EVENTS

BEIM LETZTEN HEIMAUFTRITT VON GROSSEN GEFÜHLEN ÜBERWÄLTIGT

Es herrschte definitiv eine spezielle Stimmung am zweiten Dezember-Sonntag im Zielgelände in Davos. Die 48. Austragung des traditionsreichen Langlauf-Weltcups war ein besonderer Jahrgang. Davos Nordic stand im Zeichen des Abschieds seines konkurrenzlosen Hauptprotagonisten von mehr als einem Dutzend ertragreichen Langlaufjahren. Wie sehr Dario Cologna das nahende Ende der Tätigkeit auf der Flüela-Loipe beschäftigte, war unübersehbar. In der Mixed Zone gewährte der Champion rare Einblicke in sein Seelenleben. Er pflegte derlei Termine ansonsten routiniert und sachlich abzuarbeiten. Doch diesmal war alles anders. «Dieser letzte Wettkampf hier in Davos beschäftigte mich viel mehr als ich dies im Vorfeld erwartet hatte», fasste es Dario Cologna in Worte.

Er, der in seinem 20. Lebensjahr mit nichts als dem Traum, Olympiasieger zu werden, aus dem Münstertal nach Davos disloziert war, lief am Tag des Abschieds vor Heimpublikum neben der Spur. Der 36-Jährige war nicht bei sich selbst im Wettkampf über 15 Kilometer in der freien Technik. «Mit Davos verbindet mich seit Kindesbeinen so viel. Ich fieberte einst via TV mit. Dann wurde ich einer der Hauptdarsteller. Das konnte ich nicht ausblenden.»

Im Nachhinein erwies sich auch die Planung des Davoser Abschied-Wochenendes als Reinfall. Entgegen seiner Marschroute war er am Samstag zum Sprintwettkampf angetreten. Er tat dies zwar ohne Ambitionen, da es den erfolgreichen Sprinter Dario Cologna seit Jahren nicht mehr gibt. Aber ein wenig Sicherheit zu gewinnen sowie die Anspannung zu lösen vor dem grossen Schlussbouquet am Sonntag, hoffte er definitiv. Es wurde ein 66. Rang im Sprintprolog. Und statt ein wenig Vertrauen in seine Fähigkeiten zu entwickeln, akzentuierten sich bloss die Fragezeichen beim Lokalmatadoren. Dario Colognas Fazit: «Diese Planung war im Nachhinein betrachtet falsch.»

EIN GROSSES STÜCK ENTFERNT

Das bescheidene Ergebnis war unter diesen Gesichtspunkten zu relativieren. «Es war von A bis Z ein enttäuschendes Wochenende», sinnierte Dario Cologna. Rang 24 und 1:43 Sekunden Rückstand auf den laut Dario Cologna in seiner eigenen Liga schwebenden Norweger Simen Hegstad Krüger bleibt bei allen mildernden Umständen ein herber Rückschlag. Der Bündner stand im Hinblick auf sein finales Ziel, die vierten Olympischen Spiele in Peking, vor einer riesigen Herausforderung. «Der Rückstand nach vorne war gross. Das ist Fakt», analysierte er. Nicht bloss Simen Hegstad Krüger, sondern auch die weiteren, um die raren Olympia-Tickets wetteifernden Norweger um Johannes Kläbo, Sprintsieger am Samstag und Zweiter im Distanzrennen am Sonntag, aber auch die Russen um den gesundheitlich leicht handicapierten Alexander Bolschunow waren vom Leistungsvermögen ein grosses Stück von Dario Cologna entfernt.

Die interne Konkurrenz hielt sich in Grenzen. Bloss Candide Pralong nutzte im Distanzbereich die Heimbühne. Mit Rang 16 machte der 31-jährige Romand Werbung in eigener Sache. Bei den Frauen – es siegte Therese Johaug aus Norwegen – blieb die Hoffnungsträgerin Nadine Fähndrich (Rang 30) im Distanzbereich weiterhin deutlich hinter ihren Leistungen im Sprint.

Dario Cologna läuft am Tag des Abschieds vor Heimpublikum neben der Spur.

Als Laurien van der Graaff am zweiten Dezember-Samstag im Kampf um einen Halbfinalplatz im Weltcup-Sprint in der freien Technik in Davos knapp gescheitert war, liessen sich die im Tunnel des Wettkampfes zuvor kontrollierten Emotionen nicht länger verdrängen. «Normalerweise», sinnierte die 34-jährige Davoserin später vor den Medienvertretern, «denke ich in solchen Momenten immer ans nächste Mal. Es gab ja immer diese nächste Chance, es besser zu machen.» Doch diesmal wird es kein nächstes Mal geben vor Heimpublikum für die zweifache Sprint-Siegerin im Weltcup, die vor dem Winter 2021/22 ihren Abschied vom Leistungssport nach der Olympia-Saison kommuniziert hatte. Der Vorhang fiel für die niederländisch-schweizerische Doppelbürgerin. Ihr Fazit des letzten Sprint-Arbeitstags auf heimischem Terrain fiel negativ aus. Sie wählte in der letzten Abfahrt an zweiter Position einen Spurwechsel. Es war die falsche Entscheidung. «Es ärgert mich definitiv, dass ich den Halbfinaleinzug wegen eines taktischen Fehlers vergab. Denn dies passiert mir sonst eigentlich nie.»

Im Prolog hatte Laurien van der Graaff den 14. Platz erreicht – ein klares Indiz für eine steigende Formkurve. Dieser Fakt spendete der Sprinterin am Tag des Abschieds wenig Trost. Es sei nicht einfach gewesen, vor und nach dem Wettkampf die Emotionen zu kanalisieren. «Der letzte Auftritt hier, wo alles begann, war schon sehr aufwühlend. Ich wurde dauernd auch von Konkurrentinnen damit konfrontiert.»

SCHWEIZER DUO IN HALBFINALS

Der erste Podestplatz einer Schweizer Sprinterin in Davos blieb Laurien van der Graaff freilich verwehrt. Dies gelang nun just am Tag ihres Abschieds der Teamkollegin und Freundin Nadine Fähndrich. Sie überzeugte mit einer von A bis Z souveränen Tagesleistung. Nur die schwedische Dominatorin Maja Dahlqvist stand der Zentralschweizerin am Ende vor der Sonne.

Auch die Schweizer Sprinter lieferten. Hinter den Halbfinal-Teilnehmern Roman Schaad (Rang 9) und Valerio Grond (Rang 11) rundeten Janik Riebli (17.), Erwan Käser (19.) und Jovian Hediger (21.) eine kompakte Teamleistung ab. Valerio Grond, Janik Riebli und Roman Schaad waren nach gesundheitlichen Problemen mit Fragezeichen ins Rennen gegangen. «Es war ein Start ins Ungewisse. Der Prolog lief jedoch sehr gut und war ein riesiger Aufsteller», resümierte Valerio Grond. Der erst 21-jährige Lokalmatador und Überraschungsfinalist des Vorjahres untermauerte seinen Ruf als cooler Wettkampftyp.

Laurien van der Graaff (Nummer 14) trifft einen falschen Entscheid und verpasst den Halbfinal-Einzug.

Valerio Grond (Nummer 9) qualifiziert sich für die Halbfinals, Jovian Hediger (Nummer 15) belegt den 21. Platz.

Nadine Fähndrich muss sich nur der schwedischen Dominatorin Maja Dahlqvist geschlagen geben.

TOP-EVENTS

ZUR DERNIÈRE EIN KLEINER SCHRITT UND EIN ÜBERRASCHUNGSCOUP

Dario Cologna muss sich mit dem 20. Rang begnügen.

Kerttu Niskanen sorgt für einen Überraschungscoup.

Die Treichlergruppe des Fanclubs von Dario Cologna versuchte an diesem wettertechnisch trüben drittletzten Tag des Jahres 2021 etwas oberhalb des Zielgeländes in Lantsch/Lenz unentwegt für Stimmung zu sorgen. Neben ihr liessen sich auch zahlreiche Zuschauerinnen und Zuschauer den allerletzten Weltcup-Auftritt des 35-jährigen Rekordsieger der Tour de Ski in der Heimat nicht entgehen.

STOCKBRUCH KOSTET ZEIT

Natürlich, die Gedanken des Abschieds verfolgten Dario Cologna immer und überall während seines letzten Winters als aktiver Athlet. «Wirklich ausblenden lässt sich dies nicht», sagte der vierfache Olympiasieger im Anschluss ans schwierige Rennen über 15 Kilometer in der klassischen Technik. Aber klar, der Sport stand zu jenem Zeitpunkt, etwas mehr als einen Monat vor dem Beginn des finalen grossen Karriereziels, den Olympischen Spielen in Peking, nochmals uneingeschränkt im Fokus. Rang 20 mit dem beträchtlichen Abstand von 1:39 Minuten auf den entfesselten Tagessieger Iivo Niskanen aus Finnland schien sich da nahtlos ins triste Ambiente einzufügen. «Ich werte das Ergebnis trotzdem als kleinen Schritt nach vorne», sagte Dario Cologna. Er erwähnte die sehr schwierigen, selektiven Verhältnisse mit Schneefall. Sie sorgten für eine deutliche Zäsur im Klassement. «Ich büsste durch einen Stockbruch zum ungünstigsten Zeitpunkt beträchtlich Zeit ein», ergänzte Dario Cologna.

Von den Schweizer Männern lief ansonsten nur noch Jonas Baumann auf Rang 22 in die Punkteränge. Der Bündner sprach von einem «soliden Rennen. Im Vergleich zu Davos glückte mir die erhoffte Steigerung.»

TADELLOSES MATERIAL

Auch im Distanzrennen der Frauen dominierte die Familie Niskanen. Iivos ältere Schwester Kerttu sorgte für einen Überraschungscoup. Sie profitierte dabei definitiv auch von der tadellosen Tagesleistung der finnischen Materialequipe. Doch beim Blick auf die Resultate der 33-Jährigen stach ins Auge, dass sie bei der Premiere der Tour de Ski 2014 bereits ein erstes Mal vor Ort reüssiert hatte. Die Schweizerin Nadine Fähndrich erreichte den 14. Rang.

In die Halbfinals des Skating-Sprints schafften es am Vortag Roman Furger als Achter und Valerio Grond als Zehnter. Nadine Fähndrich musste derweil eine bittere Pille schlucken. Als Prolog-Schnellste des Sprints schied sie in den Viertelfinals nach einem Sturz aus. «Vielleicht müsste ich etwas mehr Platz lassen», analysierte die Luzernerin die entscheidende Szene. Sie lag mit der Amerikanerin Jessie Diggins, welche die Innenbahn der Kurve nahm, in Führung. Im Fussball würde man von einer Berührung ohne Foul sprechen. Der Sturz war also nicht zwingend, zumal die Läuferinnen noch auf der ersten von zwei Schlaufen skateten und somit Positionskämpfe nicht angesagt waren. Das frühe Out schmerzte besonders, weil Jessie Diggins später das Rennen gewann.

Auch Laurien van der Graaff schied in der ersten K.o.-Runde aus; sie war um eine Hundertstelsekunde zu langsam. Der 34-jährigen Davoserin, die vier Jahre davor in Lenzerheide den ersten ihrer zwei Weltcupsiege gefeiert hatte, fehlte im Kampf um Platz 3 in ihrer Serie die Kraft, um die Deutsche Laura Gimmler in Schach zu halten. «Dies ist wohl mein Formstand. Ich kann nicht zaubern», kommentierte sie diese Szene. Im Prolog hatte Laurien van der Graaff noch mit der siebtbesten Zeit überzeugt.

DAS RENNEN STETS IM GRIFF

Die besten Schweizer Resultate gingen auf das Konto von Routinier Roman Furger (8.) und des jungen Valerio Grond (10.). Der Prolog-Sechste Janik Riebli stürzte wie Nadine Fähndrich und schied ebenso im Viertelfinal aus wie Jovian Hediger, Erwan Käser und Roman Schaad. Dario Cologna verpasste den Cut der Top 30. Johannes Hösflot Klaebo lief derweil überlegen zu seinem bereits 43. Weltcupsieg. Der norwegische Alleskönner hatte das Rennen stets im Griff und nahm nach einem Zwischensprint die zwei Kurven vor dem Ziel unbedrängt in Angriff.

Jessie Diggins schreit sich die Freude aus dem Leibe.

Überlegen läuft Johannes Hösflot Klaebo zum 43. Weltcupsieg.

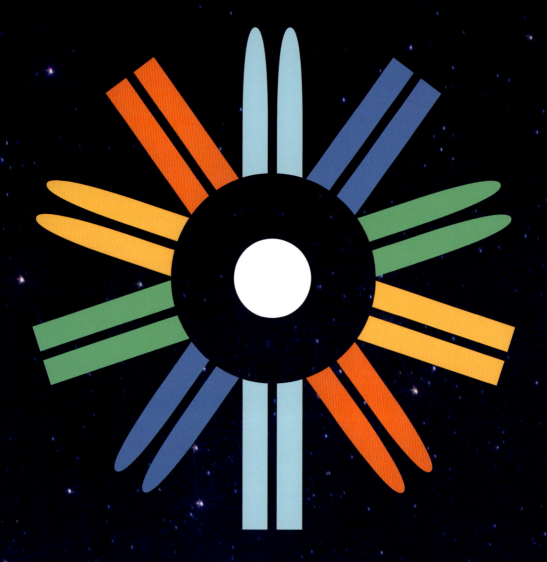

WELCOME TO LENZERHEIDE

IBU OPEN EUROPEAN CHAMPIONSHIPS BIATHLON
25 – 29 JANUARY 2023

IBU WORLD CUP BIATHLON
14 – 17 DECEMBER 2023

IBU WORLD CHAMPIONSHIPS BIATHLON
11 – 23 FEBRUARY 2025

lenzerheide2025.ch · info@biathlon-lenzerheide.ch

ROLAND ARENA – DIE VIELSEITIGE SPORTARENA IN DER FERIENREGION LENZERHEIDE

Die Roland Arena befindet sich in Lantsch/Lenz, rund fünf Kilometer entfernt vom Dorfzentrum Lenzerheide. Dank der multifunktionalen Bauarchitektur hat sich die Arena zu einem bekannten Sport-Hotspot entwickelt und ist Treffpunkt für Freizeitsportler, Vereine und Sportverbände.

Alle, die Lust haben, können den Biathlonsport in einem Schnupperkurs selbst erleben, gegeneinander im Familien-Hit antreten und zum Schluss einen leckeren Hauseistee oder eine Glace im Bistro Bualino geniessen.

Roland Arena
c/o Biathlon Arena Lenzerheide AG
Voia da Bual 1, CH-7083 Lantsch/Lenz
+41 81 659 11 00
info@rolandarena.ch

TOP-EVENTS

VERPASSTER MAKELLOSER PROFI-ABSCHIED UND EIN PREMIERENSIEG

Endlich wieder Engadin Skimarathon hiess es am zweiten März-Sonntag nach langen drei Jahren des Wartens auf den für die Elite und den Volksläufer ewig faszinierenden, nächsten Vergleich auf 42 Kilometern zwischen Maloja und S-chanf. Mehr als ein paar Schrammen schien der bestens verankerte, 1969 erstmals durchgeführte Anlass nicht abbekommen zu haben durch die vom lästigen Coronavirus diktierte Zwangspause. Die 11 368 Teilnehmenden wurden für ihr Kommen mit besten Bedingungen entschädigt. Die kalten Nächte bescherten beim Comeback die gewünschte kompakte Unterlage. Am Renntag schliesslich zeigte sich das Engadin von seiner besten Seite. Die vereinigte Langlauf-Gemeinde wurde mit Kaiserwetter im Bündner Hochtal verwöhnt.

Früh hatte die 52. Edition ihren Hauptprotagonisten erhalten. Dario Cologna entschied sich noch vor den Olympischen Spielen in Peking, zugunsten eines finalen Heimspiels zwischen Maloja und S-chanf auf den Weltcup-Abstecher ins schwedische Falun zu verzichten. Dies war keine Selbstverständlichkeit, verband der 36 Jahre alte Athlet aus dem Münstertal doch auch mit dem schwedischen Traditionsort angenehme Erinnerungen. Seine Erklärung: «Ein Triumph im Engadin geniesst für mich einen fast höheren Stellenwert als der Sieg an einem x-beliebigen Weltcuprennen.»

Dies sind Aussagen, welche die Organisatoren gerne hörten. Es waren mehr als bloss Lippenbekenntnisse. Zum zehnten Mal startete Dario Cologna zum Klassiker unweit seiner Heimat. Er blieb dem Anlass während seiner langen Karriere treu – wann immer sich ein Start im Engadin neben den Ambitionen im Weltcup einrichten liess.

Bei besten Bedingungen absolvieren 11 368 Langlaufbegeisterte die 42 Kilometer von Maloja nach S-chanf.

Bei der Cologna-Dernière fehlte am Ende wenig zum fast schon kitschigen Schlusspunkt im finalen internationalen Wettkampf. Dario Cologna musste als Zweiter bloss seinem Teamkollegen Roman Furger den Vortritt lassen. Vertan war die Chance für Dario Cologna, sich auf eine Stufe mit dem im Vorjahr verstorbenen Rekordgewinner Albert Giger (fünf Siege zwischen 1971 und 1978) zu hieven. Das wurmte den bis zum Schluss ambitionierten vierfachen Olympiasieger schon ein wenig. «Es wäre selbstverständlich toll gewesen, mit diesem Rekord abzutreten. So ist es ein schöner zweiter Rang an einem schönen Tag», sinnierte Dario Cologna. Das Verdikt kam indes nicht unerwartet. Er habe schon gespürt, dass Roman Furger einen guten Tag erwischt habe. Der gilt in der Szene als Wundertüte. Heftige Ausschläge nach oben, aber auch nach unten sind jederzeit möglich. Dario Cologna sagte: «Als Roman Furger beim Stazerwald mühelos mitkam, war mir klar, dass es im Kampf um den Sieg schwierig wird. Er ist ein paar Jahre jünger und entsprechend endschneller als ich.»

Roman Furger erwies sich abermals als gewiefter Taktiker in den finalen Kehren in S-chanf. «Diese 100 Meter sind einfach mein Ding», fasste er es mit einem breiten Lachen im Gesicht in Worte. Entschlossen war er vor der letzten Abfahrt an die Spitze gestürmt. Für den seit Jahren in Davos domizilierten 32-jährigen Urner ist der Engadin Skimarathon ein Kraftort. «Es ist das Rennen, wo ich eine realistische Chance auf den Sieg habe.» Dies bewies er nach 2012, 2016, 2018 ein viertes Mal. Roman Furger und Dario Cologna waren die Schnellsten einer kompetitiven Schweizer Mannschaft. Souverän wurden im Kollektiv die Franzosen in die Schranken gewiesen. Eine aktive Rolle spielte Jonas Baumann. Der Bündner übernahm in der Spitzengruppe viel Führungsarbeit. Dahinter zeigte auch die zweite Garde durch Marino Capelli (7./Davos), Curdin Räz (8./Sils im Engadin) sowie Gian-Flurin Pfäffli (9./Pontresina) Flagge.

NADJA KÄLIN BLEIBT COOL

Den Schweizer Glanztag komplettierte Nadja Kälin. Die 21-Jährige aus St. Moritz triumphierte in ihrer Heimat gleich beim ersten Start als Eliteläuferin. Die lange Distanz war ein Fragezeichen für die Aufsteigerin der Saison, die auch an den Olympischen Spielen in Peking starten durfte und mit der Schweizer Staffel ein Diplom gewann. «Ich laufe meist über kürzere Distanzen und wusste nicht, wie ich über die 42 Kilometer komme», so Nadja Kälin. Doch sie löste diese Aufgabe mit der ihr eigenen Abgeklärtheit, die ihre junge, hoffnungsvolle Laufbahn auszeichnet. Ein zweites Fragezeichen war eine Corona-Erkrankung nach den U23-Weltmeisterschaften von Ende Februar in Norwegen. «Ich liess bis am Vortag offen, ob ich am ‹Engadiner› starten werde», verriet sie.

Dario Cologna (rechts) muss einzig Roman Furger den Vortritt lassen.

Roman Furger gewinnt das vierte Mal, Nadja Kälin feiert ihre Siegpremiere.

Am Ende des Tages machte Nadja Kälin wie einst der junge Dario Cologna am Tag seines 21. Geburtstags früh einen Haken unter den Prestigesieg für Schweizer Athletinnen und Athleten. Apropos Dario Cologna: Der schliesst eine weitere Teilnahme im Engadin im nächsten Jahr keinesfalls aus. «Allerdings», sagte er mit einem Lachen im Gesicht, «werde ich im Fall der Fälle dann etwas langsamer unterwegs sein.»

TOP-EVENTS

EIN SCHOCKMOMENT UND NAHE BEI TOPFAVORITINNEN DRAN

In einem spektakulären Rennen fährt Fanny Smith (Mitte) auf den zweiten Rang.

Das Lachen hatte Fanny Smith wiedergefunden. Doch die Waadtländerin war beim Skicross-Weltcup vom dritten Dezember-Dienstag in Arosa auch eine Viertelstunde nach dem Zieleinlauf noch sichtlich aufgewühlt. «Mein Herz pumpt noch immer.» Just, als sie vor den Medien Auskunft gab, flimmerte im Hintergrund nochmals jene Szene über die Grossleinwand, die Fanny Smith im Final einen richtigen Schockmoment beschert hatte. Die Schwedin Sandra Näslund, ihre ewige Konkurrentin, hatte sie im Zweikampf kurz vor einem Sprung immer weiter nach aussen gedrückt. Nur mit Mühe hielt sich Fanny Smith auf den Ski, ihre Chancen auf den Heimsieg waren jedoch weg.

«Das war gefährlich», sagte Fanny Smith mit etwas Abstand über Sandra Näslunds Manöver. «Aber so ist Skicross.» Während Sandra Näslund stürzte, avancierte Marielle Thompson zur grossen Profiteurin des Gerangels. Fanny Smith klassierte sich hinter der Kanadierin auf Rang 2. Der dritte Podestplatz im vierten Rennen des Winters, zum dritten Mal Zweite.

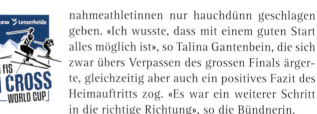

NACH OBEN ZEIGENDE FORMKURVE

Hinter Fanny Smith sorgte Talina Gantenbein für das zweite Schweizer Highlight. Mit Rang 6 fuhr die 23-jährige Engadinerin bei Flutlicht ihr bestes Resultat der noch jungen Saison heraus. Ausgerechnet in Arosa, wo sie im Vorjahr erstmals überhaupt den Sprung aufs Podest geschafft hatte. Im Halbfinal forderte sie die beiden Topfavoritinnen Fanny Smith und Sandra Näslund bis auf die letzten Meter und musste sich den beiden Ausnahmeathletinnen nur hauchdünn geschlagen geben. «Ich wusste, dass mit einem guten Start alles möglich ist», so Talina Gantenbein, die sich zwar übers Verpassen des grossen Finals ärgerte, gleichzeitig aber auch ein positives Fazit des Heimauftritts zog. «Es war ein weiterer Schritt in die richtige Richtung», so die Bündnerin.

Tatsächlich zeigte Talina Gantenbeins Formkurve nach oben. Aufgrund von Rückenproblemen, die sich vor allem auf den langen Reisen noch immer bemerkbar machten, konnte sie in der Vorbereitung nur rund zwei Wochen mit dem Team trainieren. Bei der Olym-

Als letzter Schweizer scheitert Qualifikationssieger Ryan Regez (vorne) in seinem Viertelfinal.

BÜNDNER DUO IM KLEINEN FINAL

Im Mixed-Teamwettkampf tags darauf schaffte es keines der drei Duos von Swiss-Ski in den Finaldurchgang. Für das Bestergebnis waren Joos Berry/Talina Gantenbein besorgt. Das Bündner Gespann schaffte es in den kleinen Final und wurde letztlich Siebte. Ryan Regez/Fanny Smith und Alex Fiva/Sanna Lüdi schieden bereits in den Viertelfinals aus. Den Sieg sicherte sich das schwedische Duo David Mobärg/Sandra Näslund.

Der Team-Event wurde im Weltcup erst zum zweiten Mal ausgetragen. Bei der Premiere im Februar 2021 im georgischen Bakuriani stand die Schweiz mit Fanny Smith/Jonas Lenherr zuoberst auf dem Podest. Weitere Wettkämpfe in diesem Format fanden in der Saison 2021/22 nicht statt.

pia-Hauptprobe in Peking verpasste sie zum Saisonauftakt die Top Ten dennoch nur knapp. Im französischen Val Thorens schaute ein achter Platz heraus.

VIERTELFINAL-AUS FÜR QUALIFIKATIONSSIEGER

Enttäuschend verlief das Heimrennen für das Schweizer Männerteam. Ryan Regez, der in der Qualifikation am Mittag noch die Bestzeit aufgestellt hatte, scheiterte als letzter Einheimischer im Viertelfinal und klassierte sich schliesslich auf Rang 13. Der Berner hatte im Sommer mit den Folgen seines Handbruchs sowie einer Schulterverletzung zu kämpfen, die ihn vor allem bei den Starttrainings behinderten. Entsprechend holprig war sein Auftakt in den Winter: Über Rang 25 kam der dreifache Weltcupsieger bis zum Heimauftritt nicht hinaus. «Arosa zeigt, dass es in die richtige Richtung geht», so Ryan Regez. «Meine Ambition ist aber eigentlich, um die Podestplätze mitfahren zu können.»

Dies galt auch für Joos Berry und Alex Fiva, der in Val Thorens seinen 13. Weltcupsieg gefeiert hatte. Die beiden Bündner, im Vorjahr im Schanfigg beide noch auf dem Weltcup-Podest, scheiterten diesmal im letztlich vom Schweden David Mobaerg gewonnenen Rennen bereits in den Achtelfinals. «Eigentlich wäre ich genug routiniert, um solche Fehler zu vermeiden», sagte Joos Berry zu seinem Malheur beim ersten Element kurz nach dem Start. Alex Fiva kam in seinem Heat zwar gut weg, wurde für seinen Angriff in der Negativkurve aber nicht belohnt. «Ich hätte vor dem Heimpublikum gerne eine Show gezeigt», so der Parpaner. «Die Form stimmt. Doch ich nutzte die einzige Überholmöglichkeit auf der kurzen Strecke nicht.»

Damit endete eine eindrückliche Serie. In den vorangegangenen drei Jahren schafften es beim Heimrennen stets mindestens eine Vertreterin und ein Vertreter von Swiss-Ski unter die ersten drei. Dank Fanny Smith gab es für die Gastgeber dennoch Grund zum Jubeln.

Bei Flutlicht zeigen die Skicross-Asse hochklassige und spannende Wettkämpfe.

TOP-EVENTS

BLOSS DIE KRÖNUNG FEHLT UND EIN ERFOLG IN KOMPLIZIERTER SAISON

Den Sieg verpasst? Oder doch den zweiten Platz gewonnen? Julie Zogg musste nicht lange überlegen. «Das hat wohl jeder gesehen.» Julie Zogg befand sich am zweiten Januar-Samstag im Final des Heimweltcups der Alpinsnowboarder in Scuol auf bestem Weg zum Sieg. Ihr neunter im Weltcup wäre es gewesen. Der zweite in der Saison 2021/22. Bis zu diesem verflixten drittletzten Tor. «Vielleicht war da ein kleiner Absatz. Vielleicht fuhr ich das Tor zu direkt an, das passiert mir ab und zu.» So wirklich konnte die 29-jährige Sarganserländerin ihr Missgeschick kurz nach dem Parallel-Riesenslalom noch nicht einschätzen. Fakt ist: Julie Zogg kam von der Spur ab und musste die Österreicherin Sabine Schöffmann vorbeiziehen lassen.

LADINA JENNYS KONSTANZ

«Schwer zu akzeptieren» sei das, so Julie Zogg, um kurz darauf doch von einem gelungenen Tag zu sprechen. Nach einer durchzogenen Qualifikation (zwölfter Platz) steigerte sich die mehrfache Gesamtweltcupsiegerin von Lauf zu Lauf, eliminierte in den Viertelfinals die russische Weltcupleaderin Sofia Nadyrschina. «Fahrerisch bin ich sehr zufrieden», sagte Julie Zogg. «Je länger das Rennen dauerte, desto mehr kam ich in einen Flow.» Ein Phänomen, das sich im Winter 2021/22 schon mehrfach beobachten liess. Zweimal scheiterte Julie Zogg in den Achtelfinals. Überstand sie diese aber, reichte es meist weit nach vorne: Rang 1 im russischen Bannoye, Rang 6 im italienischen Carezza und nun der Podestplatz in Scuol, ihr 25. im Weltcup.

Zum dritten Mal stand Julie Zogg zusammen mit Ladina Jenny auf dem Podium. Die Uznerin wurde Dritte. Bemerkenswert ist die Konstanz, mit der Ladina Jenny

Julie Zogg (links) und Ladina Jenny (rechts) stehen zum dritten Mal gemeinsam auf dem Podium.

Je länger das Rennen dauert, desto mehr kommt Julie Zogg in einen Flow.

unterwegs ist. In den vorangegangenen fünf Weltcups des Winters schaffte sie es stets mindestens bis in die Viertelfinals. Vor Weihnachten stand sie bereits beim Riesenslalom im italienischen Cortina d`Ampezzo als Dritte auf dem Podest. «Ich habe das Gefühl, dass ich etwas befreiter auftrete als auch schon», so Ladina Jenny. In Scuol liess sie sich im Viertelfinal von einem kleinen Fehler im Mittelteil nicht verunsichern. An gleicher Stelle unterlief ihr aber auch im Halbfinal gegen die spätere Siegerin Sabine Schöffmann ein Malheur, das sich schliesslich als zu grosse Hypothek erwies.

Was Ladina Jenny im Vergleich zu Julie Zogg noch fehlt: ein Sieg. «Unterbewusst ist das schon irgendwo präsent. Im entscheidenden Moment fehlt mir vielleicht noch etwas die Lockerheit.»

NACH EINEM FEHLER FRÜH IN RÜCKSTAND

Bei den Männern klassierte sich Dario Caviezel als einziger Schweizer in den Punkterängen. Der Churer eliminierte in der ersten K.-o.-Runde den russischen Qualifikationsdritten Dimitri Karlagaschew, scheiterte aber in einem umstrittenen Viertelfinal am späteren Zweiten und WM-Bronzegewinner von 2019, Stefan Baumeister aus Deutschland. «Schade, war der Lauf nicht noch ein paar Tore länger», so Dario Caviezel. Der 26-Jährige hatte sich durch einen frühen Fehler einen Rückstand eingehandelt und holte diesen trotz eines weiteren Missgeschicks bis zur Ziellinie beinahe auf. Platz 8 beim Heimevent, wo Dario Caviezel bereits zwei Mal Dritter geworden war, durfte in einer komplizierten Saison aber durchaus als Erfolg eingestuft werden.

Kurz vor dem Saisonstart hatte sich Dario Caviezel im Training einen Bruch im rechten Fuss zugezogen. Der Plan, die verpassten Pistenkilometer über den Jahreswechsel aufzuholen, ging nicht auf. Eine Grippe plagte ihn tagelang. Immerhin blieben sämtliche Coronatests – anders als bei seinem Bündner Teamkollegen Nevin Galmarini – negativ. Die Trainingstage des Schweizer Teams in Davos und im Engadin verpasste Dario Caviezel gleichwohl. Erst zwei Tage vor dem Rennen reiste er nach Scuol und absolvierte tags darauf zwei Trainingsläufe.

Übrigens: Bei den Männern gewann der Russe Dimitri Loginow. Ironie des Schicksals: Finalgegner Stefan Baumeister warf den Sieg mit einem Fehler beim drittletzten Tor weg.

Dario Caviezel klassiert sich als einziger Schweizer in den Punkterängen.

Ladina Jenny ist mit einer bemerkenswerten Konstanz unterwegs.

TOP-EVENTS

ZWEI KLARE DOMINATOREN UND DER ERSTE PODESTPLATZ

Ayumu Hirano ist bei der Flutlicht-Entscheidung eine Klasse für sich.

Jan Scherrer fliegt über die Köpfe des Publikums hinweg.

Vater, Schwester, Bruder und Freunde von Jan Scherrer jubelten am Ende der Halfpipe ausgelassen. Der Toggenburger selbst strahlte in die TV-Kamera, die auf ihn gerichtet war. «Endlich ging es auf», sagte er. Nach drei vierten Plätzen schaffte er beim Laax Open vom dritten Januar-Samstag erstmals den Sprung aufs Podest. «Heute passte alles. Ich fühlte mich am Start noch nie so gut wie dieses Mal.» Jan Scherrer genoss das Momentum nach dem spektakulären Nachtfinal vor 10 000 Zuschauern auf dem Crap Sogn Gion. Es fühle sich verdammt gut an, erklärte er. Dies, vor allem darum, weil er in den Trainings und im Halbfinal noch Probleme hatte und mit der Halfpipe nicht richtig zurechtgekommen war.

KEINERLEI UNSICHERHEITEN

Für den dritten Schweizer Halfpipe-Sieg in Laax nach Iouri Podladtchikov vor drei und dem Davoser Thierry Brunner vor 16 Jahren fehlten Jan Scherrer am Ende lediglich 3,25 Punkte. Was der 23-jährige Japaner Ayumu Hirano bei der Flutlicht-Entscheidung zeigte, war eine Klasse für sich. Teile seiner Flugshow waren unter anderem Dreifachsaltos gepaart mit seitlicher Rotation – und dies ohne jegliche Unsicherheiten. Für Ayumu Hirano war es nach 2013 und 2016 der dritte Erfolg beim grössten und bedeutendsten Snowboard-Event Europas. Selbst der 35-jährige Olympiasieger und langjährige Taktgeber in der Halfpipe, der Amerikaner Shaun White, konnte betreffend Flughöhe und Rotation mit Ayumu Hirano nicht mithalten, empfahl sich mit seinem dritten Rang zumindest aber für ein Olympia-Ticket im starken US-Team. Als Sechster neben dem Podest landete Pat Burgener, der zweite Schweizer, der sich für den Final qualifiziert hatte.

Genauso dominant wie der Japaner Ayumu Hirano trat bei den Frauen die Amerikanerin Chloe Kim auf. Die 21-jährige Olympiasiegerin von 2018 und zweifa-

Chloe Kim triumphiert zum vierten Mal auf dem Crap Sogn Gion.

Mit dem achten Platz realisiert Bianca Gisler ihr Weltcup-Bestresultat.

che Weltmeisterin siegte bereits zum vierten Mal nach 2017, 2019 und 2021 auf dem Crap Sogn Gion. Die Japanerin Mitsuki Ono und die Spanierin Queralt Castellet konnten betreffend Flughöhe, Style und Schwierigkeiten mit Chloe Kim nicht mithalten und mussten sich folgerichtig mit den Ehrenplätzen begnügen.

DAS BESTE WELTCUP-ERGEBNIS
Im Gegensatz zur Halfpipe war die Schweiz im Slopestyle der Frauen im Final vertreten. Die 18-jährige Bündnerin Bianca Gisler, Dritte der Olympischen Jugendspiele 2020, blieb in der Entscheidung aber ohne Chancen und beendete den Wettkampf als Achte. Mit ihren 56,50 Punkten war die Scuolerin zufrieden, auch wenn sie sich gegenüber dem Halbfinal vom Vortag nicht steigern konnte. Dass sie mit ihrem Weltcup-Bestresultat die Türe zu den Olympischen Spielen aufstiess, war ihr nach dem Wettkampf nicht bewusst. «Darüber machte ich mir keine Gedanken», so Bianca Gisler, die seit der Saison 2021/22 voll auf den Sport setzt und dadurch grosse Fortschritte erzielte.

Als Gewinnerin im Slopestyle der Frauen konnte sich die Australierin Tess Coady feiern lassen. Mit ihren 86,18 Punkten verwies sie die Österreicherin Anna Gasser und die Deutsche Annika Morgan auf die Plätze 2 und 3. Bei den Männern triumphierte der Amerikaner Sean Fitzsimons vor dem Norweger Staale Sandbech und seinem Landsmann Jake Canter. Schweizer waren keine am Start.

Tess Coady (links) und Sean Fitzsimons gewinnen den Slopestyle.

BEEINDRUCKENDE FLUGSHOW UND TOLLE STIMMUNG ZUM SAISONSTART

Städtische Events bewährten sich in der Vergangenheit in der Freestyle-Szene. Der City-Event «Big Air Chur» bestätigte das am vierten Oktober-Freitag und -Samstag 2021 eindrücklich. Er war ein voller Erfolg. Tausende Zuschauerinnen und Zuschauer feierten die sich von der 40 Meter hohen Rampe wagenden Athletinnen und Athleten. Die Stimmung zum Auftakt der Olympia-Saison war gut, am Ende sogar euphorisch. Selbst Urs Lehmann zeigte sich bei seinem Besuch beeindruckt von der Flugshow. «Diese tolle Stimmung auf dem ganzen Gelände und die Leistungen der Sportlerinnen und Sportler sind toll und machen Freude», sagte der Swiss-Ski-Präsident.

BÜNDNER DUO IM FINAL

Dass Lokalmatador Andri Ragettli nach seinem Kreuzbandriss in Chur nicht dabei sein konnte und die dreifache X-Games-Siegerin Mathilde Gremaud nach ihrem Trainingssturz kurzfristig auf die Teilnahme verzichten musste, brachte das Schweizer Freeski-Team nicht aus dem Konzept. Im Gegenteil. Slopestyle-Olympiasiegerin Sarah Höfflin flog bereits in der Qualifikation hinter der Russin Anastasia Tatalina und der späteren Siegerin Tess Ledeux aus Frankreich auf den dritten Rang. Mit Giulia Tanno schaffte auch Sarah Höfflins Teamkollegin den Finaleinzug. Der 23-jährigen Lenzerheidnerin folgte später bei den Männern der Davoser Kim Gubser. Der WM-Bronzemedaillengewinner beeindruckte mit 94,25 Punkten, die er bei der Nachtentscheidung jedoch nicht bestätigen konnte. Kim Gubser beendete den ersten Weltcup-Big-Air seit zwei Jahren als bester Schweizer auf Rang 10.

Bis Kim Gubser, Mathilde Gremaud und Giulia Tanno ihre beiden finalen Sprünge in Angriff nehmen konnten, mussten sie sich lange Zeit gedulden, da starker Wind für einige Verzögerungen des Finals sorgte. Währenddessen genossen die Zuschauerinnen und Zuschauer die Sonne und das Ambiente auf dem Wettkampfgelände. Die Stimmung blieb trotz des Unterbruchs heiter – und erreichte um 21 Uhr den Höhepunkt, als sich Tess Ledeux und der Österreicher Matej Svancer als Gewinnerin respektive Gewinner feiern lassen konnten. Und natürlich auch, weil es mit der Genferin Sarah Höfflin eine Schweizerin als Zweite aufs Podest schaffte.

Kim Gubser beendet den ersten Weltcup-Big-Air seit zwei Jahren auf dem zehnten Rang.

TOP-EVENTS

Mit der Finalteilnahme erreicht Moritz Boll sein Ziel.

Jonas Bösiger lässt sich ausgiebig feiern.

DREI SALTI UND VIER DREHUNGEN

Nachdem tags zuvor die Genferin Sarah Höfflin das Publikum mit ihrem zweiten Rang begeistert hatte, verwandelte Jonas Bösiger am Samstagabend die Obere Au endgültig in eine Festhütte. Es wurde gejubelt, Schweizer Fahnen wurden geschwenkt. Als der 26-jährige Schwyzer Snowboarder als Sieger des Big-Air-Contests feststand, lagen sich viele der 17 000 Zuschauerinnen und Zuschauer in den Armen. Jonas Bösiger gewann vor dem Finnen Rene Rinnekangas und dem Schweden Sven Thorgren. Den Grundstein zu seinem ersten Triumph über den Kicker, eine aus Schnee geformte Schanze, hatte er im zweiten Durchgang gelegt. Sein perfekt ausgeführter Sprung mit einem Triple Cork 1440, drei Salti und vier Drehungen wurde mit 88,75 Punkten bewertet. Mit 73,25 Zählern aus dem ersten Versuch reichte ihm das für den ersten Weltcupsieg, den er zusammen mit seiner Familie, Freunden und der Swiss-Ski-Delegation feierte. «Ich freue mich extrem. Es ist ein unglaublicher Moment», sagte Jonas Bösiger.

Grund zur Freude hatte nach der Big-Air-Premiere in Chur neben Premiere-Sieger Jonas Bösiger auch der Davoser Moritz Boll. Der 21-Jährige beendete den Wettkampf auf Platz 10 und war sehr zufrieden. «Der Final war mein grosses Ziel. Das erreichte ich. Mehr lag nicht drin. Der Schnee auf dem Kicker war weich. Mit meinen 90 Kilogramm war der Absprung dadurch schwierig».

Weniger gut als Jonas Bösiger und Moritz Boll erging es den sieben weiteren Schweizer Startern. Im internationalen Teilnehmerfeld hatten sie keine Chance auf einen Spitzenplatz. Nicolas Huber (18.) und Martin Lässer (19.) schafften es immerhin in die Top 20.

JAPANISCHE SIEGERIN

Beim Zuschauer-Comeback im Weltcup siegte bei den Frauen die erst 16-jährige Kokomo Murase. Die Japanerin war eine Klasse für sich und setzte sich vor der Österreicherin Anna Gasser, der Gesamtweltcup-Siegerin des Vorwinters, und der Kanadierin Jasmine Baird durch. Die Swiss-Ski-Snowboarderinnen Ariane Burri aus Eschenbach (9.) sowie die beiden Bündnerinnen Bianca Gisler (11.) und Mona Danuser (20.) verpassten den Sprung in den Final der besten Acht.

Stadt Chur

Sport Stadt Chur

TOP-EVENTS

SOLL AUF PUNKT ERFÜLLT UND AUCH OHNE PODESTPLATZ ÜBERZEUGEND

Mit seinen praktisch fehlerfreien Runs sichert sich Andri Ragettli die Kristallkugel für die Slopestyle-Wertung.

Zum Abschluss eines aufwühlenden Winters mit einem späten, aber perfekten Comeback nach schwerer Verletzung und dem Nuller an den Olympischen Spielen in Peking waren bei Andri Ragettli noch einmal starke Nerven gefragt. Zwar ging der Bündner Freeskier beim finalen Heim-Weltcup von Ende März in Silvaplana als Führender in der Slopestyle-Wertung an den Start. In seinem Nacken lauerte aber der Norweger Birk Ruud, der seine starke Form mit dem Sieg im französischen Tignes und Platz 1 in der Qualifikation von Silvaplana untermauerte und bis auf 50 Punkte zum Leader aufgeschlossen hatte. Weil sich Birk Ruud auch im Final an die Spitze schob, benötigte Andri Ragettli mindestens den dritten Platz, um sich seine fünfte Weltcup-Kristallkugel zu sichern.

Das Soll erfüllte Andri Ragettli als Dritter hinter Birk Ruud und dem Amerikaner Mac Forehand auf den Punkt. Zwar kam er im Engadiner Frühlingsschnee um 4,5 Punkte nicht an den Norweger heran, mit seinen praktisch fehlerfreien Runs sicherte er sich aber den wichtigen 23. Podestplatz im Weltcup.

Fabian Bösch, der zweite für den Final der besten 16 qualifizierten Schweizer, musste trotz spektakulärem Auftritt mit dem zehnten Rang vorliebnehmen. Wie an den Olympischen Spielen (sechster Platz) honorierten die Judges seine Kreativität nicht gebührend.

Zehn Punkte gaben in der Disziplinenwertung den Ausschlag für Andri Ragettli. Birk Ruud sicherte sich derweil die erst zum dritten Mal vergebene und von Swiss-Ski-Präsident Urs Lehmann überreichte Kristallkugel für den Gesamtsieg in den Disziplinen Slopestyle, Big Air und Halfpipe.

«Ich wurde schon gefragt, ob diese Kristallkugel ein Trostpreis ist. Nein! Für mich ist sie mehr», sagte Andri Ragettli nach dem gelungenen Abschluss auf dem Corvatsch. «Vor genau einem Jahr wurde ich am Knie operiert. Ich fragte mich, ob ich in Silvaplana überhaupt wieder am Start stehen kann. Ich bin mega stolz – was für eine krasse Saison angesichts dieser Vorgeschichte.»

ZWEI MISSGLÜCKTE RUNS

Bei den Frauen vermochte die Olympiasiegerin Mathilde Gremaud die nötige Spannung nicht mehr aufzubauen. In Abwesenheit der Freestyle-Überfliegerin Eileen Gu missglückten der Freiburgerin beide Runs. Die 42,00 Punkte bedeuteten schliesslich Platz 7 unter den acht Finalistinnen. «Es war mental schwierig. Nach Peking war die Spannung weg. Ich wollte zum Abschluss noch einmal etwas abliefern. Aber ich fühlte mich sehr müde und musste aufpassen, dass ich mich nicht verletze.» Sarah Höfflin, die Olympiasiegerin von 2018, war bereits in der Qualifikation ausgeschieden.

PLÄTZE 5 UND 6 ZUM ABSCHLUSS

Im Snowboard-Wettkampf rückte Nicolas Huber, einst Park-Shaper am Corvatsch, auf seinem Heim-Terrain dank einem vorzüglichen, aber nicht mit Maximalschwierigkeiten gespickten zweiten Run vorübergehend auf den dritten Rang vor. Der Wahl-Engadiner aus dem Kanton Zürich wurde aber von drei Konkurrenten noch verdrängt.

«Für mich ist es auch ohne Podestplatz ein perfekter Saisonabschluss. Dass ich bei mir ‹zu Hause› und im Beisein meiner Familie und Freunden zeigen konnte, was ich kann, macht mich mega happy», sagte Nicolas Huber in spürbarer Vorfreude auf «seine» Heim-Weltmeisterschaft am Corvatsch in drei Jahren. «Die WM 2025 ist für mich fast noch wichtiger als die Olympischen Spiele in Mailand ein Jahr danach. Hier bin ich verankert, hier spüre ich ganz spezielle Emotionen», so der 27-Jährige, der sich an den Olympischen Spielen in Peking mit witzigen Videos abseits der Wettkämpfe zum Sympathieträger vieler Chinesinnen und Chinesen mauserte und dafür mit neuen Sponsoren aus dem asiatischen Markt belohnt werden könnte.

DAS DRITTBESTE KARRIERERESULTAT

Wie Nicolas Huber schaffte Ariane Burri eine Woche nach ihrem ersten Podestplatz im georgischen Bakuriani mit dem fünften Platz das drittbeste Resultat ihrer Karriere. Den Sieg holte die österreichische Big-Air-Olympiasiegerin Anna Gasser. Bei den Männern feierten die Norweger durch Marcus Kleveland und den zweitplatzierten Moins Roisland einen Doppelsieg.

Auch im Kampf um die Kristallkugeln mischten die Athletinnen und Athleten von Swiss-Ski zum Saisonende nicht ganz zuvorderst mit. Die 21-jährige Ariane Burri schloss den Winter als starke Vierte in der Disziplinenwertung ab, Nicolas Huber erreichte den neunten Platz. Die Slopestyle-Kugeln gingen an die Japanerin Kokomo Murase und den Neuseeländer Tiarn Collins, in der Freestyle-Gesamtwertung schwangen Kokomo Murase und der Norweger Mons Roisland obenaus.

Nicolas Huber gelingt ein vorzüglicher, aber nicht mit Maximalschwierigkeiten gespickter zweiter Run.

Ariane Burri realisiert das drittbeste Resultat ihrer Karriere.

Die Welt zu Füssen – Karriere bei EMS.

**Innovativ.
Weltweit erfolgreich.**

DIVERSE PROBLEME LÖSEN, NICHT ABER CORONA BESIEGEN KÖNNEN

Nach 2020 musste der Spengler Cup auch 2021 kurzfristig abgesagt werden. Aufgrund der zu erwartenden negativen Auswirkungen des Grossanlasses auf die epidemiologische Lage in Davos entzog der Kanton Graubünden in Rücksprache mit den Turnier-Verantwortlichen die Bewilligung.

Das Organisationskomitee kämpfte bis zuletzt für die Durchführung. Verschiedene Probleme, vor allem der teilnehmenden Mannschaften, konnten vorerst gelöst werden. Sogar die Absagen des Seriensiegers Team Canada und des in Quarantäne geschickten HC Ambri-Piotta konnten kurzfristig mit zwei neuen Mannschaften (Slovan Bratislava und «Bern Selection») kompensiert werden.

Der HC Davos hatte seit Wochen alle Spieler und den Staff mehrmals pro Woche präventiv getestet. Seit einem positiven Fall Mitte Dezember sogar täglich. Neben nur einem weiteren Einzelfall wenige Tage vor Turnierbeginn fielen beim Grossteil der Teammitglieder die Tests von Heiligabend positiv aus. Noch in der Nacht wurden verschiedene bilaterale Rücksprachen innerhalb des Organisationskomitees und mit dem Kanton Graubünden abgehalten. Der definitive Entscheid fiel an einer Sitzung am folgenden Vormittag.

FÜNFTE ABSAGE IN BALD 100 JAHREN

In der bald 100-jährigen Geschichte wurde der Spengler Cup seit 1923 fünf Mal abgesagt: 1939, 1940, 1949, 1956 und aufgrund von Corona bekanntlich 2020. Damals wurde bereits im September beschlossen, auf die Durchführung des Turniers infolge aller Unsicherheiten und Risiken, die durch die Pandemie entstanden waren, zu verzichten.

2021 sah es bis am Schluss so aus, als würde die 94. Austragung möglich sein. Nicht zuletzt, nachdem der Kanton Graubünden Anfang November mit der Bewilligung grünes Licht für die Durchführung gegeben hatte. Immer wieder tauchten zwar Fragen und Probleme wegen der sich ständig ändernden Pandemie-Situation auf, doch lange konnte für alle diese Punkte eine Lösung gefunden werden.

Nach der Absage des Spengler Cups bleiben die Zuschauerränge und das Eisfeld in Davos leer.

«ES GEHT JETZT UMS ÜBERLEBEN»

Die kurzfristige Absage des Spengler Cups traf den HC Davos hart. Das Traditionsturnier ist die Lebensader des HCD, zwei bis drei Millionen Franken nimmt er jährlich mit diesem Anlass ein. «Es geht jetzt ums Überleben. Es ist klar, dass wir Hilfe brauchen», sagte HCD-Präsident Gaudenz Domenig. Marc Gianola, HCD-CEO und OK-Präsident des Spengler Cups, sprach trotz des finanziellen Schutzschirms der Behörden für Publikumsanlässe von einem «grossen Loch».

TOP-EVENTS

ZWEI SAUBERE LÄUFE UND DAS TRIPLE DES DOMINATORS

Michael Vogt, der einzige Schweizer Pilot beim Weltcupfinale auf dem Olympia Bob Run St. Moritz-Celerina, verlor mit dem Viererbob auf den Überraschungssieger und neuen Europameister Oskars Kibermanis aus Lettland weniger als eine halbe Sekunde. Das Rennen vom dritten Januar-Sonntag im Engadin wurde gleichzeitig als Europameisterschaft gewertet, hier verpassten Michael Vogt und sein Team die Bronzemedaille nur gerade um 18 Hundertstel.

Michael Vogt gelangen im Olympia Bob Run zwei saubere Läufe. Einen Teil des Rückstandes handelte er sich am Start ein. Der 24-jährige Schwyzer musste wegen eines Muskelfaserrisses auf Sandro Michel, seinen standardmässig besten Anschieber, verzichten. Angesichts der fehlenden Automatismen fielen die Startzeiten aber sehr ordentlich aus.

IM EM-KLASSEMENT AUF RANG 7
Mit dem Zweierbob klassierte sich der als einziger Schweizer gestartete Michael Vogt mit Anschieber Andreas Haas auf dem neunten Rang, in der EM-Wertung wurde er Siebter. Dies entsprach dem aktuellen Leistungsvermögen.

Für Francesco Friedrich, der sieben der acht Saisonrennen gewann, ertönte gleich dreimal die deutsche Nationalhymne: als Tagessieger, Europameister und Gewinner des Gesamtweltcup.

FRAUEN VERPASSEN MEDAILLEN KLAR
Eine Enttäuschung setzte es für die Schweizer Frauen im Zweierbob ab. Martina Fontanive und Melanie Hasler fuhren auf den 10. respektive 17. Platz. So blieben auch Europameisterschafts-Medaillen deutlich ausser Reichweite.

Martina Fontanive und ihre Anschieberin Irina Strebel zeigten zwei solide Fahrten, verpassten aber den angestrebten Top-8-Platz, der ihnen die definitive Olympia-Selektion garantiert hätte.

Die zwölf Jahre jüngere Melanie Hasler, die schon lange für die Olympischen Spiele qualifiziert war und am dritten Januar-Samstag mit dem Monobob EM-Vierte wurde, verhaute ihre Läufe völlig und zeigte sich entsprechend enttäuscht. Immerhin ging der Heilungsverlauf ihrer Zerrung im Oberschenkel gut voran. Die Deutschen feierten angeführt von Kim Kalicki einen Dreifachsieg.

Mit dem Zweierbob fahren Pilot Michael Vogt und Anschieber Andreas Haas auf den neunten Rang.

DREI ERFOLGE AUF EINEN SCHLAG

In den Skeleton-Rennen im Rahmen des Weltcup-Finales auf dem Olympia Bob Run St. Moritz–Celerina triumphierten der Lette Martins Dukurs und die Australierin Jaclyn Narracott. Ronald Auderset, der als Einziger die Schweizer Farben vertrat, gelang zwar eine gute Startzeit, musste sich am Ende aber mit dem 22. Rang begnügen.

Martins Dukurs durfte sich Mitte Januar im Engadin zwei weitere Male feiern lassen: Der knapp 38-Jährige wurde auch zum zwölften Mal Europameister – der Titelkampf war ins Rennen integriert – und Gesamtweltcupsieger. Bei den Frauen stand die Holländerin Kimberley Boss, die im letzten von acht Weltcuprennen der Saison Zweite wurde, in diesen zwei Klassementen zuoberst.

Bäuchlings und mit dem Kopf voran jagen die Skeleton-Fahrer den Eiskanal hinab.

EINDRÜCKLICHE DOMINANZ

Beim Weltcup-Final von der zweiten Januar-Hälfte auf dem Olympia Bob Run St. Moritz–Celerina liessen sich folgende Rennrodler in die Siegerliste eintragen: Toni Eggert und Sascha Benecken aus Deutschland in der Kategorie Doppelsitzer sowie Wolfgang Kindl (Österreich) und Natalie Geisenberger (Deutschland) bei den Einsitzern. Wolfgang Kindl und Natalie Geisenberger wurden auch Europameister. Eggert/Benecken triumphierten zusätzlich in der Europameisterschafts-Wertung sowie im Disziplinen- und Gesamtweltcup. Bei den Einsitzern entschied der Deutsche Johannes Ludwig die Disziplinen- und die Gesamtwertung zu seinen Gunsten. Bei den Frauen hiess die Erstplatzierte der Disziplinen-Wertung Madeleine Egle (Österreich), Gewinnerin des Gesamtweltcups war Julia Taubitz (Deutschland).

Natalie Maag, die einzige gestartete Schweizerin in den Rennrodel-Bewerben, wurde im Weltcup-Rennen sowie in der EM-Rangliste Zwölfte, in der Disziplinen-Wertung belegte sie den 18. und im Gesamtweltcup den 20. Rang.

Die Rennen des Nationencups entschieden die Russen Vsevolod Kashkin und Konstantin Korshunov (Doppelsitzer), der Lette Arturs Darznieks (Einsitzer) und die Italienerin Verena Hofer für sich. Natalie Maag erreichte den zweiten Rang.

Die Gesamtwertungen des Nationencups gingen an die Kanadier Tristan Walker und Justin Snith (Doppelsitzer) sowie in den Einsitzer-Kategorien an den Deutschen Chris René Eissler und die Italienerin Nina Zöggeler.

Das Weltcuprennen und zugleich EM-Gold in der Team-Staffel gewann Lettland. Im Gesamtweltcup triumphierte Deutschland.

EINE KLASSE FÜR SICH

Im ersten von zwei Rennen des Para Sport Weltcup von Mitte Februar auf dem Olympia Bob Run St. Moritz–Celerina fuhren die beiden Schweizer Jonas Frei und Christopher Stewart zu einem Doppelsieg. Mit diesem Triumph gab sich der amtierende Weltmeister Jonas Frei jedoch nicht zufrieden. Tags darauf gewann er erneut und sicherte sich zugleich den Europameistertitel sowie den Gesamtweltcupsieg. Zusätzlich erhielt der 25-Jährige den Spezialpreis für die höchste Geschwindigkeit des Tages.

BRAIN POWER

Lanciere deine
berufliche Karriere.

ibw
Höhere Fachschule
Südostschweiz

www.ibw.ch

ACHT MEDAILLENSÄTZE UND ZWEI JUBILÄUMS-FEIERLICHKEITEN

Anlässlich der Weltmeisterschaften stehen spannende Wettkämpfe und attraktive Side Events auf dem Programm.

Vom 22. Januar bis 5. Februar 2023 finden auf dem Olympia Bob Run St. Moritz–Celerina zum 26. Mal Weltmeisterschaften statt. Keine andere Bobbahn durfte so viele internationale Titelkämpfe austragen wie die einzige und zugleich älteste Naturbobbahn der Welt. Für die Organisatoren ist es eine grosse Ehre, die weltbesten Athletinnen und Athleten der Sparten Bob und Skeleton ein weiteres Mal im Engadin begrüssen zu dürfen.

Weltmeisterschaften auf dem Olympia Bob Run St. Moritz–Celerina sind für Sportlerinnen und Sportler, Betreuungspersonen, das Team der Bobbahn, das Organisationskomitee, die Helfenden, die Zuschauenden, das Oberengadin, den Kanton Graubünden und die Schweiz ein einzigartiger Event. Im Vergleich zu den vorherigen Welttitelkämpfen werden erstmals auch die Weltmeister in den Disziplinen Para Sport, Monobob Frauen und Skeleton Mixed Team Event mit Reaktionsstart erkürt. Somit stehen gesamthaft acht – zweifelsfrei spannende – Wettkämpfe auf dem Programm.

Zusätzlich erwarten die Zuschauerinnen und Zuschauer attraktive Side Events, die für sämtliche Interessierten zugänglich sind. Weiters kann man sich auf die Feierlichkeiten anlässlich des 100-Jahr-Jubiläums des internationalen Bob- und Skeletonverbandes sowie des 125-Jahr-Jubiläums des Saint Moritz Bobsleigh Club und somit des ältesten Bobclubs der Welt freuen. Und natürlich werden auch die kleinsten Bob- und Skeletonfans nicht zu kurz kommen. Action und Unterhaltung sind in der letzten Januar- und der ersten Februar-Woche 2023 auf jeden Fall garantiert.

DAS WETTKAMPFPROGRAMM

26. Januar: 9.00 Uhr Skeleton Männer, 13.30 Uhr Skeleton Frauen – jeweils Läufe 1 und 2.

27. Januar: 9.00 Uhr Skeleton Männer, 13.30 Uhr Skeleton Frauen – jeweils Läufe 3 und 4.

28. Januar: 9.00 Uhr Monobob Frauen, 13.00 Uhr Zweierbob Männer – jeweils Läufe 1 und 2.

29. Januar: 8.00 Uhr Skeleton Team Event, 10.00 Uhr Monobob Frauen, 13.15 Uhr Zweierbob Männer – jeweils Läufe 3 und 4.

2. Februar: 9.00 Uhr Para Sport – Läufe 1 und 2.

3. Februar: 9.00 Uhr Para Sport – Läufe 3 und 4, 13.00 Zweierbob Frauen – Läufe 1 und 2.

4. Februar: 9.00 Uhr Zweierbob Frauen – Läufe 3 und 4, 13.00 Uhr Viererbob – Läufe 1 und 2.

5. Februar: 13.00 Uhr Viererbob – Läufe 3 und 4.

Weitere Informationen: www.wm2023.ch.

TOP-EVENTS

EIN AUSSENSEITER-TRIUMPH, EIN KÖNIG UND EIN ZWEIFACH-SIEG

Nach einer einjährigen Corona-Pause waren die ersten drei Februar-Sonntage in St. Moritz wieder von hochklassigem Pferderennsport geprägt. Die durchzogenen Wetterverhältnisse des ersten Wochenendes wurden durch die darauffolgenden strahlenden Sonntage wettgemacht, sodass insgesamt rund 30 000 Zuschauerinnen und Zuschauer bei der 114. Austragung des White Turf vor Ort mitfieberten. Eine grandiose Show wurde insbesondere am dritten und somit finalen Renntag geboten. Traditionell standen in allen drei Disziplinen – Galopp, Trab und Skikjöring – die landesweit höchstdotierten Rennen an.

BEI DER PREMIERE UNBESIEGBAR

Im grossen Galopp-Highlight, dem 82. Grossen Preis von St. Moritz, setzte sich wider Erwarten der spanische Aussenseiter Furioso mit dem tschechischen Jockey Vaclav Janacek durch. Auf der Zielgeraden distanzierte das Duo die Konkurrenz um vier Längen und galoppierte souverän dem Sieg und den 100 000 Franken Preisgeld entgegen. Auf den Rängen 2 und 3 folgten Mordred unter René Piechulek und Nubius mit Jockey Bauyrzhan Murzabayev.

Trainer des siegreichen Furioso ist der Spanier Guillermo Arizkorreta Elosegui, der erstmals am White Turf teilnahm und in Madrid rund 75 Pferde betreut. Die meisten seiner Zöglinge bestreiten ihre Rennen in Spanien, doch mit seinen besonders begabten Galoppern zieht es ihn auch gerne ins Ausland.

Mit dem 82. Preis von St. Moritz endete ferner die Karriere des 27-jährigen Jockeys Dennis Schiergen. Nach zwölf erfolgreichen Jahren im Sattel – in denen er unter anderem den 81. Grossen Preis für sich entscheiden konnte – gab der White Turf dem Wahlschweizer einen würdigen Rahmen, um sich vom Rennsport zu verabschieden.

ROGER FEDERER ÜBERRASCHUNGSGAST

Zum «König des Engadins» ausgerufen wurde Jakob Broger mit Vienna Woods, dem nach seinem Sieg in der Vorwoche ein zweiter Platz zum Gewinn der Gesamtwertung reichte. Die Skikjöring-Trophy erhielt Jakob Broger von Überraschungsgast Roger Federer überreicht. Den Tagessieg herausgeritten hatte jedoch Franco Moro mit Praetorius, der vom Wettbüro als haushoher Favorit ausgewiesen wurde.

Im höchstdotierten Trabrennen, dem Grand Prix Genesis, gewann Stephanie Theiler mit Kiss Forever H.C. überlegen vor Doum Jenilou und Diva du Fossé. Kiss Forever H.C., im Besitz von Petra Woiton, konnte davor bereits das Flachrennen des zweiten White-Turf-Sonntags für sich entscheiden.

FAMILY DAYS ALS NEUES HIGHLIGHT

Die Saison 2022 brachte eine grosse Neuerung für den White Turf: Zum ersten Mal fanden die Family Days statt, die ganz im Zeichen des Rennsport-Nachwuchses standen. Jeweils an den Samstagen vor den offiziellen Renntagen abgehalten, erfreuten sie sich grosser Beliebtheit bei Gross wie Klein und führten zu durchwegs positiven Feedbacks. Auf dem Programm standen Pony-Trab- und -Galopprennen sowie berittene Kids-Skikjörings über 800 Meter. Beim berittenen Skikjöring kürte die Hauptsponsorin zum ersten Mal überhaupt pro Alterskategorie eine Prinzessin oder einen Prinzen des Engadins.

«Der White Turf war erneut magisch. Wir freuen uns sehr, dass der Event nach einem Jahr Corona-Pause noch immer so viele Menschen auf den See lockte und begeisterte. Wir sind zuversichtlich, mit den Family Days einen Beitrag zur Nachwuchsförderung leisten zu können», sagt Thomas Walther, Präsident des Rennvereins St. Moritz.

Gesamthaft 30 000 Zuschauerinnen und Zuschauer verfolgen die Rennen vor Ort.

QUALIFIKANTEN AUS 25 KANTONEN KÄMPFEN UM 36 MEDAILLENSÄTZE

Rund 800 Kinder und Jugendliche, die sich an einem der elf Qualifikationsrennen von Anfang Januar bis Mitte März ein Finalticket gesichert hatten, kämpften am letzten März-Wochenende in Obersaxen um die Grand-Prix-Migros-Krone der Saison. Die Gastgeber rund um den lokalen Skiclub und die Bergbahnen legten sich für das Saisonhighlight der Skitalente aus 25 Kantonen und den Nachbarländern mächtig ins Zeug und schufen ergänzend zum herrschenden Kaiserwetter perfekte Finalbedingungen. Es war also alles angerichtet für ein Skifest der geschichtsträchtigen Art, entsprangen dem Grand Prix Migros in der 20-jährigen Vergangenheit doch bereits mehrere zahlreiche Schweizer Ski-Asse.

Am Samstag stand für die Jahrgänge 2009 bis 2006 ein Riesenslalom auf dem Programm, die Jahrgänge 2014 bis 2010 massen sich in einem Combi-Race, ein in Slalom-Abständen gesteckter Lauf mit Riesenslalom-Toren. Im Riesenslalom fuhr der 2008-Sieger Igor Salvetti aus Silvaplana die schnellste Zeit.

Die rund 2000 angereisten Fans, bestehend aus den verschiedensten Skiclubs, Familien und sonstigen Angehörigen der Nachwuchstalente, liessen es sich auch am zweiten Finaltag nicht nehmen, sich in der Bündner Sonne zu bräunen und ihre Athletinnen und Athleten frenetisch anzufeuern. Die Pisten wurden getauscht, sodass die jüngeren Jahrgänge im Riesenslalom und die Jahrgänge 2009 bis 2006 im Combi-Race antraten. Tagesschnellste im Combi-Race war die 2008-Gewinnerin Minna Bont aus Lantsch/Lenz.

Summa summarum stand mit 24 der 108 vergebenen Medaillen der Kanton Bern an der Spitze des inoffiziellen Kantonsrankings. Die anderen beiden Kantone, die mit über 100 Vertreterinnen und Vertretern nach Obersaxen gereist waren – 121 aus dem Wallis und 104 aus Graubünden –, teilten sich dahinter mit je 16 Podestplätzen den zweiten Platz.

BEKANNTES TRIO VOR ORT

Der Schweizer Slalomstar Ramon Zenhäusern beehrte am ersten Veranstaltungstag den Grand-Prix-Migros-Final in Obersaxen und gab unzählige Autogramme und Selfies. Ebenfalls vor Ort war mit Skicrosser Armin Niederer ein zweiter Bündner, nachdem der Einheimische Carlo Janka bei der Eröffnungsfeier am Vorabend als Fahnenträger fungiert und viele junge Fans mit seiner Unterschrift beglückt hatte. Armin Niederer übergab den Podestfahrerinnen und -fahrern des ersten Wettkampftages nach der Autogrammstunde auch die Medaillen.

Bei perfekten Finalbedingungen fährt Igor Salvetti im Riesenslalom die schnellste Zeit.

NACH ZWISCHENFALL IN EINEM WALDSTÜCK SITZT DER FRUST TIEF

Als beim Mountainbike-Weltcup vom zweiten Juli-Sonntag in Lenzerheide die Grossleinwand im Zielgelände die Fahrer wieder erfasste, trauten die Zuschauerinnen und Zuschauer ihren Augen nicht. Aus einem Schweizer Duell um den Sieg zwischen Lokalmatador Nino Schurter und Herausforderer Mathias Flückiger war ein Zweikampf zwischen dem Italiener Luca Braidot und dem Südafrikaner Alan Hatherly entstanden. Luca Braidot setzte sich im Zielsprint hauchdünn vor Alan Hatherly durch. Und Nino Schurter und Mathias Flückiger? Der 36-jährige Bündner konnte seine Emotionen nicht mehr zurückhalten, als er direkt hinter dem 33-jährigen Mathias Flückiger als Vierter ins Ziel fuhr und ihn körperlich leicht anging. Dazu waren seine an den Herausforderer gewandten Worte direkt nach der Zieleinfahrt nicht druckreif.

Was war geschehen in diesem Waldstück kurz vor dem Ziel, auf der die Mountainbike-Profis Runde für Runde jeweils während 20 Sekunden aus dem Bild verschwanden? Es wird sich nicht klären lassen. Die Wahrheit kennen nur die beiden Protagonisten. Der zuvor führende Nino Schurter und sein Verfolger Mathias Flückiger hatten, wie erwartet, unterschiedliche Ansichten. Während der Berner von einem «Zweikampf wie immer» sprach, meinte der Bündner, dass es zu viel des Guten gewesen wäre. «Es war ein hartes Rennen,

aber es gibt immer auch Grenzen. Man muss dort überholen, wo es möglich ist. Und dort, wo er es tat, ging es nicht.»

VERPASSTE CHANCE

Mathias Flückiger versuchte also im Waldstück rund 300 Meter vor dem Ziel an Nino Schurter vorbeizuziehen. Mit dem Ziel, den ersten Sieg an einem Heimweltcup zu holen. Doch am Schluss lagen beide am Boden, und der Italiener durfte sich über seinen ersten Weltcupsieg freuen. Diesbezüglich schwang auch bei Nino Schurter Wehmut mit, der lange Zeit im Zielgelände brauchte, um die Fassung wieder zu erlangen. «Es ist sehr schade. Es ist ein Heimrennen mit zwei Schweizern vorne, und am Schluss gewinnt ein Italiener vor einem Südafrikaner.»

Der Frust sass beim Lokalmatador tief. Zu gerne hätte er nochmals vor Heimpublikum gewonnen. Zu gerne hätte er sich mit seinem 34. Weltcupsieg zum alleinigen Rekordhalter gemacht vor dieser berauschenden Kulisse. Vor diesen Fans auf dieser Strecke, die er als beste des Weltcups bezeichnet. Einige Zeit nach dem Rennen realisierte er, dass er mit dem Sturz einer grossen Chance beraubt worden war und sagte: «Ich werde nicht mehr jünger, deshalb wird es immer schwieriger, zu gewinnen.»

Mathias Flückiger (rechts) und Nino Schurter liefern sich einen erbitterten Zweikampf.

SCHWEIZER DURSTSTRECKE ZU ENDE

Zu Beginn sah es so aus, als würde Jolanda Neff jene sein, welche der langen Schweizer Durststrecke ein Ende setzen würde. Denn vor dem Rennen der Frauen wartete das Schweizer Team seit drei Jahren auf einen Podestplatz im Weltcup. Eigentlich fast unvorstellbar bei all den Erfolgen in den Vorjahren – mit dem Höhepunkt des Dreifachsieges an den Olympischen Spielen in Tokio 2021. In Lenzerheide zog Jolanda Neff jedenfalls schon früh mit der späteren Siegerin Loana Lecomte aus Frankreich und der Zweitplatzierten Jenny Rissveds aus Schweden davon. Mit Alessandra Keller war ausgerechnet eine andere Schweizerin dafür besorgt, dass die Verfolgergruppe wieder aufschliessen konnte. Bis fast in die letzte Runde begleitete neu Alessandra Keller statt Jolanda Neff das Führungsduo, ehe Loana Lecomte den entscheidenden Angriff wagte und später nach jenem im österreichischen Leogang den zweiten Sieg in Folge feiern durfte. Im Duell gegen Jenny Rissveds zog

Alessandra Keller auf dem Weg zum ersten Weltcup-Podestplatz.

Alessandra Keller den Kürzeren, holte aber mit grossem Abstand zur nächsten Fahrerin ihren ersten Podestplatz bei der Elite im Cross-Country. Jolanda Neff fuhr auf den sechsten, Linda Indergand auf den neunten und Ramona Forchini auf den elften Rang.

VIER PODESTPLÄTZE IM SHORT RACE

Zum Auftakt des Mountainbike-Weltcups in Lenzerheide feierte Filippo Colombo im Short Race den ersten Weltcupsieg. Der 24-jährige Tessiner setzte sich am zweiten Juli-Freitag im Schlussspurt gegen den Olympia-Zweiten Mathias Flückiger durch. Den Schweizer Dreifachsieg verhinderte der Südafrikaner Alan Hatherly. Er verdrängte Nino Schurter auf den vierten Platz und kam Mathias Flückiger ebenfalls sehr nahe.

Auch die Schweizer Frauen waren erfolgreich unterwegs und erkämpften sich zwei Podestplätze. Alessandra Keller und Jolanda Neff mussten einzig die Schwedin Jenny Rissveds ziehen lassen, die ihren Vorjahressieg wiederholte. Alessandra Keller griff in der Verfolgergruppe vehement an und schloss noch bis auf eine Sekunde zur Schwedin auf. Mit einer weiteren Sekunde Rückstand folgte die Olympiasiegerin Jolanda Neff, die ihrerseits die Französin Pauline Ferrand-Prévot in Schach hielt.

EIN TRAUMLAUF

Beim Downhill-Weltcup vom zweiten Juli-Samstag in Lenzerheide musste sich Camille Balanche einzig der fast perfekten Fahrt der Französin Myriam Nicole beugen. In der Qualifikation hatte sie noch die Bestzeit aufgestellt. Doch als die Neuenburgerin als letzte Fahrerin den Parcours in Angriff nahm, war klar: Ihr musste ein perfekter Lauf gelingen. Denn die zu diesem Zeitpunkt führende Myriam Nicole hatte alles riskiert und einen Traumlauf hingelegt. Auch Camille Balanche glückte eine gute Fahrt, jedoch nicht ganz ohne Fehler. So fehlten ihr am Ende gut vier Sekunden auf die Siegerzeit.

Abgesehen von der bis zu jenem Zeitpunkt zweifachen Saisonsiegerin Camille Balanche, die es in Graubünden erstmals aufs Podest schaffte, vermochte keine Fahrerin mit Myriam Nicole mitzuhalten. Die Italienerin Eleonora Farina verlor als Dritte bereits 8,4 Sekunden auf die Bestzeit.

Im Final der Männer reüssierte ebenfalls ein Franzose: Qualifikationssieger Amaury Pierron setzte sich

Camille Balanche glückt eine gute, aber nicht fehlerfreie Fahrt.

1,4 Sekunden vor dem Kanadier Finn Iles und 1,7 Sekunden vor Greg Minnaar aus Südafrika durch. Lutz Weber, welcher den 27. Rang erreichte, schaffte es als Einziger aus dem Schweizer Quartett in die Top 30.

DER VIERTPLATZIERTE ALS UNUMSTRITTENER STAR

Beobachtet von vielen Zuschauerinnen und Zuschauern führen Nino Schurter (links) und Vital Albin das Feld an.

Als Mitorganisator ist Nino Schurter mehr als bloss ein Wettkämpfer.

Ein Foto hier, ein Autogramm dort. Nino Schurter war soeben vom vor dem Theater Chur aufgebauten Podest mit den fünf Besten gestiegen. Dort war für einmal nicht der erfolgsverwöhnte 36-jährige zehnfache Weltmeister und Olympiasieger im Cross-Country zuoberst auf dem Siegerpodium gestanden. Der Franzose Jordan Sarrou hatte mit einer Tempoverschärfung auf der letzten von acht Runden die Entscheidung bei der Premiere der Bike-Revolution vor Ort herbeigeführt. Er gewann am letzten April-Sonntag vor seinem Landsmann Titouan Carod und Thomas Litscher, dem besten Schweizer. Sie alle lieferten sich ein spektakuläres Rennen um den Sieg. Noch in der letzten von acht Runden kämpften acht Fahrer um den Triumph – eine Leistungsdichte, wie sie sonst nur auf Stufe Weltcup zu finden ist.

RANG 4 NUR EINE FUSSNOTE

Das Siegertrio stieg artig vom Podium und verschwand postwendend wieder hinter der grossen Aura des Hauptdarstellers. Dieser war als Mitorganisator viel mehr als bloss ein Wettkämpfer bei der stimmungsvollen, von rund 11 000 Zuschauerinnen und Zuschauern frequentierten Mountainbike-Premiere durch die Gassen von Chur. Und so blieb Rang 4 statt des erhoffen Sieges für Nino Schurter bloss eine Fussnote. Er war der Star in Chur. Geduldig und immer mit einem Lächeln im Gesicht wurden die Wünsche der vielen, hauptsächlich jungen Fans erfüllt. Nino Schurter war sich seiner Rolle als Botschafter seiner immer noch verhältnismässig jungen Sportart bewusst.

LENZERHEIDE ALS VORBILD

Chur war am Wochenende der zweite Marschhalt der frisch initiierten Wettkampfserie im Schweizer Mountainbikesport. Der Ort zeigte sich von seiner sportlichen Seite. Der Rahmen passte. Der Ursprung der Idee ist ebenfalls in der Region, genau gesagt in Lenzerheide, zu finden. «Dort», sagt Bike-Revolution-Initiator Ralph Näf, «wird beim jährlichen Weltcup unser Sport wie sonst nirgendwo in der Schweiz zelebriert. Wir brauchen mehr derartige stimmungsvolle Anlässe.» Los ging es mit der neuen Rennserie am Monte Tamaro im Tessin. Der Abschluss folgte dann in Huttwil im Kanton Bern.

Der frühere Aktive und heutige Teamchef Ralph Näf sieht das Potenzial für eine weitere Rennserie in der Schweiz. Chur als City-Event nimmt dabei einen speziellen Platz ein. «Die Strecke ist durch die vielen asphaltierten Abschnitte anders konzipiert als ein klassischer Cross-Country-Parcours. Doch es ist definitiv eine Auflockerung für unseren Sport. Die Stimmung an der Strecke und im Zielgelände war zudem toll», urteilte die Frauen-Siegerin Alessandra Keller aus dem nidwaldnerischen Ennetbürgen.

Stadt Chur
Sport Stadt Chur

IN FÜNF ETAPPEN VON AROSA NACH LAAX UND WEITER NACH DAVOS

Fünf Tage, 359 Kilometer und 11 700 Höhenmeter – dies waren die Eckdaten der vierten Austragung des Swiss Epic. Das Mehretappen-Rennen führte die rund 400 Zweierteams aus über 50 Nationen zu Beginn der zweiten August-Hälfte von Arosa nach Laax und weiter nach Davos. Dabei trafen sie auf unzählige anspruchsvolle Anstiege, rasante Abfahrten und spektakuläre Singletrails. Die Königsetappe bildete das 100 Kilometer messende Teilstück von Laax nach Davos am zweitletzten Tag. Es war die längste Etappe in der Geschichte des Swiss Epic.

Die Gesamtsiege sicherten sich das italienisch-österreichische Duo Fabian Rabensteiner/Daniel Geismayr mit einer Zeit von 16:19:40 Stunden und das deutsche Team Bettina Janas/Adelheid Morath, welches für die Destination Davos Klosters startete und die fünf Etappen in 20:48:16 Stunden meisterte.

«GENAU SO SOLLTE ES SEIN»

«Dies war das perfekte Swiss Epic», resümierte Daniel Geismayr. «Fabian Rabensteiner war ein toller Teampartner. Ich konzentrierte mich einfach nur auf das Mountainbiken, und er war immer an meinem Rad. Die Abfahrten waren anspruchsvoll, machten aber Spass, weil es viele Sprünge und Steilkurven gab. Die Aufstiege waren hart und liessen dich schwer atmen, wenn du die Höhe nicht gewohnt bist», fasste der österreichische Marathonmeister zusammen. «Das Swiss Epic ist ein echtes Mountainbike-Rennen – «genau so sollte es auch sein.»

«Besser gehts nicht», sagte Adelheid Morath nach dem Triumph. «Bettina Janas war am Schlusstag etwas müde, also beschlossen wir, ihn richtig zu geniessen und es sicher über die Ziellinie zu schaffen.» Selbst am letzten Tag eines Etappenrennens könne man sich nicht sicher sein, was passieren werde – «auch wenn wir einen komfortablen Vorsprung hatten», meinte Bettina Janas. «Im letzten Teilstück war der Plan, sicher zu fahren, kein Risiko einzugehen und nicht zu stürzen.» Sie seien dann zwar gestürzt, «doch nicht der Etappensieg, sondern der Gesamterfolg war das Ziel».

Das Publikum jubelt dem Siegerteam zu.

Eine spektakuläre Streckenführung zeichnet das Swiss Epic aus.

Hebe ab mit EMS!

**Innovativ.
Weltweit erfolgreich.**

PROMINENTE TAGESSIEGERIN VOR DEM ANSPRUCHSVOLLEN FINALE

In Graubünden endeten anlässlich der Tour de Suisse der Frauen gleich zwei Etappen: am dritten Juni-Montag in der Stadt Chur das dritte Teilstück und tags darauf in Lantsch/Lenz die finale Etappe. Der Tagessieg auf den 124 Kilometern von Vaduz nach Chur, die mit rund 1400 Höhenmetern garniert waren, ging an Elisa Balsamo und somit an die prominenteste Fahrerin im Feld. Die Weltmeisterin aus Italien setzte sich knapp vor der Französin Evitat Muzic und der Deutschen Liane Lippert durch.

Auf dieser Etappe, die vom Fürstentum Liechtenstein mit einer Schlaufe übers Rheintal und das Appenzellerland nach Graubünden führte, waren einige Aufstiege zu bewältigen. Zuletzt der Abschnitt über die St. Luzisteig und die letzten Kilometer bis in die Stadt Chur. Diese Charakteristik machte es am zweitletzten Tour-Tag vor allem für die Sprinterinnen sehr schwierig.

STURZ 150 METER VOR DEM ZIEL

Die anspruchsvolle, knapp 100 Kilometer messende und mit nahezu 2300 Höhenmetern gespickte Schlussetappe von der Altstadt Chur über Landquart und Davos nach Lantsch/Lenz gewann 24 Stunden später Lucinda Brand. Die Niederländerin sicherte sich damit auch den Gesamtsieg.

Am Ende wurde es bei strömendem Regen im Kampf um den Tour-Triumph dramatisch. Die bis dahin führende Kristen Faulkner aus den USA holte ihre Herausforderin Lucinda Brand am Schlussanstieg gut einen Kilometer vor dem Ziel ein und schien sich den bereits verloren geglaubten Gesamterfolg doch noch zu sichern. Doch dann stürzte Kristen Faulkner in der engen Linkskurve 150 Meter vor dem Ziel. So jubelte am Ende Lucinda Brand, die vor der kurzen, aber sehr schwierigen Schlussetappe noch vier Sekunden hinter Kristen Faulkner gelegen hatte, über den Tagessieg und den Triumph in der Gesamtwertung.

Die Weltmeisterin Elisa Balsamo (links) setzt sich knapp vor Evitat Muzic und Liane Lippert durch.

Die vier bestklassierten Schweizerinnen in der Endabrechnung waren allesamt Fahrerinnen, die normalerweise im Mountainbike-Weltcup mitmischen. Sowohl Jolanda Neff als Fünfte, Alessandra Keller auf Platz 14, Steffi Häberlin als 18. und Sina Frei auf Rang 22 fühlen sich auf dem Mountainbike am wohlsten. Dass sie aber auch auf dem Rennvelo gut mit den Spezialistinnen mithalten konnten, zeigten sie an der spannenden Tour de Suisse der Frauen eindrücklich.

ÜBERTRAGUNG AUF ÜBER 130 TV-STATIONEN

Sowohl für die Stadt Chur als auch für die Roland Biathlon Arena Lantsch/Lenz war die Wertschöpfung, welche durch den Anlass generiert wurde, äusserst wertvoll. Das Radrennen und somit die Region wurde auf über 130 TV-Stationen übertragen und in entsprechend vielen Ländern auf der ganzen Welt gezeigt. Diese grosse mediale Präsenz bringt die Kantonshauptstadt ihrem Ziel näher, weitere grosse Sportanlässe nach Chur zu bringen.

Stadt Chur — Sport Stadt Chur

TOP-EVENTS

SO ERFOLGREICH WIE NOCH NIE – NUR DIE KRÖNUNG FEHLT

Céline Naef und Kilian Feldbausch gewinnen im Einzel und im Doppel eine Medaille.

Ganz zum Schluss erklang der Schweizer Psalm doch noch in der Arena Klosters. Dies zu Ehren des Schweizer Teams, welches an den U18-Europameisterschaften die erfolgreichste Nation unter den 38 Teilnehmerländern gestellt hatte. Karolina Kozakova, Céline Naef, Mika Brunold und Trainer Kai Stentenbach waren am vierten Juli-Sonntag bei dieser Ehrung noch zugegen. «Ich bin stolz auf unser Team, es war eine fantastische Woche», bilanzierte Kai Stentenbach.

Tatsächlich spielte die Schweiz so erfolgreich wie nie an Europameisterschaften im Prättigau. Vier Medaillen (dreimal Silber, einmal Bronze) sind eine Premiere. Es fehlte nur die Krönung in Form einer Goldmedaille. Am nächsten kam dem Titel das Duo Karolina Kozakova/Céline Naef, das sich im Final gegen die Slowakinnen zurückkämpfte und das Champions-Tiebreak erzwang.

Dort schien das Momentum auf der Seite der beiden Schweizer Freundinnen, die oft erfolgreich zusammenspielen, doch nach der 2:0-Führung riss der Faden. Die Osteuropäerinnen gewannen acht Punkte in Serie und legten so die Grundlage zum Sieg.

SCHWERE AUFGABE IM EINZEL

Im Einzel hatte Céline Naef eine ganz schwierige Aufgabe gehabt. Nach dem deutlichen Halbfinalsieg gegen die Deutsche Joelle Steur traf sie im Showdown auf Victoria Jimenez Kasintseva, die topgesetzte Spielerin aus Andorra. Die Linkshänderin, welche im WTA-Ranking bereits Platz 154 belegte, hatte in den beiden Runden zuvor zwar Dreisätzer bestreiten müssen – unter anderem im hochklassigen Halbfinal gegen die als Wunderkind gehandelte Tschechin Brenda Fruhvirtova. Dennoch hatte sie mehr Kraftreserven als Céline Naef, weil sie nicht auch noch im Doppel engagiert war.

Céline Naef wehrte sich nach Kräften, Jimenez Kasintseva konnte aber die Pace hoch halten und den Sieg holen. «Ich freue mich sehr, dass ich für mein Land gewinnen konnte», so die Siegerin, der es im Prättigau sehr gut gefiel. «Es ist wunderschön hier und die Schweiz erinnert mich an Andorra. Auch bei uns hat es viele Berge.» Bisher sind andorranische Erfolge im Tennis rarer als Schneefall auf Mauritius, das könnte sich aber in Bälde ändern. «Vicky», wie sie genannt wird, wird von den Experten sehr grosses Potenzial attestiert, und es würde sehr überraschen, wenn man nicht auch von ihr in Zukunft bei den Erwachsenen viel hören würde.

Das Schweizer Team ist die erfolgreichste Nation unter den 38 Teilnehmerländern.

Starkes Tennis zeigte auch Gilles Bailly. Der Belgier hatte sich im Turnierverlauf als Schweizer Schreck entpuppt, im Achtelfinal Dylan Dietrich und im Halbfinal Kilian Feldbausch ausgeschaltet. Im Final gegen Dino Prizmic aus Kroatien blieb er dann ungefährdet und wie im gesamten Turnierverlauf ohne Satzverlust. Er konnte damit seine starke Form, die ihn in Roland Garros bis in den Final geführt hatte, konservieren. «Es läuft mir wirklich hervorragend», freute sich der 16-Jährige.

Freuen durfte sich auch Kilian Feldbausch, der Klosters wie Céline Naef mit zwei Medaillen verliess. Der erst 16-Jährige deutete sein grosses Potenzial erneut mehrfach an, im Einzel und im Doppel, wo er mit Mika Brunold erst im Endspiel an den topgesetzten Tschechen scheiterte.

Kai Stentenbach, welcher das Schweizer Team zusammen mit dem ehemaligen Tennisprofi Michael Lammer betreute, wand dem Oktett, welchem auch noch Chelsea Fontenel, die 18-jährige Aroserin Paula Cembranos und Patrick Schön angehörten, ein Kränzchen: «Wir hatten einen sehr guten Teamgeist. Alle unterstützten sich gegenseitig.» Der Ausbildner, der auch schon Hoffnungen wie die Churerin Simona Waltert und die Ostschweizerin Alina Granwehr betreut hatte, hatte in vielen Bereichen Grund zur Freude: «Wir sahen tolle Matches und starke Fights. Es macht grossen Spass, die Europameisterschaften hier zu spielen, und ich hoffe, dass sie noch viele Jahre in Klosters ausgetragen werden.»

Mit erst 15 Jahren feiert Brenda Fruhvirtova bereits den dritten Sieg auf der ITF-Tour.

JAKUB PAUL SORGT FÜR HEIMSIEG

Das frühe Aus im Einzel, der Triumph im Doppel – Jakub Paul erlebte beim Heimevent in Klosters die ganze Bandbreite der Gefühle. Nachdem der Churer beim Turnier der International Tennis Federation in Klosters im Einzel bereits in der zweiten Runde gescheitert war, gewann er am letzten Juni-Samstag zusammen mit seinem Partner Remy Bertola die Doppelkonkurrenz. Die beiden Schweizer setzten sich im Final gegen das österreichisch-italienische Duo Lukas Neumayer/Alexander Weis durch. Wie schon in den Runden zuvor mussten sie dabei keinen Satz abgeben (6:4, 7:5).

Für Jakub Paul war der Erfolg in Klosters bereits der 13. Turniersieg im Doppel seiner Karriere. Allein in der vorangegangenen Saison hatte der 23-Jährige fünf Turniere gewonnen. Remy Bertola erlebte eine fast perfekte Woche. Im Einzel scheiterte der Tessiner erst im Halbfinal an Lukas Neumayer. Der Österreicher verpasste den Sieg auch im Einzel. Im Final unterlag er dem als Nummer 2 gesetzten Italiener Mattias Bellucci.

Jakub Paul (hinten) triumphiert mit Remy Bertola im Doppel.

Eine besondere Geschichte schrieb Brenda Fruhvirtova im Einzel der Frauen. Mit bloss 15 Jahren feierte die Tschechin bereits ihren dritten Sieg auf der ITF-Tour. Im rein tschechischen Final bezwang sie Landsfrau Michaela Bayerlova mit 7:5 7:5. Im Februar hatte Brenda Fruhvirtova bereits zwei ITF-Turniere gewonnen – und wurde damit zur jüngsten Turniersiegerin seit sechs Jahren.

BEIM DEBÜT ZWAR KEIN EXPLOIT, ABER EINE FINALQUALIFIKATION

Beim Trampolin-Weltcup vom ersten Juli-Samstag in Arosa blieb ein Schweizer Exploit zwar aus. Mit Lucie Moret und Lavinia Bitterli schaffte es ein Springerinnen-Duo aber in den Final der besten Acht. Dabei vermochten sich die beiden Weltcup-Debütantinnen im Vergleich zur Qualifikation um zwei Ränge zu steigern und erreichten mit 43.270 Punkten den fünften Platz. Der Sieg beim 51. Nissen Cup, welcher zum sechsten Mal in Arosa ausgetragen wurde, ging an das Duo Nicole Ahsinger/Cheyenne Webster aus den USA.

Im Einzelwettkampf, welchen die amtierende Europa- und Weltmeisterin Bryony Page aus Grossbritannien für sich entschied, klassierten sich Lucie Moret und Lavinia Bitterli an 33. respektive 39. Stelle. Die Waadtländerin Lucie Moret sprang zehn Doppelsalti, womit sie ihren persönlichen Schwierigkeitsrekord brach. Die 49,620 Punkte reichten aber nicht für die Halbfinal-Qualifikation.

Bei den Männern vertrat im Einzelwettkampf einzig Simon Progin die Schweizer Farben; mit 53,340 Zählern klassierte er sich an 33. Stelle. Für den Einzug in den Halbfinal wären 57,840 Punkte nötig gewesen. Zuoberst auf dem Treppchen stand der Däne Benjamin Kjaer.

Die Veranstalter Arosa Tourismus und der Schweizer Turnverband zeigten sich mit dem Aufeinandertreffen der weltbesten Trampolinspringerinnen und -springer – unter ihnen befanden sich mehrere Olympia- sowie WM-Medaillengewinnerinnen und -gewinner – sehr zufrieden. Ohne grössere Zwischenfälle und mit einer guten Infrastruktur war der Anlass ein voller Erfolg.

Lucie Moret (links) und Lavinia Bitterli springen bei ihrem Einstand auf der Weltcup-Bühne in den Final.

HOCHSPANNUNG, ZWEI DOPPELSIEGE UND BESTE UNTERHALTUNG

Nach 103 Wochen Rennpause liefen am ersten Oktober-Sonntag 2021 die schnellen Pferde auf dem Maienfelder Rossriet wieder um die Wette. Der Rennverein Maienfeld/Bad Ragaz schaffte es allen Widerwärtigkeiten zum Trotz, die Internationalen Pferderennen zu organisieren.

Rund 5500 Zuschauer liessen sich das Spektakel nicht entgehen und sorgten für einen Wettumsatz von 71 223 Franken – Höchstwert im Jahr 2021 auf Deutschschweizer Rennbahnen. Dabei wäre diese Marke noch wesentlich höher gewesen, wenn nicht nach Stürzen ein Flachrennen abgebrochen worden wäre. Ein zweites wurde aus Sicherheitsgründen gar nicht erst gestartet. Bereits getätigte Wetten für die beiden Rennen mussten an die Wetter zurückbezahlt werden, über 16 000 Franken.

Die Rennen auf dem Rossriet begeistern das Publikum.

250. TRIUMPH FÜR STALL ALLEGRA

Im Hauptereignis, dem mit 5400 Meter längsten und schwierigsten Pferderennen der Schweiz, kämpften sieben Paare im mit 34 Hindernissen verschiedenster Art gespickten Cross-Country um Preisgelder in der Höhe von insgesamt 25 000 Franken. In der Endphase wogte der Kampf hin und her. Galant du Chenet hatte vor der letzten Diagonale die Spitze übernommen, doch der Favorit Baraka de Thaix konterte und kam knapp vor seinem Widersacher über den letzten Sprung. In der Folge war der von Chantal Zollet für das Thurgauer Ehepaar Saskia und Michael Schmid trainierte Zehnjährige nicht mehr zu schlagen. Etoile des Vernes schnappte sich eineinhalb Längen hinter dem Schimmel den zweiten Platz.

Einen grandiosen Tag erlebten die zahlreichen Mitglieder von Stall Allegra, dem Besitzerklub mit Maienfelder Wurzeln. Zunächst lieferten sich ihre beiden Traber Jack Scott und Cheval U.N.G. weit vor dem Rest einen Kampf um den Sieg – welchen der aus der Nähe von München angereiste Jack Scott mit seinem Trainer Rudi Haller beim Grasdébüt für sich beanspruchte. Und im Jagdrennen sorgte der beeindruckende Candalex mit seinem Trainer Jürg Langmeier souverän für den 250. Sieg in der Geschichte von Stall Allegra.

SPANNENDER ENDKAMPF

Hochspannung, beste Unterhaltung und grossartigen Sport bekamen die 6000 Zuschauerinnen und Zuschauer auch eine Woche später geboten. Der Wettumsatz betrug knapp 98 000 Franken, rund 17 000 Franken mehr als vor Wochenfrist. Eine deutliche Bestmarke aller Pferderennplätze in der Deutschschweiz.

Im Hauptereignis, dem über 4800 Meter führenden und mit 20 000 Franken dotierten Grossen Preis des Cross-Club Maienfeld, galt Beaumar nach seinem Sieg am Vorsonntag als Favorit. Es entwickelte sich ein ungemein packender Endkampf, in welchem die ersten vier Pferde letztlich nur um 26 Hundertstelsekunden getrennt ins Ziel preschten. Beaumar kämpfte erbittert gegen Gordon Pym und rettete schliesslich einen Kopf-Vorsprung (zwei Hundertstel) ins Ziel, während der tschechische Gast Alva den Lokalmatadoren Contre Tous (Stall Rossriet) knapp auf den vierten Platz verwies.

Beaumar war nicht der einzige Maienfelder Doppelsieger. Auch Candalex, der beeindruckende Siebenjährige im Besitz des Stalls Allegra Racing Club, gewann innerhalb einer Woche zum zweiten Mal. Mit seinem Trainer Jürg Langmeier liess der 1.80:1-Favorit seinen Gegnern in der Endphase nicht den Hauch einer Chance.

Schon im ersten Rennen des Tages gab es einen Bündner Erfolg. Vallee des Fleurs aus dem Jeninser Stall Rossriet spazierte mit Clément Lheureux zum überlegenen Fünf-Längen-Sieg vor Fleur d'Ipanema im Besitz des Engadiner Stalles ForzAgricula. Die beiden Stuten werden von Josef Stadelmann in Dielsdorf trainiert.

DAS ERSTE AUFEINANDERTREFFEN DER FAVORITEN SEIT FÜNF JAHREN

Im Anschwingen des Bündner-Glarner Kantonalfestes vom zweiten Juni-Sonntag in Untervaz standen sich Armon Orlik und Samuel Giger zum ersten Mal seit fünf Jahren wieder an einem Kranzfest gegenüber. In einer animierten Paarung trennten sich die beiden meistgenannten Favoriten auf den Tagessieg ohne Resultat. Da bis zur Mittagspause einige Schwinger aus dem erweiterten Favoritenkreis eher überraschende Niederlagen hinnehmen mussten, blieb die Spitze eng beisammen. Keiner der acht angetretenen Eidgenossen wies zu jenem Zeitpunkt eine reine Weste auf.

Die einzigen drei Athleten mit drei Siegen zum Start wurden nach dem Mittag von Armon und Curdin Orlik sowie Samuel Giger zurückgebunden, sodass nach vier Gängen Samuel Giger das Klassement einen Viertelpunkt vor einem punktgleichen Quartett anführte, zu dem auch die Orlik-Brüder zählten. Samuel Giger sicherte sich danach vor 3500 Zuschauerinnen und Zuschauern die Schlussgangqualifikation mit einem Erfolg gegen Curdin Orlik, Armon Orlik legte mit einem Sieg gegen den Toggenburger Marcel Räbsamen nach.

Im Schlussgang kamen sowohl Samuel Giger als auch Armon Orlik zu Chancen, ehe der Thurgauer nach sieben Minuten seinen Kontrahenten aus Maienfeld ins Sägemehl beförderte. Für Samuel Giger war es bereits der 25. Kranzfestsieg bei total 50 Kranzgewinnen – eine beeindruckende Bilanz mit erst 24 Jahren. Armon Orlik fiel durch die Niederlage auf den vierten Schlussrang zurück.

Mit Christian Biäsch, Roman Hochholdinger und Marc Jörger reihten sich jene Bündner unter die weiteren Kranzgewinner ein, von denen dies am ehesten erwartet werden durfte. Mit vier Siegen und nur einer Niederlage überzeugte der Davoser Christian Biäsch; für ihn resultierte der zehnte Kranzgewinn der Karriere. Punktgleich sicherte sich der Emser Marc Jörger sein zweites Eichenlaub der Saison. Der 40-jährige Felsberger Roman Hochholdinger gewann derweil auf dem letzten Kranzrang den bereits 13. «Bündner»-Kranz in seiner Laufbahn. Ebenfalls kranzgeschmückt trat nach dem «Kantonalen» Curdin Orlik die Heimreise ins Berner Oberland an.

Samuel Giger feiert den 25. Kranzfestsieg bei total 50 Kranzgewinnen.

ZWEI ÜBERLEGENE SIEGER BEI DER EMOTIONALEN DERNIÈRE

Gigathlon

An den Begriff Gigathlon sind Bilder und Emotionen gekoppelt. Bilder begeisterter Ausdauersportlerinnen und -sportler sowie Action in traumhaften, immer wieder neuen Landschaften und Naturschönheiten. Und dieser Tradition gerecht wurde am ersten Juli-Wochenende auch die 19. und letzte Austragung auf der umgekehrten Strecke der Gigathlon-Premiere 1998.

Die Abenteuerreise begann vor grandioser Kulisse im Strandbad Mythenquai in Zürich. Die Glarner Musikerin Betty Legler sang bei Sonnenaufgang über dem Zürichberg auf einem Steg ihren Gigathlon-Initialsong mit dem Namen «If you can dream it, you can do it». Nach dem letzten Ton nahmen die Einzelathletinnen und -athleten sowie die Couples die Herausforderung in Angriff – viele mit einem Freudenschrei und beklatscht von Mitstreitern und zahlreichem Publikum.

«ES GING TOLL AUF»

Gut zwölf Stunden später und nach 244 bewältigten Kilometern mit 5600 Höhenmetern in den Disziplinen Schwimmen, Laufen, Rennrad, Bike und Trailrun kam in Vicosoprano Stimmung auf. Der erste Zieleinlauf des schnellsten «Team of five men» stand kurz bevor. Und nochmals 75 Minuten später kam es zum Zieleinlauf des Single-Siegers, dem eigentlichen Höhepunkt des Gigathlons.

Dieser hiess Benjamin Ueltschi. Der 32-jährige Zürcher sagte nach kurzem In-sich-Gehen: «Es ging toll auf.» Nach «lockerem» Schwimmen hatte er in seiner Paradedisziplin Laufen das Kommando übernommen und «das Knallharte der 33 Kilometer nach Wollerau genossen». Er habe seinen detaillierten Plan bereits sehr früh umsetzen und die Widersacher unter Druck setzen können. «Jede Disziplin und jede Strecke enthielt Elemente, die auf mich zugeschnitten waren», sagte er. So verstand es der ehemalige Velokurier und Ironman, den Vorsprung auszubauen. «Alles lief von A bis Z sensationell», bilanzierte er. Niemand vermochte ihm gefährlich zu werden.

«ICH BIN ÜBERWÄLTIGT»

Während beim Zieleinlauf Benjamin Ueltschis die Mondsichel noch über dem Horizont schwebte und sich die Dämmerung breitmachte, war es bei der Zielankunft der überragenden Single-Frau bereits dunkle Nacht. Das Strahlen von Rahel Beer war aber dennoch gut zu erkennen. Von Beginn weg hatte die 34-Jährige aus Rapperswil-Jona das Rennen von der Spitze aus geprägt. «Ich finde kaum Worte», sagte sie. «Ich bin überwältigt.» In der Kategorie Couple hatte für die Architektin jede Gigathlon-Veranstaltung seit 2005 «ein Highlight» gebildet. Nun verstand sie es, «die letzte Gelegenheit für den prestigeträchtigsten Single-Sieg wahrzunehmen.»

Der Gigathlon verlangt von den Teilnehmenden alles ab.

Benjamin Ueltschi ist der schnellste Single.

TOP-EVENTS

RUND 2000 TEILNEHMENDE AUF 13 ANLAGEN UND IN 22 HALLEN

Der Schweizerische Schulsporttag ist die grösste Schulsportveranstaltung der Schweiz. Mehr als 2000 Oberstufenschülerinnen und -schüler, betreut von 300 Lehrpersonen, beteiligten sich am dritten Mai-Freitag an dessen 51. Austragung in Chur. Für den Grossanlass hatten sie sich in kantonalen Ausscheidungen in den Sportarten Badminton, Basketball, Beachvolleyball, Geräteturnen, Handball, Leichtathletik, Polysportive Stafette, Schwimmen, Team-Orientierungslauf, Tischtennis, Unihockey und Volleyball qualifiziert.

Der Höhepunkt des Schulsport-Jahres in der Kantonshauptstadt und in den Agglomerationsgemeinden Domat/Ems und Trimmis wurde organisiert durch das kantonale Amt für Volksschule und Sport sowie die Stadt Chur in Zusammenarbeit mit den Bündner Sportvereinen und -verbänden. Rund 100 Volunteers und 200 Helfende aus den Bereichen Zivilschutz, Polizei, Sanität und Schule unterstützten den bei perfekten Wetterbedingungen durchgeführten Anlass tatkräftig. Für die Durchführung wurden 13 Sportanlagen und 22 Sporthallen genutzt.

VIER BÜNDNER PODESTPLÄTZE

Am Team-Orientierungslauf im Fürstenwald und in der Churer Altstadt nahmen 38 Mädchen-, 30 Knaben- und 31 Mixed-Teams teil. Die Mädchen der «Kanti Chur 1» belegten den zweiten Rang. Bei den Knaben verpasste das «Kanti Chur Team 1» das Podest als Vierte nur knapp. In der Kantonsstaffel sicherte sich Graubünden die Silbermedaille. Von total 16 Mädchen- und 18 Knaben-Equipen im Unihockeyturnier erspielten sich die Mädchen vom Schulhaus Quader die silberne Auszeichnung; die Knaben aus der gleichen Schule wurden Achte. An der Polysportiven Stafette mit den Disziplinen Schwimmen, Laufen, Inlineskating, Biathlon und Mountainbike beteiligten sich 13 Mädchen- und 12 Knaben-Teams. Die Knaben aus Ilanz erreichten knapp hinter den Equipen aus den Kantonen St. Gallen und Baselland den vierten Platz.

Je 20 Mädchen- und Knaben-Teams nahmen am Volleyballturnier teil. Die Mädchen vom Schulhaus Giacometti verfehlten das Podest als Vierte nur knapp. Die Knaben aus Thusis belegten den achten Rang. Unter den 12 Mädchen- und 18 Knaben-Equipen im Unihockeyturnier klassierten sich das «Giacometti Team» der Knaben an zweiter und das Mädchen-Team der gleichen Schule an fünfter Stelle. Im Leichtathletik-Wettkampf beteiligten sich je 17 Mixed-, Mädchen- und Knaben-Equipen. In der Mixed-Kategorie erreichte Landquart den zwölften Rang. Die Mädchen aus Schiers wurden Achte. Im Beachvolleyball-Turnier musste sich das Team der Schule Giacometti mit dem 14. Rang von 16 klassierten Equipen begnügen. Auf dem achten Platz landete im Geräteturnen das Mixed-Team der Oberstufe Schiers.

Start zum Team-Orientierungslauf in der Churer Altstadt.

TOP-EVENTS

Impressionen von Indoor- und Outdoor-Sportarten am Höhepunkt des Schulsport-Jahres.

TOP-EVENTS

NEUE SPORTARTEN KENNENLERNEN UND AUSPROBIEREN

Der Tag des Bündner Sports stösst auf grosses Interesse.

Im Rahmen des 50-Jahr-Jubiläums von Jugend+Sport präsentierten am dritten September-Samstag über hundert Sportvereine an sieben Standorten in Graubünden ein vielfältiges Sportangebot. Die Bevölkerung nutzte die Chance, Sportarten kennenzulernen und auszuprobieren.

Der Tag des Bündner Sports ist eine Öffentlichkeitskampagne und eine Sport- und Bewegungsinitiative zugleich. In über zwei Millionen Stunden Freiwilligenarbeit sorgen die Bündner Sportvereine für den sozialen Zusammenhalt in den Gemeinden und erfüllen wichtige Integrations- und Gemeinwohlaufgaben. Übers Programm «Jugend+Sport», kurz J+S, ermöglichen die Sportvereine zudem rund 25 000 Bündner Kindern und Jugendlichen eine gesunde Entwicklung und eine sinnvolle Freizeitbeschäftigung. Mit einer gemeinsamen Jubiläums-Choreografie wurde an den verschiedenen Austragungsorten das 50-jährige Bestehen des Bundesprogramms J+S gefeiert.

Die rund 4000 Besucherinnen und Besucher aus allen Altersgruppen liessen sich von der Freude fürs Sporttreiben anstecken und zeigten sich sehr interessiert am vielfältigen Angebot der Sportvereine. So konnte von Lacrosse über Biathlon, Schwingen und Golf bis Capoeira vieles ausprobiert und für das eigene Sporttreiben entdeckt werden.

Der Tag des Bündner Sports wurde vom Bündner Verband für Sport in Zusammenarbeit mit graubündenSport initiiert und koordiniert sowie von lokalen Organisationskomitees in Chur, Davos, Ilanz, Landquart, Samedan, Scuol und Thusis durchgeführt.

Die Kinder nutzen die Chance, Sportarten kennenzulernen und auszuprobieren.

TOP-EVENTS

Mehr als hundert Sportvereine präsentieren an sieben Standorten in Graubünden ein vielfältiges Sportangebot.

Tag des Bündner Sports

112	BÜNDNER VERBAND FÜR SPORT
114	AMERICAN FOOTBALL
116	BASKETBALL
118	BATTASENDAS
122	CURLING
124	EISHOCKEY
127	EISLAUFEN
129	EISSTOCKSCHIESSEN
131	FIRMEN- UND FREIZEITSPORT
132	FUSSBALL
136	GOLF
138	LEICHTATHLETIK
142	MOTORFLIEGEN
143	NATURFREUNDE SCHWEIZ
144	ORIENTIERUNGSLAUF
146	RETTUNGSSCHWIMMEN
148	SCHWIMMEN
152	SCHWINGEN
159	SEGELN UND SURFEN
160	SEGELFLIEGEN
162	SKI ALPIN, LANGLAUF, BIATHLON, SNOWBOARD UND FREESKI
170	SPORTKEGELN
172	SPORTRODELN
174	SPORTSCHIESSEN
178	TANZEN
179	TENNIS
180	TISCHTENNIS
182	TRIATHLON
184	TURNEN
190	UNIHOCKEY
192	VOLLEYBALL

SPORTVERBÄNDE UND -VEREINE

VERBÄNDE

RÜCKKEHR DER NORMALITÄT UND EIN WECHSEL IM VORSTAND

Endlich findet wieder ein wenig Normalität im Sport statt. Die grossen Herausforderungen der vergangenen zwei Jahre liegen hinter uns, und die Mitgliederorganisationen des Bündner Verbands für Sport praktizierten hervorragendes Krisenmanagement.

Der Vorstand der Dachorganisation der Sportverbände Graubündens konnte sich wieder den alltäglichen Geschäften widmen und vorwärtsschauen. Dank der optimalen Zusammenarbeit mit graubündenSport und der Politik standen wieder Themen wie das Bündner Sportparlament, die Bündner Sportnacht, der Tag des Bündner Sports und die Update Weiterbildungsmodule im Zentrum der Arbeiten.

VORTRAG EINES REGIERUNGSRATS

Nachdem das Bündner Sportparlament in den beiden Vorjahren nur digital durchgeführt werden konnte, stand heuer wieder eine echte Delegiertenversammlung in der Aula der Gewerblichen Berufsschule auf dem Programm. Nach der Begrüssung durch Präsident Thomas Gilardi hielt Regierungsrat Jon Domenic Parolini einen interessanten Vortrag zur Situation des Sports in Graubünden. Unter anderem wurde aufgezeigt, wie sich der Bündner Sport in den vergangenen drei Jahrzehnten veränderte und welche Herausforderungen er heute zu meistern hat. Die Vielfalt der Sportarten, die räumliche Nutzung, die Ausführungszeiten und die Motivationsgründe sind breit gefächert. Gleichzeitig muss das Zusammenarbeiten von privat-rechtlichen und öffentlich-rechtlichen Organisationen diskutiert, koordiniert und gemeistert werden. Das Sportförderungskonzept, welches die Regierung mit dem Bündner Verband für Sport, den Sportorganisationen und den Gemeinden in Graubünden entwickelte, hält die Anforderungen und Ziele der Sportzukunft im Kanton fest.

SCHÜTZIN ERSETZT UNIHOCKEYANER

Im Weiteren wurden anlässlich der Delegiertenversammlung die statutarischen Geschäfte des Bündner Verbands für Sport an- und personelle Anpassungen im Vorstand vorgenommen. Stefan Caprez schied aufgrund der statutarischen Amtszeitbeschränkung nach zwölf Jahren aus. Als langjähriger Weggefährte verabschiedete Ralph Böhm seinen Kollegen mit einer Laudatio. Stefan Caprez vertrat den Bündner Unihockeyverband und immer mit umsichtigem Blick sowie grossem Engagement die Hallensportarten. Als Urgestein im Vorstand war er auch Mitbegründer der Bündner Sportnacht nach heutigem Format, gleichzeitig präsidierte er seit vielen Jahren die Sportförderungskommission. Stefan Caprez wurde mit zwei symbolischen Geschenken und einem herzlichen Applaus verabschiedet.

Privat-rechtliche und öffentlich-rechtlichen Organisationen gehen gemeinsame Wege.

Stefan Caprez erhält zum Abschied zwei symbolische Geschenke.

Esther Hug ergänzt den Vorstand des Bündner Verbands für Sport.

Den sechsköpfigen Vorstand des Bündner Verbands für Sport ergänzt Esther Hug vom Bündner Schiesssportverband. Sie wird sich im Bereich Events, insbesondere der Bündner Sportnacht und dem Bündner Sportparlament, im Vorstand einbringen, wo sie ihre Erfahrung als Organisatorin unter Beweis stellen kann. Esther Hug wurde seitens des Sportparlamentes herzlich empfangen und mit Applaus ins verantwortungsvolle Amt gewählt. Die Zusammensetzung des Vorstandes ist damit zukunftsgerichtet und entspricht der Forderung von Sport-Bundesrätin Viola Amherd, dass mehr Frauen in der Spitze der Sportverbände Einsitz haben sollen.

ATTRAKTIVE KOOPERATION

Seit drei Jahren organisiert der Bündner Verband für Sport in Kooperation mit graubündenSport und der Fachhochschule Graubünden attraktive Aus- und Weiterbildungsmodule. Die Angebote werden für Funktionäre, Trainer, J+S-Leitende und J+S-Coaches angeboten und bieten für die Teilnehmenden Fachwissen, guten Netzwerkaustausch und individuelle Lösungsansätze für aktuelle Probleme in der Vereins- und Verbandsführung. Kompetente Referenten bringen praxisnahe Beispiele, geben praxisorientierte Tipps und erarbeiten Lösungsansätze mit den Teilnehmenden für Herausforderungen in der Vereins- und Verbandsführung.

Die interkantonale Zusammenarbeit und die Stärkung der Interessenvertretung der kantonalen Sportverbände waren Ziele der Gründung von IG Sport Schweiz. Inzwischen wurde die Aufnahme als Partnerorganisation von Swiss Olympic erreicht, und zahlreiche Dachverbände aus der Schweiz wurden in der Interessengemeinschaft aufgenommen. Als Meilensteine gelten auch die Aufnahme des ersten Westschweizer Verbands in der Organisation und die Tatsache, dass bereits einige Stellungnahmen der IG Sport Schweiz bei Swiss Olympic positiv aufgenommen und wichtige Teile daraus umgesetzt wurden. Die Stellungnahme zum neuen Sportförderungsgesetz swiss sports integrity wurde ebenfalls eingereicht und hilft mit, auch dem Breiten-, Jugend- und Amateursport in der Schweiz eine starke Stimme zu geben. Der Bündner Verband für Sport ist verlässlicher Partner und freut sich auf die weiteren Herausforderungen im Sinne der Schweizer Sportentwicklung.

DER VORSTAND

Thomas Gilardi
Präsident, Vertreter von Graubünden Tennis (seit 2019)

Jean-Pierre Thomas
Vizepräsident u. Finanzen, Vertreter Bündner Turnverband (seit 2019)

Monica Günthard
Sportnacht, Vertreter Bündner Curlingverband (seit 2014)

Ralph Böhm
Schulen, Vertreter Bündner Skiverband (seit 2017)

Severin Geisseler
Kommunikation, Vertreter Bündner Fussballverband (seit 2019)

Esther Hug
Events, Bündner Schiesssportverband (seit 2022)

ENDE DER MEISTERSERIE UND EIN UMSTRITTENER REFEREE-ENTSCHEID

Quarterback Chase Andries (Nummer 2) wird bei einem Laufversuch getackelt.

Die Bern Grizzlies stoppen die Calanda Broncos (im Bild Fadri Padrun).

Und vorbei war er, der grosse Traum vom fünften Schweizer-Meister-Titel in Serie für die Calanda Broncos. Quarterback Chase Andries hatte soeben ein letztes Mal versucht, einen tiefen Ball in die gegnerische Endzone zu werfen, um die drohende Niederlage im Swiss Bowl in Grenchen doch noch abzuwenden – dank der Interception der Berner Defensive war das Spiel nach diesem Spielzug aber zu Ende – Broncos 22, Grizzlies 26.

So blieb dem Bündner Rekordmeister am dritten Juli-Samstag letztlich nur die Zuschauerrolle bei der Vergabe des Pokals für den Schweizer American-Football-Meister. Für einmal waren es nicht die Churer, welche die Trophäe in die Höhe stemmen durften, sondern der Erzrivale aus Bern. Die Enttäuschung war den Broncos deutlich anzumerken. Bei manch einem Spieler kullerten Tränen, es brauchte Umarmungen oder tröstende Worte, um die Akteure wieder aufzurichten.

Die Niederlage, welche die Broncos in den vorangegangenen vier Vierteln eingefangen hatten, war eine

Vereinsname:	AFC Calanda Broncos
Präsident:	Christoph Suenderhauf
Gründung:	1991
Teams:	U13 Flag, U16 Tackle, U19 Tackle, Herren Tackle
Vereinsmitglieder:	circa 160
Anschrift:	AFC Calanda Broncos, Postfach 594, 7001 Chur
E-Mail:	info@calandabroncos.ch
Webseite:	www.calandabroncos.ch

HALBFINAL-OUT IM EUROPACUP

Im diesjährigen Europacup bedeutete für die Calanda Broncos der Halbfinal Endstation. Am ersten Juni-Samstag unterlagen die Bündner den Parma Panthers und somit dem italienischen Meister vor dem Heimpublikum mit 9:21 (3:7, 6:0, 0:7, 0:07). Wie schon beim letzten grossen Europacup-Spiel vor der Corona-Krise, dem Endspiel 2019 gegen die Swarco Raiders aus dem Tirol, hatte ein umstrittener Schiedsrichter-Entscheid zu Ungunsten der Bündner massgeblichen Einfluss auf den Ausgang des Spiels. Und wie drei Jahre zuvor zeigten die Video-Bilder, dass die Refs beim fraglichen Entscheid tatsächlich falsch lagen – diesmal noch offensichtlicher als vor drei Jahren.

äusserst bittere. Die Churer lagen nur einmal während der ganzen Partie im Rückstand – und zwar ganz zum Schluss. Zuvor schienen sie vor allem in der ersten Halbzeit das Spiel stark im Griff zu haben. Mit einem offensiven und einem defensiven – nach einem geblockten Fieldgoal – Touchdown erarbeiteten sich die Bündner eine 15:0-Führung.

Vor und nach der Pause konnten die Hauptstädter zwar wieder rankommen – mit einem sehenswerten, von Phillip Holm Boye gefangenen Pass von Chase Andries, lenkten die Churer die Partie aber wieder in die gewünschte Richtung. Doch in der Schlussphase präsentierten sich die in dieser Spielzeit noch ungeschlagenen Berner unwiderstehlich – und drehten die Partie noch zu ihren Gunsten, womit sie erstmals seit 2016 wieder den Titel holten.

Broncos-Headcoach Geoff Buffum haderte vor allem mit verpassten Offensivchancen in der zweiten Halbzeit. «In solchen Spielen kann es den Unterschied machen, wenn du diese nicht nutzen kannst. So war es heute.» Dennoch zog er ein positives Fazit: «Die Spieler zeigten eine gute Leistung – auch wenn am Schluss ein paar Punkte zum Sieg fehlten.»

DREI MEISTERTITEL

Aufgrund des verspäteten Saisonstarts wegen der Coronapandemie wurden die Schweizer Meisterschaften 2021 erst nach Redaktionsschluss des «Bündner Sport Jahrbuch 2020/21» entschieden. Dabei schrieben die Bündner Schweizer Sportgeschichte: Sie gewannen alle nationalen Titel im Vollkontakt-Football – was hierzulande in der 35-jährigen Geschichte dieser Sportart keinem anderen Verein gelungen war.

Das Nationalliga-A-Team gewann den Schweizer-Meister-Titel zum vierten Mal in Serie und zum zehnten Mal seit 2009. In einem hochstehenden Spiel zwangen die Bündner die Bern Grizzlies, die ihnen die einzige Saison-Niederlage zugefügt hatten, nach hartem Kampf in die Knie. Die Broncos zeigten besonders in der Verteidigung eine überragende Leistung, indem sie die potente Berner Offensive das ganze Spiel über weitgehend neutralisierten. Der Bündner Lauf-Angriff kam gegen die starken Berner zwar nicht wie gewohnt ins Rollen, cleveres Playcalling und ein fehlerfreier Auftritt von Broncos-Quarterback Conner Manning, der später zum Most Valuable Player ausgezeichnet wurde, sorgten letztlich aber für den Unterschied.

ERFOLGREICHE TITELVERTEIDIGUNG

Auch im U19-Endspiel schwangen die Bündner obenaus: In einer ebenfalls spannenden Partie siegten die jungen Nachwuchs-Broncos gegen die Alterskollegen der Basel Gladiators mit 21:6 und holten mit einer makellosen 10-0-Saisonbilanz den Schweizer-Nachwuchs-Meister-Titel.

Immer, wenn man denkt, es geht nicht weiter, setzen die Calanda Broncos noch einen drauf: Nach den Titelgewinnen der Herren und der U19-Junioren gewann das U16-Team (12:8 gegen die Zürich Renegades) den dritten Schweizer-Meister-Titel des Jahres und verteidigte den Titel somit erfolgreich.

Ein erfolgreiches Jahr konnte auch die U13-Flag-Mannschaft verbuchen. Die jüngsten Broncos erreichten nach der vorangegangenen Aufbausaison den Final gegen Zürich und wurden Vize-Schweizer-Meister.

Mit dem Gewinn von drei Schweizer-Meister-Titeln schreiben die Calanda Broncos Sportgeschichte.

VERBÄNDE

EXTERNES TRAINER-DUO UND SCHWIERIGE AUSSICHTEN

Basketball in Chur und Umgebung boomt unverändert weiter. Wie der grosse Ansturm in Zukunft bewältigt werden kann, definierten und entschieden die Zuständigen bei Graubünden Basketball in diversen Sitzungen frühzeitig. Um die Belastung in den eigenen Reihen in Grenzen zu halten, entschlossen sie sich zusammen mit ihren heimischen Trainern, ein externes, spanisches Trainer-Duo zu engagieren. Raúl Francisco Garcia Moreno und Marc Illescas Corbi sollen helfen, das grosse Trainingsangebot abzudecken und einen weiteren Schritt in eine nachhaltige Zukunft (Strategie, Ausbildung, Qualität) zu ebnen.

Erfreulicherweise konnte kurzfristig mit zwei Aussenstandorten (Domat-Ems und Bad Ragaz) ein Trainingsbetrieb mit Mixed-Teams U12 in Angriff genommen werden. Dank dem grossen Einsatz der Trainer gelang es innert Kürze, dass in beiden Trainingsgruppen zehn und mehr Basketball-Begeisterte diesen interessanten Sport ausüben konnten.

Ein normaler Saisonstart, mit vielen Teams und Trainern, wie an der Mitgliederversammlung präsentiert, schien endlich wieder einmal zu gelingen. Doch auch dieses Mal kam ein böses Erwachen schon im Sommer. Obwohl Marc Illescas Corbi die Zusage für eine weitere Saison gegeben hatte, entschied er sich kurzfristig für eine Absage. Dies hatte einige Unruhe zur Folge. Die Konsequenz war eine suboptimale Umsetzung der gewünschten Strategie. Im Herbst kehrte Marc Illescas Corbi zurück und konnte einige Lücken im Trainingsbetrieb schliessen. Der Funken für eine optimale Zusammenarbeit indes sprang nicht.

Der Trainings- und Spielbetrieb startete normal – bis wieder diverse Einschränkungen wegen der Pandemie den gewünschten Rhythmus störten. Die Verantwortlichen bei Graubünden Basketball versuchten so lange wie möglich, alles aufrechtzuerhalten. Im Nachhinein gelang dies sehr gut. Die vielen Spielverschiebungen und die Verlängerung der Meisterschaft stellten sie

Das U12-Mixedteam ist mit Freude bei der Sache.

Die Spielerinnen und Spieler der Saison 2021/22 posieren für ein gemeinsames Gruppenfoto.

Vereinsname:	Graubünden Basketball
Präsident:	Reto Friberg
Gründung:	1985
Mitglieder:	ca. 180 Aktive
Anschrift:	Neubruchstrasse 26, 7000 Chur
Homepage:	www.grbb.ch
E-Mail:	leitung@grbb.ch

aber vor einige schwierige Situationen. Trotzdem erzielten einige Teams sowie Spielerinnen und Spieler grosse Fortschritte.

SPÜRBARE ABNÜTZUNGSERSCHEINUNGEN

Durch die wiederum pandemiebedingten Unruhen spürten die Zuständigen bei Trainern, Mitgliedern, Helferinnen und Helfern sowie im Vorstand zunehmend etliche Abnützungserscheinungen. Die ständig ändernden Situationen im privaten, geschäftlichen und im Vereinsumfeld bewegten sieben Trainer zur Niederlegung ihres Amtes per Ende Saison. Auch im Vorstand und im Helferbereich wanderten einige Personen ab. Basketball in Graubünden ist in einer Randregion angesiedelt, wo der Verein auf eigene ehemalige Spielerinnen und Spieler angewiesen ist, die ein Traineramt übernehmen. Sonst ist diese Sportart in Chur und Umgebung zum Scheitern verurteilt.

ENTSCHEIDENDES JAHR

In einer emotionalen Mitgliederversammlung wurde nun einem sportlichen Konzept zugestimmt, wonach Graubünden Basketball nochmals auf externe Hilfe von Trainern angewiesen ist. Eine wesentliche Veränderung in der Strategie wird sein, die bestehenden eigenen

Die U16-Mannschaft präsentiert sich gut gelaunt.

Trainer halten zu können sowie neue, eigene Assistenten und Trainer auszubilden. Ziel ist es, den Verein nach weiteren drei Saisons eigenständig und ohne externe Hilfe weiterführen zu können. Wie und ob dies gelingen wird, wird sich anhand der definierten Meilensteine zeigen. Werden diese nicht erreicht, muss sich Graubünden Basketball – damit auch künftig ein umsetzbares Angebot bestehen bleibt – auf einen kleineren Verein redimensionieren.

«MOVA» – BEWEGEN, ENTDECKEN, ÜBERWINDEN UND VIELE ABENTEUER

30 000 Pfadis aus der ganzen Schweiz sowie internationale Gäste verwandeln das Goms in eine riesige Zeltstadt.

Ein Pfadibundeslager, kurz BuLa, ist ein spezieller und seltener Anlass. Nur alle 14 Jahre findet das gemeinsame Lager der Pfadibewegung Schweiz statt. In einem BuLa dabei zu sein, ist deshalb ein einmaliger Höhepunkt in jeder Pfadi-Karriere. Im Sommer war es endlich wieder so weit: 30 000 Pfadis aus der ganzen Schweiz sowie internationale Gäste reisten ins Wallis. Sie verwandelten das Goms in eine riesige Zeltstadt voller Abenteuer und tauchten in die einmalige BuLa-Welt ein. «mova» war Name, Motto und Programm

des BuLa. Während zwei Wochen wurde gemeinsam Grosses bewegt. Die Kinder und Jugendlichen konnten die Vielfalt der Schweiz entdecken, bei Abenteuern ihre Grenzen überwinden, sich bei Spiel und Sport in der Natur bewegen und Freundschaften fürs Leben schliessen.

Auch über 200 Pfadis aus Graubünden waren im BuLa dabei. Dies als Teilnehmende, Leitende, Helfende (zum Beispiel in der Notfallpraxis, bei der Lebensmittelausgabe, als Moderator) oder als Teil der Organisationscrew

Die Pfadis aus Graubünden tauchen in die einmalige BuLa-Welt ein und erleben viele Abenteuer.

(beispielsweise Theatercrew, Bereichsleiterin Walk-in-Aktivitäten). Unter ihnen befanden sich 13 Angehörige der Pfadi Rhätikon Schiers. Sie durften unter anderem mit professionellen Sprayern ein Graffiti gestalten, auf dem Geschinensee mit Piraten ein Floss bauen und dieses sogleich bei einer Schatzsuche testen. Beim Bulavard, wo es viele lässige Walk-in-Aktivitäten gab, traf die Prättigauer Delegation sogar das Maskottchen Onesta und Flötä, eine ehemalige Abteilungsleiterin der Pfadi Rhätikon Schiers.

Wetten: Das BuLa weckte bei den Pfadis aus Graubünden wie auch bei allen anderen noch mehr die Freude an der Pfadi!

Name:	Battasendas Grischun
Kantonsleitung:	Meret Wälchli v/o Koala, Tobias Boner v/o Cielo
Präsidium:	Martina Auer v/o Pumuckel, Christophe Trüb v/o Sugo
Gründung:	1918
Mitglieder:	732
Abteilungen im Kanton:	10
E-Mail:	info@battasendas.ch
Webseite:	www.battasendas.ch

Die Kinder und Jugendlichen überwinden ihre Grenzen und bewegen sich bei Spiel und Sport in der Natur.

GEMEINDE FLIMS

«SEHR VIELSEITIGE AUFGABEN»

Die ehemalige Kantonsleiterin der Pfadi Graubünden, Mirjam Müller v/o Farfallina aus Fanas, organisierte als eine von 600 Freiwilligen das BuLa mit.

Farfallina, warum engagiertest du dich fürs BuLa?
Für mich war klar, dass ich bei diesem Grossanlass mitwirken und mitorganisieren möchte. 2008 war ich noch Teilnehmerin und 1994 als Kleinkind mehrere Tage im Lager, da mein Vater im Organisationskomitee war. Somit war für mich klar, dass ich bei diesem BuLa von Beginn weg mitwirken wollte. Nach einem gemeinsamen Pfadikurs im Jahr 2018 konnte ich eine Pfadikollegin dafür begeistern, mit mir ein Jöbchen zu übernehmen. Sie war sofort dabei, und wir bewarben uns im Ressort Programm.

Welche Aufgaben hattest du in der Vorbereitungsphase?
Ich war Bereichsleiterin im Ressort Programm. Genau gesagt war ich für sämtliche Walk-in-Aktivitäten zuständig. Dies waren Angebote, die alle Pfadis spontan besuchen konnten. Der Lagerplatz war in sieben Kontinente und 20 Quartiere aufgeteilt. Zu unserem Aufgabenbereich gehörten auch die 20 Quartiersplätze, die als Begegnungs- und Spielorte aufgebaut und betrieben wurden. Wir durften im Bereich Walk-in sehr viel selber mitgestalten und dann entscheiden, was auch sehr viele Absprachen mit anderen Bereichen und Ressorts erforderte – von logistischen Gedanken, Budget überarbeiten, Materialbestellungen zusammenstellen bis hin zu kreativen Spielideen ausdenken. Unsere Aufgaben waren sehr vielseitig.

Welche Aufgaben übtest du während des BuLa aus?
Wir schauten, dass die Quartiersplätze von den Quartiersleitenden gut betreut wurden. Einerseits waren sie die Ansprechpersonen für die Pfadigruppen, anderseits gab es dort ebenfalls Aktivitäten und Spiele. Natürlich fanden auch tägliche Sitzungen statt, damit Herausforderungen und Gelungenes besprochen werden konnten. Die An- und Abreisetage inklusive Auf- und Abbau waren sehr intensiv, da wir die Leitenden gut betreuen wollten.

Konntest du das BuLa mit so viel Verantwortung geniessen?
Klar! Geniessen konnte ich beispielsweise auch die Sitzungen. Wenn alle mitdenken und mithelfen, trägt dies zu einer guten Atmosphäre bei. Allgemein gab es sehr viele kleine Momente zum Geniessen und Staunen. Beeindruckend waren die Zeremonien: 30 000 Pfadis, die gemeinsam den Bula-Song singen – und ich mittendrin. Auch die täglich fröhliche Stimmung, wenn ich durchs Lagergelände lief, zeigte mir, wie einfach ein friedliches Zusammenleben sein kann.

Mirjam Müller v/o Farfallina engagiert sich stark für die Pfadi.

Welches waren deine drei Highlights?
Die Besichtigung des Migrova-Store. Das war der Einkaufsladen für die Pfadigruppen, ein riesiges Zelt inklusive, Kühlhalle, organisiertes Verpacken der Lebensmittel für alle Pfadigruppen, Migrova-Laden für spontane Einkäufe.
Staunende Wölflis, die bei Regen ihre Abschlussfeier genossen und den mova-Tanz mit ihren Leitpersonen tanzten.
Sommerabende in einer lässigen mova-Beiz mit spannenden Diskussionen mit guten und neuen Pfadifreunden.

Beschreibe das BuLa bitte in drei Worten.
Unvergesslich, engagiert und gross.

In den zwei Lagerwochen halfst du auch beim zweiwöchigen Auf- und einwöchigen Abbau. Was bleibt zurück?
Ich war insgesamt viereinhalb Wochen im Goms. Für mich war klar, dass ich vom Anfang bis zum Ende dabei sein wollte. Der Aufbau der Lagerstadt und der sehr schnelle Abbau klappten dank vielen Helfenden hervorragend. Es bleibt eine sehr saubere und trockene Wiese zurück, mit vielen Abdrücken der Zelte. Und daneben viele neue Pfadifreunde, unvergessliche Erinnerungen und eine Pfadimotivation für weitere Projekte. Wie es so schön heisst: Mova – on y va, weiter gehts.

VERBÄNDE

ZWEI MEISTERSCHAFTSMEDAILLEN UND ZWEI JUBILÄUMSAUSTRAGUNGEN

Das Team St. Moritz gewinnt Schweizer Meisterschaftssilber.

Die Equipe Thurgau 3 ergattert die Trophäe des Jackson Cups.

Der Jackson Cup und die Bündner Meisterschaften, die beide in St. Moritz ausgetragen wurden, sowie die Open Air Curling Schweizer Meisterschaften in Celerina und der Arosa Sunna Cup bildeten die Höhepunkte der Bündner Curlerinnen und Curler im Winter 2021/22. Fürs sportlich wertvollste Resultat sorgte das Team St. Moritz (Skip Raphaela Keiser), welches an der Schweizer Elite-Meisterschaft von Ende Februar die Silbermedaille gewann. Im dritten und entscheidenden Finalspiel unterlag es Titelverteidiger Aarau (Skip Silvana Tirinzoni) mit 4:8. In der Weltrangliste zum Ende der Saison positionierte sich die Engadiner Equipe als zweitbestes Schweizer Team auf dem 24. Rang von 371 Klassierten.

TSCHAPPINA AUF DEM PODEST

Nun zum Geschehen in der Region. 24 Mannschaften trafen sich am dritten Januar-Wochenende in St. Moritz, um den Sieger des 124. Jackson Cups zu ermitteln. Nach der zweiten Runde lagen sechs Teams (Center St. Gallen, Kloten Dorf, Thurgau 3, Dübendorf, Tschappina und St. Moritz Junioren) punktgleich an der Spitze. Am Ende gewann Thurgau 3 (Martin Dihrik) vor Tschappina (Martin Jäger, Peter Brandt, Regula Bärlocher und Myrta Bugini). Zweitbestes Bündner Team war Sils (Peter Schneider, Andrea Hartmann, Urs Lehmann, Edith Crucitti Tonoli), welches den vierten Platz erreichte.

Die weiteren Bündner Equipen nahmen folgende Positionen ein: 5. Samedan (Heinrich Ryffel), 9. St. Moritz (Raphaela Keiser), 11. Samedan (Peter Ulrich), 13. St. Moritz (Peter Arnet), 15. St. Moritz (Peter Pedrun), 16. St. Moritz Junioren (Sandro Sala Veni), 17. Celerina Saluver (Robin Miozzari), 18. Celerina Saluver (Arthur Rüdisühli).

SCUOLER TEAMS AUF PLÄTZEN 1 UND 2

Am vierten Januar-Wochenende dominierten die Teams aus Scuol die 47. Bündner Meisterschaften in St. Moritz. Der Gewinner wurde in der letzten Runde gekürt. Bei ausgezeichneten Verhältnissen spielten dabei Scuol 2 (Markus Solinger) – die Equipe führte die Zwischenrangliste ohne Verlustpunkte an – und Scuol 1 (Jon Carl Rizzi) gegeneinander. Die Partie gewann Scuol 1, womit Jon Carl Rizzi, Duri Valentin, Ueli Krebs und Christian Florin die Goldmedaille in Empfang nehmen durften. Silber ergatterten Markus Solinger, Fritz Angerer, Jon Andri Taisch und Peter Andri Janett, die bronzene Auszeichnung ging an Celerina Saluver mit

Name:	Kantonal Bündner Curling Verband
Präsident:	Andrea Brenn
Gründung:	1985
Mitglieder:	21 Clubs 1029 Mitglieder, wovon 226 Lizenzierte
E-Mail:	andrea.brenn@bluewin.ch
Webseite:	www.curling-gr.ch

Die drei besten Teams der Bündner Meisterschaften...

...und der nationalen Open-Air-Titelkämpfe.

Denis Miozzari, Robin Miozzari, Sandro Künzler und Ladina Rominger.

SILS-MARIA BEZWINGT SAMEDAN

Ein voller Erfolg war die 50. Ausgabe der Open Air Curling Schweizer Meisterschaften vom letzten Januar-Wochenende in Celerina. Insgesamt beteiligten sich bei perfekten Wetterbedingungen 36 Teams an der Jubiläumsdurchführung. An den ersten zwei Tagen standen vier Runden auf dem Programm, ehe die vier Halbfinalisten feststanden. Mit Samedan 1 (Daniel Garraux) und Sils-Maria 1 (Filip Niggli) befanden sich darunter auch zwei Bündner Teams. Sie spielten gegen Burgdorf (Kevin Spychiger) und Dübendorf 2 (Werner Attinger) um den Finaleinzug, verpassten diesen aber. Den Sieg holte Dübendorf 2, im Spiel um Bronze setzte sich Sils-Maria 1 nach Zusatzend durch.

Bei der 30. Austragung des Arosa Sunna Cups, welchen das Team aus Ronco sopra Ascona (Daniel Streiff, Jörg Hösli, Daniel Steiger und Franz Ulrich) am dritten März-Wochenende gewann, erreichte Arosa 2 (Roberto Citrini, Mario Citrini, Andrea Citrini und Vanessa Citrini) am dritten März-Wochenende den sechsten Platz. Im B-Cup triumphierte zum Ende der Saison Arosa-Bern-Zürich (Peter Berset). Die anderen Bündner Teams erreichten auf einem der schönsten Eisfelder mit atemberaubendem Ausblick auf die Bergkulisse folgende Klassierungen: 5. Cavadürli (Hanspeter Weller), 7. Arosa-Inter 2 (Heinz Schweizer), 10. Arosa-Kloten (Bruno Früh), 11. Lenzerheide-Valbella (Hans Müller). Im C-Cup erreichte Arosa-Inter 1 (Amanda Hasler) den fünften und Arosa 1 (Beat Mörgeli) den zehnten Platz. An der Jubiläumsdurchführung des Arosa Sunna Cups beteiligten sich 36 Teams aus der ganzen Schweiz.

Eindrücklicher Blick auf die Bergkulisse am Arosa Sunna Cup.

VERBÄNDE

EIN ATTRAKTIVES ANGEBOT UND MEHRERE ERFOLGE

Die GKB HOCKEYSCHULE begeistert den Nachwuchs in nahezu 20 Orten.

Mit der Verpflichtung von Reto (links) und Jan von Arx (rechts) gelingt dem EHC Chur ein beachtlicher Coup.

Auch in der Saison 2021/22 sorgte das Coronavirus dafür, dass im Nachwuchsbereich des Bündner Eishockeyverbandes GR Hockey – insbesondere in den Hauptkategorien U13 und U14 – nicht alles wie geplant durchgeführt werden konnte. Bei der U13 wurden alle Turniere abgesagt, bei der U14 die internationalen. Beide Alterskategorien konnten drei gemeinsame Stützpunkttrainings absolvieren, und die U14 nahm an vier Austragungen des Bibi-Torriani-Cups teil. Das diesjährige Sommercamp fand in Davos statt.

MEHRERE NEUERUNGEN
Seit September 2021 hat die GKB HOCKEYSCHULE einen neuen Auftritt im Internet. Die Informationen zu den inzwischen 18 Standorten sind übersichtlicher und schneller zu finden. Ausserdem erfolgt die Anmeldung neu zentral über ein Online-Formular. Jedes Kind, das sich fürs Training anmeldet, darf eine Autogrammkarte eines bekannten Bündner Eishockeyspielers auswählen. Zum ersten Mal wurden in der Saison 2021/22 die beiden Aktionen «HCD Spieler goes GKB-Hockeyschule» und «GKB-Hockeyschule goes HCD-Spiel» angeboten. Beim ersten Projekt besuchten Spieler des HC Davos die Trainings der GKB HOCKEYSCHULE und gaben wertvolle Tipps. Beim zweiten Projekt durften die Spielerinnen und Spieler der Hockeyschule gratis ein Spiel des HC Davos besuchen. Beide Projekte stiessen auf grosses Interesse und sollen in der kommenden Saison wiederholt werden. Traditionsgemäss besuchte auch der Samichlaus die Trainings der GKB HOCKEYSCHULE. Das beliebte Abschlussturnier Ende Februar musste erneut coronabedingt abgesagt werden. Total besuchten in der Saison 2021/22 388 Kinder die GKB HOCKEYSCHULE – 107 davon waren Mädchen.

PODCASTS UND VIDEO
Um auf das tolle Angebot der GKB HOCKEYSCHULE aufmerksam zu machen, wurden 20 Podcasts produziert, welche die Vielfalt des Eishockeys in Graubünden thematisieren. Gäste waren Sandra Schmid (Projektleiterin GR Hockey), Stephan Weber (HC Prättigau-Herrschaft), Michael Cavegn (Vater eines Hockeyschülers), Alessandro Minnella (EHC Arosa), Andrea Parpan (Projektleiterin GKB), Chris Egli (HC Davos), Luca Compagnoni (HC Poschiavo), Nino Niederreiter (NHL-Profi), Nico Spescha (Teilnehmer GKB HOCKEYSCHULE) und Georg Depeder (HC Davos). Um den Eltern zu zeigen, worauf sie beim Kauf einer Ausrüstung achten sollten, wurde zudem in Zusammenarbeit mit Ochsner Sport in Chur ein Video gedreht, in dem HCD-Profi Enzo Corvi entsprechende Tipps und Tricks verrät.

Name:	GR Hockey
Gründung:	1944
Mitglieder:	21 Vereine mit über 100 Mannschaften, wovon rund 80 Nachwuchsteams
Präsident:	Marco Ritzmann
E-Mail:	info@grhockey.ch
Webseite:	www.grhockey.ch

Der HC Davos beendete die Regular Season in der National League auf dem fünften Platz und verpasste somit knapp die Play-offs. Mathias Bromé durfte sich mit 14 Toren und 35 Assists als siebtbester Topscorer der Liga feiern lassen. Mit je vier Toren und Assists erreichte Andres Ambühl den vierten Platz in dieser Wertung.

Dem EHC Chur lief es sportlich gesehen nicht wie geplant. Nach der Regular Season belegte er in der dritthöchsten Liga, der MySports League, lediglich den zehnten Rang (von zwölf Clubs). Statt in den Play-offs um den Aufstieg in die Swiss League zu spielen, musste die Mannschaft die Abstiegsrunde bestreiten. Der Abstieg war zwar nie ein Thema, trotzdem konnten die gesteckten Ziele nicht erreicht werden. Mit der Verpflichtung des Trainerduos Reto und Jan von Arx, bekannt als ehemalige Spieler des HC Davos, gelang dem Churer Stadtclub abseits des Eises aber ein Coup, der national für Beachtung sorgte. Der EHC Arosa beendete die Meisterschaft in der MySports League auf dem siebten Rang. Die beiden Bündner Clubs spielten insgesamt vier Mal gegeneinander und gewannen je zwei Partien.

AROSA GEWINNT NATIONAL CUP

Dank einer Aufholjagd in der packenden Schlussphase des Finals sicherte sich der EHC Arosa Anfang Februar den ersten Titel des National Cups. Die Bündner schlugen den EHC Dübendorf auswärts mit 3:2. Der Final in der mit 1067 Zuschauern gefüllten Kunsteisbahn «Im Chreis» schien knapp fünf Minuten vor Spielende beinahe entschieden. Der Heimclub führte mit 2:1, und der EHC Arosa hatte gerade eine Strafe kassiert. Was danach passierte, war Cup-Magie pur. Zuerst liess der Ausgleich zum 2:2 in Unterzahl durch Alain Bahar in der 58. Minute den Aroser Fanblock explodieren. Doch damit nicht genug. Die Bündner drehten das Spiel komplett um. Andrea Brazzola schoss sieben Sekunden vor Schluss den Game-Winner zum 3:2 und sein Team damit zum Titel. Der EHC Arosa war somit der erste Club, welcher den neu gestalteten Pokal des National Cups in die Höhe stemmen durfte. Dies sehr zur Freude der zahlreich angereisten Fans.

BRONZE FÜR U20 ELIT DES HC DAVOS

Bei der höchsten Juniorenstufe, der U20 Elit, holte der HC Davos die Bronzemedaille. Die Bündner schlugen im Spiel um Platz 3 den EHC Biel-Bienne Spirit mit 2:0.

Die U20 Elit des HC Davos holt die Bronzemedaille.

FÜR DIE ZUKUNFT GERÜSTET

Der Bündner Eishockeyverband GR Hockey ist für die Zukunft gerüstet. Die Statuten wurden grundlegend überarbeitet und der Verband gab sich ein neues Leitbild. Beides verabschiedeten die Mitglieder an der diesjährigen Delegiertenversammlung. Ziel der neuen Ausrichtung sind die Förderung des eigenen Nachwuchses und eine Club-übergreifende Zusammenarbeit.

Als erster Club gewinnt der EHC Arosa den Pokal des National Cups.

BÜCHER AUS DEM SOMEDIA BUCHVERLAG

184 Seiten, Broschur
ISBN: 978-3-907095-32-4
CHF 25.–

HOLGER FINZE-MICHAELSEN

DIE TOCHTER DES WASENMEISTERS
GESCHICHTE EINER HINRICHTUNG IN GRAUBÜNDEN

April 1845, Serneus im hinteren Prättigau. Die Witwe Anna Maria Polt hat eines Nachts einen sonderbaren Traum: In einer Ecke ihres Kellers ist das Grab eines Kindes. Am darauffolgenden Tag gräbt sie an der besagten Stelle und stösst wirklich auf ein Skelett. Der Verdacht der Behörden fällt bald auf Katharina Reidt, die Tochter des Wasenmeisters im Nachbarhaus. Wie sich im Verlaufe der Ermittlungen herausstellt, ist aber weitaus mehr geschehen als ein Kindsmord. Einer der aufsehenerregendsten Fälle der Bündner Justiz im 19. Jahrhundert nimmt seinen Lauf.

Wer weiss, ob nicht die Stimme der Unglücklichen einst vor einem höhern Richter auch gegen uns, ihre Mitmenschen und Mitchristen, eine schwere Anklage erheben wird? Wer weiss, welchen Antheil namentlich mangelhafte Erziehung, die verachtete Stellung, welche eingewurzelte, lieblose Vorurtheile in manchen Gegenden unseres Landes dem von Reidt ausgeübten Berufe anweisen – wer weiss, welchen Antheil dieses Alles an dem verbrecherischen Lebenswandel desselben hat und wie viel es dazu beigetragen hat, sie in den tiefen Abgrund sittlicher Versunkenheit zu stürzen, in den uns die Untersuchungsakten einen so schaudererregenden Blick öffnen? (Aus der Eröffnungsansprache des Präsidenten des Kantonskriminalgerichts Graubünden bei der Urteilsverkündung gegen Johannes und Katharina Reidt im Februar 1846)

288 Seiten, Broschur
ISBN: 978-3-907095-53-9
CHF 29.–

HOLGER FINZE-MICHAELSEN

HEXENJAGD IM PRÄTTIGAU
ALS AN DER LANDQUART DIE SCHEITERHAUFEN BRANNTEN

Die Menschen sind erschöpft von den Nachwirkungen eines Krieges, Missernten, Hunger und der grassierenden Pest. Misstrauen und Verschwörungstheorien vergiften das Klima. Hexenpanik ergreift die Bevölkerung. Die Selbstzerfleischung eines Tals nimmt ihren Lauf. Im Sommer 1655 brennen im Prättigau überall die Scheiterhaufen.

«Wir können uns die harte, erbarmungslose, grausame und unerträgliche Prozedur letztlich kaum vorstellen, vor allem nicht das Ausmass der verursachten Schmerzen an Leib und Seele. Kaum sonst ein Mensch kann so abgrundtief einsam sein wie in einer Folterkammer. Brutalität und Gemeinheit treffen ihn mit einer Selbstverständlichkeit, der er völlig ausgeliefert ist. So funktionieren alle Folterkammern bis heute.»

184 Seiten, gebunden
ISBN: 978-3-907095-57-7
CHF 29.–

HOLGER FINZE-MICHAELSEN

IN DIESEM WILDEN TAL
GESCHICHTEN AUS DER GESCHICHTE VON ST. ANTÖNIEN

Es gäbe St. Antönien nicht, wäre da nicht im 4. Jahrhundert ein ägyptischer Mönch gewesen.
Eine Kirchenglocke wird entführt.
Torti Henni von Aschüel wird wegen Hexerei angeklagt.
Der «kurze Luzi» zerquetscht sich zwischen zwei Baumstämmen das Bein und reitet trotzdem noch heim.
Ein Graf aus der fernen Oberlausitz findet auch hier eine zahlreiche Anhängerschaft.
Ein Viehraub endet damit, dass sich ein Alpknecht zu Tode musiziert.
Vor hundert Jahren: Kinder erzählen von ihrem Alltag.
Das stattlichste Hotel am Platz, Ziel internationaler Gäste, wird ein Raub der Flammen.
Der Pfarrer ist prinzipiell gegen Motorwagen und Postautos. «Wer hierher kommen will, kommt auch ohne Auto!»

Somedia Buchverlag
ist jetzt auch auf
Facebook zu finden

Erhältlich in der Buchhandlung oder
bei Somedia Production AG
www.somedia-buchverlag.ch
Telefon 055 645 28 63

STARKE VERTRETUNG UND SCHWEIZWEIT BEDEUTENDE ROLLE

Obwohl die Wettkampfvorbereitungs-Phase teilweise unter Coronabedingungen stattfand, konnten die Bündner Eiskunstläuferinnen und Eiskunstläufer resultatmässig insbesondere nach dem Jahreswechsel aus dem Vollen schöpfen. Die wohl herausragendste Leistung aus Bündner Sicht war die Qualifikation von Céline Blarer (St. Moritz) für die Universiade 2022, die in Luzern hätte stattfinden sollen. Im Zusammenhang mit diesem Anlass schlug Corona noch einmal voll zu, sodass er knapp eineinhalb Wochen vor der Eröffnungsfeier abgesagt werden musste.

Aus Sicht des Bündner Eislaufverbandes darf festgestellt werden, dass Graubünden von insgesamt sechs Athletinnen in unterschiedlichen Kategorien in den entsprechenden Schweizer Meisterschaftskategorien vertreten war:
– Céline Blarer, St. Moritz, SM Elite
– Felicitas Fischer, St. Moritz, SM Nachwuchs
– Giulia Man, Davos, SM Nachwuchs
– Sanna Schmid, Dübendorfer Eislauf Club, SM Nachwuchs
– Ellen Fischer, ISC St. Moritz, SM Jugend

Dass Graubünden auch in Bezug auf den Breitensport schweizweit eine wichtige Rolle einnimmt, konnte anlässlich der Bündner Meisterschaften eindrücklich gezeigt werden. Athletinnen und Athleten aus dem In- und Ausland reisten auf die Lenzerheide und glänzten mit eindrücklichen Leistungen. Was in den meisten Sportarten normal ist, nämlich die eigene Sportart auch nach einer intensiven Wettkampfphase zu betreiben, muss im Eiskunstlaufsport erst neu entdeckt werden.

Nicht selten findet man heutzutage glücklicherweise Eiskunstläuferinnen und Eiskunstläufer, die mit 40 oder 50 Jahren erstmals auf den schmalen Kufen standen und heute an speziellen Erwachsenen-Wettkämpfen teilnehmen.

REGIERUNGSRAT AN ERÖFFNUNGSFEIER

Graubünden begeisterte die rund 150 Athletinnen und Athleten, die aus den Regionen Vorarlberg, Salzburg, Tirol, Südtirol, Trentino, Bayern, Tessin, St. Gallen und Graubünden an eine Veranstaltung der Arge Alp (Arbeitsgemeinschaft Alpenländer) in Chur reisten, mit grossartigen Wettkämpfen und einem spektakulären Rahmenprogramm. Die Kantonshauptstadt bot eine einzigartige Infrastruktur, und der Anlass bedeutete für viele Eiskunstläuferinnen und Eiskunstläufer der erste bedeutende internationale Wettkampf nach Corona. Die Eröffnungszeremonie begleitete Regierungsrat Jon Domenic Parolini.

Name:	Bündner Eislaufverband
Präsident:	Thomas Degen
Gründung:	1985
Mitgliedervereine:	6
Anschrift:	Im Zogg 12, 7304 Maienfeld
Telefon:	081 330 15 41
E-Mail:	degen_th@bluewin.ch
Website:	www.bev-gr.ch

Felicitas Fischer ist eine von sechs Bündnerinnen in den Schweizer Meisterschaftskategorien.

Die talentierten Angehörigen des Bündner Eislaufkaders.

VERBÄNDE

MEHRERE WM-MEDAILLEN UND PACKENDE KANTONALE TITELKÄMPFE

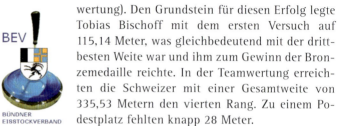

Anlässlich der Delegiertenversammlung im Herbst 2021 wurde der Eisstockclub Ambri-Piotta in den Bündner Eisstockverband aufgenommen und das bisherige Vorstandsmitglied Kurt Maurer (Brigels) zum Ehrenmitglied ernannt. Zudem demissionierte Jon Curdin Cantieni (Sur En) als Verbandspräsident. Zu seinem Nachfolger wählten die Anwesenden dessen Club-Kollegen Nicolo Bass. In dieser Funktion nimmt der Unterengadiner im Zentralvorstand des Schweizerischen Eisstockverbandes Einsitz. Der Vorstand des Bündner Eisstockverbandes setzt sich im Weiteren aus Andrea Melcher, Fritz Nyffenegger und Andreas Grass (all drei St. Moritz) sowie Fabian Spiess (Ambri-Piotta) zusammen.

NUR SIEGE IN DEN GRUPPENSPIELEN

Aus sportlicher Sicht begann das Jahr nicht wirklich gut. Die Schweizer Meisterschaften mussten wegen der Coronapandemie verschoben und später definitiv abgesagt werden. Dafür gab es an den Weltmeisterschaften vom Februar im italienischen Klobenstein/Ritten äusserst erfreuliche Resultate. Das Schweizer Nationalteam mit der Bündnerin Marta Bundi (Obersaxen) gewann alle Gruppenspiele und beendete die Vorrunde mit zehn Punkten und einer Stocknote von 6,048 auf dem ersten Rang. Die Rückrunde begann für die Schweizerinnen dann weniger gut. Nach den Niederlagen gegen Kanada und Finnland fingen sie sich aber wieder auf und besiegten Namibia, Frankreich und Belarus. Mit nur vier Verlustpunkten gewannen sie schliesslich die Goldmedaille in der Kategorie B.

Im Weitenwettbewerb der Kategorie B erreichte die Schweizer Mannschaft mit Fabian Spiess (Ambri-Piotta) mit einer Gesamtweite von über 320 Metern den hervorragenden zweiten Rang. Damit qualifizierten sich die Schweizer auch für den A-Wettbewerb (Teamwertung). Den Grundstein für diesen Erfolg legte Tobias Bischoff mit dem ersten Versuch auf 115,14 Meter, was gleichbedeutend mit der drittbesten Weite war und ihm zum Gewinn der Bronzemedaille reichte. In der Teamwertung erreichten die Schweizer mit einer Gesamtweite von 335,53 Metern den vierten Rang. Zu einem Podestplatz fehlten knapp 28 Meter.

Das Weitenteam der Schweizerinnen mit der aus dem Unterengadin stammenden Madlaina Caviezel und Andrea Spiess (Ambri-Piotta) hatte im Team- und im Einzelwettbewerb nichts zu melden. Im erstgenannten Wettkampf wurden sie mit einer Weite von 275 Metern Fünfte, wobei über 100 Meter zur Bronzemedaille fehlten. Beste Schweizerin mit einer Weite von 105,37 Metern und dem zwölften Rang war Andrea Spiess. Somit qualifizierte sie sich für den Final – in dem sie ebenfalls den zwölften Platz belegte.

Curdin Cantieni (links) ehrt das langjährige Vorstandsmitglied Kurt Maurer.

Name:	Bündner Eisstockverband
Präsident:	Nicolo Bass
Gründung:	1973
Aktive Mitglieder:	61 Spieler mit Lizenz des Schweizer Eisstockverbands (SESV)
Anschrift:	Chantröven 103, 7550 Scuol
Telefon:	079 631 91 65
E-Mail:	nicolo.bass@bluewin.ch
Webseite:	www.stocksport-gr.ch

Stolz zeigen Marta Bundi (hinten links) und ihre Nationalteam-Kolleginnen die WM-Goldmedaillen.

VERBÄNDE

Marta Bundi und Claudio Mathieu sind die Bündner Meister im Einzelwettbewerb.

Das Trio von Sur En gewinnt den Bündner-Meister-Titel im Mannschafts-Zielwettbewerb.

Das Quintett aus Davos wird Bündner Meister im Mannschaftsspiel.

Nach einem zweijährigen Unterbruch wegen der Coronapandemie konnten die Bündner Meisterschaften am zweiten März-Samstag wieder durchgeführt werden. Im Einzel-Zielwettbewerb in St. Moritz verteidigte Claudio Mathieu (Sur En) seinen Titel souverän. Er erreichte insgesamt 158 Punkte und wies somit einen Vorsprung von über 30 Zählern auf. Den zweiten Rang belegte Hannisepp Kalberer (St. Moritz), Dritter wurde Orlando Bass (Sur En). Dank den Resultaten von Claudio Mathieu und Orlando Bass sicherte sich das Team aus Sur En, welches Otto Davaz komplettierte, die Goldmedaille im Mannschafts-Zielwettbewerb. Die Ränge 2 und 3 holten Obersaxen und Davos.

Im Einzel-Zielwettbewerb der Damen erreichte Marta Bundi das Tagesbestresultat. Mit total 161 Punkten bestätigte sie zwei Wochen nach dem Gewinn von WM-Gold ihre gute Form. Die weiteren Podestplätze besetzten Erica Koch und Marina Davaz (beide Sur En).

STOCKNOTE ENTSCHEIDET

Das Mannschaftsspiel der Coppa Grischa lag in den vergangenen Jahren in der Hand von Sur En. Heuer konnte Sur En 1 aber nicht dominieren. Mit sieben Verlustpunkten erreichten die Unterengadiner dank besserer Stocknote den dritten Rang, an vierter Stelle klassierte sich Tarasp. Auch im Kampf um den Bündner-Meister-Titel entschied die Stocknote. Mit vier Verlustpunkten und einer Stocknote von 2,188 siegte Davos (Ueli Wälti, Battista Buemi, Sepp Ilmer, Simon Winistörfer und Christina Hänni) vor Obersaxen 2 (Gertrud Riedi, Giachen Riedi, Marta Bundi und Rico Bundi).

BÜCHER AUS DEM SOMEDIA BUCHVERLAG

PETER RÖTHLISBERGER (HRSG.)

GRAUBÜNDEN IN 100 GESCHICHTEN

65 Historikerinnen und Journalisten erklären und beschreiben Graubünden in 100 Geschichten. Auf Deutsch, Romanisch oder Italienisch. Die Autorinnen und Autoren teilen ihr Insiderwissen, ihre wissenschaftlichen Erkenntnisse und ihre Liebe zum Kanton. Sie schreiben über die Geschichte, den Tourismus, den Sport, die Natur, den Verkehr, die Bildung, die Kultur und den Lebensraum. Das Spektrum reicht von kleinen Anekdoten bis hin zu mehrseitigen Interviews und Artikeln mit grossartiger Bebilderung. Graubünden zeigt sich nicht nur als Ferienkanton, sondern auch als attraktives Zuhause und als Standort für die Wirtschaft und das Gewerbe. Das Buch unterhält intelligent mit 100 Geschichten, kommt aber auch seiner Chronistenpflicht nach mit einem Nachschlagewerk über die Historie des Kantons und einer umfassenden Bibliografie. Graubünden in 100 überraschenden Geschichten ist das neue Standardwerk über den grössten und vielfältigsten Kanton der Schweiz.

320 Seiten, gebunden
ISBN: 978-3-907095-30-0
CHF 45.–

CHARLY BIELER

CHUR

ZEITZEICHEN 1860 – 2022

Dieses Buch animiert zum Schauen, Diskutieren, zum Vergleichen – und zum Staunen! Anhand von historischen Fotografien, die bis ins Jahr 1860 zurückreichen, konzentriert Charly Bieler sein Augenmerk auf die baulichen und gesellschaftlichen Veränderungen in der ältesten Stadt der Schweiz.
«CHUR – Zeitzeichen 1860–2022» vergleicht aber nicht nur altes Schwarz-Weiss-Fotomaterial mit der heutigen Situation. Der Leser findet auch allerhand Anekdoten, und der Autor hat stets auch das Unerwartete, Unbekannte im Blick. Dieses Sachbuch mit historischem Fotomaterial ist ein eindrückliches Dokument über Chur im Wandel der Jahrzehnte und Jahrhunderte. Willkommen in Chur – in der Vergangenheit und in der Gegenwart.
Mit einem Vorwort von Bürgermeister Andreas Brunold und einem Beitrag zur weiteren Entwicklung der Stadt von Stadtpräsident Urs Marti.

264 Seiten, gebunden
ISBN: 978-3-907095-38-6
CHF 49.–

MONIKA FASNACHT

JASSKURS

KARTEN-GRUNDLAGEN UND SCHIEBER
MIT VIDEOS, ONLINE-ÜBUNGEN UND QUIZ

Monika Fasnacht gilt als «Jass-Königin» der Schweiz – während 20 Jahren moderierte sie die Jass-Sendungen beim Schweizer Fernsehen. Nun veröffentlicht sie mit «Jasskurs» erstmals ein Buch zum Thema, das von einem Online-Teil begleitet wird.
Der praxisbezogene Lehrgang basiert auf einem modernen Konzept aus mehreren Medien, die nahtlos ineinander übergreifen:
- Das Buch als Leitmedium enthält die wichtigsten Erklärungen.
- Passend zum besprochenen Thema gibt es Absprünge auf die Website jasskurs.ch, wo Übungen, Videos und Quiz bereitstehen.
- Übersichtsseiten zu Kartenhierarchie und Zählwerten dienen als «Spick» zum Nachschlagen.
- Ein Glossar mit den wichtigsten Begriffen rundet das Angebot ab.

112 Seiten, gebunden
ISBN: 978-3-907095-47-8
CHF 39.–

Somedia Buchverlag
ist jetzt auch auf
Facebook zu finden

Erhältlich in der Buchhandlung oder
bei Somedia Production AG
www.somedia-buchverlag.ch
Telefon 055 645 28 63

VERPASSTE TITELVERTEIDIGUNG, NEUER MEISTER MIT SOLIDER LEISTUNG

Die stolze Siegermannschaft des FC PDGR mit dem Meisterpokal.

Die Fussballsaison 2021/22 des Schweizerischen Firmen- und Freizeitsport Graubünden konnte wieder im gewohnten Rahmen und Spielmodus durchgeführt werden. Dabei standen sich zehn Mannschaften in Hin- und Rückspielen gegenüber. Alle waren gespannt, ob der FC Holzwerkstatt Schmid den im Jahr 2019 gewonnenen Meistertitel erfolgreich verteidigen kann. Denn prinzipiell sind Teams mit meist weit über 20 Spielern – und zu diesen zählt er nicht – gut aufgestellt.

Den Meisterpokal gewann letztlich der FC PDGR. Mit einer soliden Leistung konnte er die anderen Equipen knapp hinter sich lassen. Der FC Holzwerkstatt Schmid seinerseits konnte sich nochmals an der Schweizer Meisterschaft im luzernischen Horw beweisen. Den Fussballern aus dem Raum Chur gelang es jedoch nicht, sich gegen die stärker spielende Konkurrenz durchzusetzen, womit das Turnier für sie in der Vorrunde endete.

EINE ZUSÄTZLICHE MANNSCHAFT

Neben der Meisterschaft verzichteten die Vereine auf die Austragung eines Cups. Dies lag aber weniger am mangelnden Spielgeist als vielmehr an fehlenden Fussballplätzen. Da jene in Chur nicht zur Verfügung standen, mussten die Angehörigen des Schweizerischen Firmen- und Freizeitsports Graubünden auf Untervaz und Bonaduz ausweichen. Aus diesem Grunde konnten die jeweils auf den Abend angesetzten Spiele nicht wie gewohnt beginnen und mussten zwei Anspielzeiten festgelegt werden.

Im Hinblick auf die Saison 2022/23 bekam der Schweizerische Firmen- und Freizeitsport Graubünden Zuwachs: den FC ePowercon. Diese Mannschaft trainiert zwar schon lange zusammen, spielte bislang aber noch keine Meisterschaft.

Name:	SFFS Regionalverband Graubünden
Präsident:	Gubert Luck
Gründung:	1948
Mitglieder:	11
Anschrift:	Gässli 9, 7023 Haldenstein
Telefon:	079 826 89 85
E-Mail:	gubert.luck@bluewin.ch
Webseite:	www.sfsgr.ch

VERBÄNDE

VIEL PROMINENZ, EIN WECHSEL UND DAS ENDE AN DER RINGSTRASSE

Die aus ehemaligen Spielern des FC Chur zusammengesetzte Truppe.

Zusammen bringen sie es auf fast tausend Länderspiele, die Kicker, die am ersten Oktober-Samstag 2021 – und somit nach Redaktionsschluss des «Bündner Sport Jahrbuch 2020/21» – auf dem Rasen des Ringstrassen-Stadions den Ball laufen liessen. Zum 100-jährigen Jubiläum des Bündner Fussballverbands waren zahlreiche Schweizer Nationalspieler in die Bündner Hauptstadt gekommen – die sogenannten «Suisse Legends». Dies sind zwar keine aktuellen Fussballprofis, aber einige mit grossen Namen: etwa Marco Zwyssig, Georges Bregy und Marc Hottiger. Die beiden Letztgenannten nahmen für die Schweiz unter anderem an der Weltmeisterschaft 1994 teil. Auch von der jüngeren Generation, die vor wenigen Jahren noch Nationalspieler waren, standen Fussballer auf dem Churer Rasen: beispielsweise die langjährigen Bundesliga-Profis Diego Benaglio und Ludovic Magnin – auch sie spielten für die Schweiz an Weltmeisterschaften.

BÜNDNER FUSSBALLVERBAND
FEDERAZIONE CALCIO GRIGIONE
ASSOCIAZIUN BALLAPEI GRISCHUNA

Name:	Bündner Fussballverband
Präsident:	Claus Caluori
Gründung:	1921
Mitgliedervereine:	31 / Aktive: 1800 Junioren: 2800
Anschrift:	Bündner Fussballverband Postfach 87, 7001 Chur
Webseite:	www.bfv.ch

Schiedsrichter Patric Collet mit den beiden Captains Sigi Manetsch (links) und Marc Hottiger.

VERBÄNDE

Senad Lulic (links) – hier im Kampf gegen Milaim Rama – unterstützt die Bündner Mannschaft.

Ludovic Magnin (links) und Pascal Thüler zählen zu den «Suisse Legends».

Gegner dieser hochkarätig besetzten Truppe waren ehemalige Spieler des FC Chur. Einige von ihnen – unter anderem Edgar Camenisch, Lieni Frick und Sigi Manetsch – gehörten zu den Mannschaften, die von 1987 bis 1993 in der Nationalliga B spielten. Es war die Glanzzeit des Churer Fussballs. Seither spielte kein Team mehr aus Graubünden in der zweithöchsten Schweizer Liga. Beim Prominentenspiel zum 100-Jahr-Jubiläum wurden die Bündner Kicker unterstützt vom erfolgreichsten Fussballer, den Chur je hervorbrachte: Senad Lulic. Bei den Junioren spielte er im Nachfolgeverein des FC, bei Chur 97. Dort schaffte er auch den Sprung in die erste Mannschaft. Bald wurde er von höherklassigen Vereinen entdeckt, spielte bei Bellinzona, bei den Grasshoppers und den Berner Young Boys. Von dort wechselte er zu Lazio Rom, wo er zehn Jahre lang blieb. Für Bosnien-Herzegowina absolvierte Senad Lulic 57 Länderspiele und nahm an der Weltmeisterschaft 2014 teil. Inzwischen lebt er wieder in Chur. Trotz seiner Unterstützung verloren die Bündner das Spiel an der Ringstrasse gegen die «Suisse Legends» mit 2:6.

Georges Bregy (Nummer 6) und Marco Zwyssig (Nummer 4) lassen die Gegner nicht an den Ball.

Fussball

VERBÄNDE

Im GKB-Auditorium findet der offizielle Teil der 100-Jahr-Feier statt.

Jon Domenic Parolini (Zweiter von rechts) und Urs Marti (Dritter von rechts) zählen zu den Gästen.

Dominic Blanc beehrt die Jubiläumsfeier und posiert mit Stephan Häuselmann (links) und Claus Caluori.

Vor diesem Match fand im Churer GKB-Auditorium der offizielle Teil der 100-Jahr-Feier statt. Auch hier waren prominente Gäste anwesend, allen voran der Präsident des Schweizerischen Fussballverbands, Dominique Blanc. In seinem Vortrag lobte er unter anderem die «hervorragende Arbeit», die im Nachwuchs geleistet werde. Damit meinte er auch die Meisterschaft, die das U18-Team Südostschweiz wenige Monate zuvor geholt hatte. Denn völlig überraschend setzte sich diese vom Bündner Fussballverband betreute Mannschaft

Das Frauenteam von Thusis/Cazis schafft den Aufstieg in die 1. Liga.

Als Goalie des FC Zürich gewinnt Livia Peng sowohl den Schweizer Cup als auch die Schweizer Meisterschaft.

gegen die nationale Konkurrenz durch. Dies war auch deswegen erstaunlich, weil ein solches U18-Team Südostschweiz überhaupt erst zum zweiten Mal in der nationalen Meisterschaft mitspielte. Denn zuvor endete die Nachwuchsförderung des Bündner Fussballverbandes bei der U16. Eines der Ziele der U18: den Bündner Vereinen bestens ausgebildete Juniorenkicker für ihre Erwachsenenteams übergeben zu können. Schon jetzt profitiert nicht nur Chur 97 davon, dass einige der jungen Auswahl-Fussballer schweizweit gegen andere Toptalente spielen konnten. Mittelfristig ist es das Ziel, dass der Club aus der Bündner Hauptstadt wieder in der 1. Liga spielt – unterstützt von ehemaligen Kickern des Teams Südostschweiz.

GLEICH ZWEI TITELGEWINNE

Dominique Blanc freute sich auch darüber, dass in Graubünden der Frauenfussball gefördert werde. In verschiedenen Vereinen des Kantons spielen Mädchen in Juniorinnen-Meisterschaften. Bei den Fanionteams glänzte der FC Thusis/Cazis: Seine Frauen-Equipe stieg im Juni in die 1. Liga auf. Die erfolgreichste Fussballerin des Kantons war in der Saison 2021/22 die Emserin Livia Peng. Im Oktober 2021 war sie beim Jubiläum des Bündner Fussballverbandes zur Bündner Fussballerin des Jahres ausgezeichnet worden und bereits im Frühsommer für die Bündner Sportlerwahl nominiert. Und als wollte sie dem Verband beweisen, dass er die richtige Entscheidung getroffen hatte, holte sie danach zwei nationale Titel: Als Goalie des FC Zürich gewann sie im Frühjahr sowohl den Schweizer Cup als auch die Schweizer Meisterschaft. Im Hinblick auf die Saison 2022/23 wechselte die A-Nationalspielerin als Profi nach Göteborg, zum schwedischen Topclub BK Häcken FF. Davor nahm sie – wie auch die Engadinerin Seraina Friedli – mit der Schweiz an der Europameistermeisterschaft in England teil.

DAS STADION IST GESCHICHTE

Seine Karriere beendete ein langjähriger Weggefährte des Bündner Fussballs: das Stadion an der Ringstrasse in Chur. Nach vielen Jahrzehnten war dort – inmitten der angrenzenden Häuser – im November 2021 Schluss mit Vereinsfussball. Auf dem Areal entsteht ein grosses Schulzentrum mit verschiedenen Sportanlagen. Die Zukunft des Churer Fussballs liegt nun am Stadtrand, in der Oberen Au. Für die Vereine stehen mehrere Rasen- und Kunstrasenplätze zur Verfügung. Und 2025 wird auch das neue Stadion mit grosser Tribüne fertig sein. Die Infrastruktur ist somit vorhanden, um in Graubünden bald wieder höherklassigen Fussball erleben zu können.

VERBÄNDE

TRAUMHAFTE VERHÄLTNISSE UND VIELE ZUFRIEDENE TEILNEHMENDE

Stolz zeigen die Bündner Meister in den verschiedenen Kategorien ihre Auszeichnungen.

Auch dieses Jahr bildeten die Bündner Meisterschaften den sportlichen Höhepunkt der Golf-Saison. Ausgetragen wurden die kantonalen Titelkämpfe erstmals auf dem umgebauten und neugestalteten Golfplatz in Arosa. Die Löcher 10 bis 18 durften durch den bekannten Golfplatzarchitekten Peter Harradine eine Neugestaltung erfahren, und eine durchgängige Cart-Tauglichkeit konnte sichergestellt werden. Mit dem höchstgelegenen 18-Loch-Abschlag Europas auf über 1905 m.ü.M. (Loch 5) präsentierte sich Arosa an den Bündner Meisterschaften von seiner schönsten Seite.

Bündner Golfverband

Bei angenehmen Temperaturen und Sonnenschein, begleitet von einem kurzen Regenintermezzo und etwas Nebel – bei den Einheimischen liebevoll die Schanfigger-Häx genannt –, kämpften 108 Golferinnen und Golfer (Aktive/Junioren/Senioren/Team) im August um die Bündner Meistertitel. Der Platz präsentierte sich in hervorragendem Zustand, und es waren viele zufriedene Gesichter in der Aroser Bergwelt zu sehen.

So liessen sich auch dieses Jahr sehr gute Resultate erzielen und die einmalige Kulisse sowie das traumhafte Panorama auch den einen oder anderen nicht so erfolgreichen Schlag in Vergessenheit geraten.

Beim Nachwuchs triumphierten Laurina Baltisser (Arosa) und Marco Schaflechner (Alvaneu Bad), den Grison Cup entschieden Sara Fischer (Brigels) und Silvan Maissen (Sedrun) für sich, bei den Seniorinnen respektive Senioren waren Patricia Breede und Beat Zogg (beide Arosa) die Besten. Der Sieg in der Teamwertung ging an den Golfclub Lenzerheide mit dem Team Steinbock, vertreten durch Michele Vitali und Claudio Spescha, Nino Spiess und Arthur R. Reich sowie Nick Senn und Martin E. Kessler.

Name:	Bündner Golfverband
Präsident:	Pius A. Achermann
Gründung:	2016
Mitglieder:	11
Anschrift:	Postfach 95, 7050 Arosa
E-Mail:	info@buendner-golfverband.ch
Webseite:	www.buendner-golfverband.ch

GROSSES JUBILÄUMSTURNIER

Der Club und Platz Arosa blicken auf eine lange Historie zurück und fühlen sich seit der Gründung im Jahr 1943 sowohl der Tradition verbunden als auch der Zukunft verpflichtet. So konnte in Arosa im Juli dieses Jahres das 75+1-jährige Bestehen (coronabedingt – nicht wie geplant 2021) mit einem grossen Jubiläumsturnier gefeiert werden. Der 18-Loch-Golfplatz zählt zu den höchstgelegenen in Europa, befindet sich inmitten einmaliger Alpenflora und ist umgeben von einem einzigartigen Bergpanorama.

DIE CLUB- UND PLATZ-GESCHICHTE IM ZEITRAFFER

1929	ein Golfplatz wird in Aussicht gestellt
1942	Gründung des Golfclubs
1946	Eröffnung Golfplatz Arosa, 9-Loch
1959	1. Clubhaus wird eröffnet
1963	war der Presse zu entnehmen: «Der 18-Loch-Platz ist in Sicht»
1967	Bau der Drivingrange
2001	der 18-Loch-Platz wird eingeweiht
2007	Neubau & Erweiterung Drivingrange
2009	Neubau Clubhaus und Restaurant
2020	Umbau der zweiten neun Löcher
2021	75-Jahre Jubiläum Golf Arosa

Golf spielen in idyllischer Umgebung und mit einmaliger Kulisse.

VERBÄNDE

BÜNDNER FRAUEN-POWER AN DREI NACHWUCHS-GROSSANLÄSSEN

Nanda Frei zeigt an den U18-Weltmeisterschaften ein sehr gutes Rennen.

Jana Blumenthal läuft beim Saisonhöhepunkt persönliche Bestzeit.

Die Nachwuchsförderung in der Bündner Leichtathletik zeigt immer mehr Erfolg. Der strukturelle Aufbau anhand des Athletenwegs von Swiss Athletics wird in Graubünden vorbildlich umgesetzt. Ausgehend vom Angebot des Kids Cup Scouting Programms und über das Regionalkadergefäss werden die Talente professionell und spezifisch in Ergänzung zum Vereinstraining gefördert und für den Wettkampfsport motiviert.

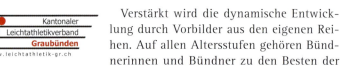

Name:	Kantonaler Leichtathletikverband
Präsident:	Eliane Deflorin und Melanie Senti (ad interim)
Gründung:	1936
Mitglieder:	20
E-Mail:	info@leichtathletik-gr.ch
Webseite:	www.leichtathletik-gr.ch

Verstärkt wird die dynamische Entwicklung durch Vorbilder aus den eigenen Reihen. Auf allen Altersstufen gehören Bündnerinnen und Bündner zu den Besten der Schweiz – allen voran die zur erweiterten Weltspitze zählenden Annik Kälin und William Reais. Beide standen an den Weltmeisterschaften im amerikanischen Eugene und an den Europameisterschaften in München am Start und überzeugten mit ihren Vorstellungen. Sie beweisen den jungen Talenten, dass es möglich ist, aus dem Wintersportkanton Graubünden die grosse Bühne der Sommer-Weltsportart Leichtathletik zu erklimmen.

Auf einem aussichtsreichen Weg befindet sich ein weibliches Quartett. Es durfte die Schweiz in diesem Sommer an internationalen Nachwuchs-Grossanlässen vertreten. Dies ist keine Selbstverständlichkeit: Die Hürden respektive Limiten für eine solche Selektion bedingen internationale Konkurrenzfähigkeit.

VERBÄNDE

Bis kurz vor dem Start der U18-Europameisterschaften in Jerusalem wussten Jana Blumenthal und Nanda Frei nicht, ob sie effektiv selektioniert werden. Beide hatten die Limite zwar mit starken Leistungen erfüllt, doch dies schafften auch mehrere Konkurrentinnen. So mussten zusätzliche Ausscheidungsrennen, sogenannte Trials, ausgetragen werden. Erst danach wurden die begehrten Plätze durch das Selektionskomitee vergeben. Die Frist war sehr knapp angesetzt. Umso grösser war die Freude, als der definitive Bescheid kam. Jana Blumenthal wurde für den 100- und Nanda Frei für den 200-Meter-Sprint gesetzt. Zudem standen beide auf der Startliste der Staffel.

Mit einer persönlichen Bestzeit von 11,87 Sekunden im Vorlauf qualifizierte sich Jana Blumenthal souverän für die Halbfinals. Auch dort zeigte sie ein tolles Rennen, als jüngerer Jahrgang war die Konkurrenz indes stärker. Dies zeigte sich auch im 200-Meter-Sprint. Trotz eines sehr guten Vorlaufs reichte es Nanda Frei nicht für ein Weiterkommen.

Die beiden Bündnerinnen durften dann noch mit der Staffel antreten und zusätzliche, für ihren weiteren Weg äusserst wertvolle WM-Erfahrung sammeln.

MEDAILLE KNAPP VERPASST

Selina Capaul steigerte sich Anfang Saison von Wettkampf zu Wettkampf. Mit hervorragenden Resultaten und konstanten Speerwürfen schaffte sie verdient die Selektion für das Europäische Olympische Jugendfestival im slowenischen Banska Bystrica. In ihrem besten

Am Europäischen Olympischen Jugendfestival verpasst Selina Capaul eine Medaille nur knapp.

Alina Frei fehlen an den U20-Europameisterschaften lediglich zwei Hundertstel für die Halbfinal-Qualifikation.

Leichtathletik **139**

Versuch erzielte sie dabei eine Weite von 49,00 Meter – womit sie unter den 13 Finalistinnen lange Zeit an zweiter Stelle lag. Im fünften Umgang wurde Selina Capaul dann aber noch von zwei Gegnerinnen überholt. Ärgerlich für sie war, dass sie die Bronzemedaille um lediglich drei Zentimeter verpasste. Gleichwohl durfte sie mit ihrem Abschneiden zufrieden sein; die 49,00 Meter bedeuteten die viertbeste Weite in ihrer Karriere. Hervorzuheben ist die herausragende Technik, welche ihr eine grosse Zukunft verheisst.

QUALIFIKATION IN DER PARADEDISZIPLIN

Seit vielen Jahren trainiert Alina Frei zusammen mit Annik Kälin bei deren Vater Marco Kälin als Mehrkämpferin. Sie verbesserte sich in allen sieben Disziplinen kontinuierlich und gehört dem höchsten nationalen Nachwuchsfördergefäss, den Swiss Starter Future, an.

Alina Freis Paradedisziplin ist der 100-Meter-Hürden-Sprint. In dieser Saison zeigte sich rasch, dass schnelle Zeiten möglich sind. Der Paukenschlag erfolgte am Pfingstmeeting in Basel. Die Bündnerin erreichte eine Zeit von 13,92 Sekunden und schaffte damit die Limite für die U20-Weltmeisterschaften im kolumbianischen Cali. Beim Saisonhöhepunkt zeigte sie einen guten Wettkampf und wurde in 13,84 Sekunden nahe an ihrer persönlichen Bestzeit gestoppt. Am Ende fehlten ihr mickrige zwei Hundertstel, um über die Zeit in die Halbfinals zu kommen. Dies war natürlich ärgerlich; trotzdem konnte sie mit ihrem Auftritt zufrieden sein.

Erfolge, wie sie Jana Blumenthal, Nanda Frei, Selina Capaul und Alina Frei erreichten, verleihen ihnen, aber auch den anderen Nachwuchsathletinnen und -athleten Motivation, um (dereinst) an Grossanlässen dabei sein zu können.

BÜNDNER MEISTERSCHAFTEN

Die Bündner Mehrkampfmeisterschaften konnten in diesem Jahr nicht durchgeführt werden, da in Landquart die Rundbahn komplett erneuert wurde. Dafür fanden Ende September in Chur die kantonalen Einkampfmeisterschaften statt. Bei den Jugendkategorien gab es bei nasskaltem Wetter spannende Wettkämpfe.

Einige Athletinnen und Athleten konnten sich gleich mehrere Medaillen übergeben lassen. Unter anderem war dies bei den U16 Elia Ruffner (AJ TV Landquart), welcher den Sprint, den Weitsprung und den Hochsprung klar für sich entschied und somit dreifacher Bündner Meister wurde. Bei den gleichaltrigen Mädchen gewannen Jenny Gerber (AJ TV Landquart) und Anna Philipp (LA BTV Chur) je zwei Titel. Jenny Gerber sicherte sich Gold mit persönlichen Bestleistungen im Weitsprung und Kugelstossen sowie Bronze im Speerwurf. Anna Philipp gewann das Speerwerfen und den 1000 m Lauf.

Bei den zwei Jahre Jüngeren überzeugte Marko Stojanovic (LA BTV Chur) als vielseitiger Athlet. Er gewann drei Goldmedaillen, und zwar im Weitsprung, Hochsprung und Speerwurf. Im Ausdauerlauf, beim Kugelstossen und beim 60 m Sprint reichte es zur silbernen Auszeichnung. Larina Wallimann (AJ TV Landquart) holte Gold im Weitsprung und Kugelstossen sowie Silber im Sprint.

Eine überzeugende Siegerserie legte der elfjährige Jamie Tönz (LA BTVChur) hin. In jeder der fünf Disziplinen gewann er souverän den Bündner Meistertitel, sei es nun im Sprint, beim Sprung, den Würfen oder auch beim Ausdauerlauf. Die gleichaltrige Alicia Berther (Jugi Malans) überzeugte in den Disziplinen Sprint und Weitsprung.

Alicia Berther gewinnt neben dem Weitsprung auch den Sprint.

GRUNDSPORTFÖRDERUNG

In der Leichtathletik werden nahezu alle Faktoren, in erster Linie Schnelligkeit, Ausdauer, Schnellkraft, Koordination und Reaktionsvermögen, trainiert und somit auch Vorteile für andere Sportarten geschaffen.

Die Leichtathletik umfasst die natürlichen und grundlegenden menschlichen Bewegungsabläufe und macht so auch individuelle Leistungen vergleich- und messbar. Kein Wunder, steht die Leichtathletik für das Motto «schneller, höher, weiter» und bildet mit ihren Disziplinen immer noch das Herzstück der Olympischen Spiele.

Zudem fasziniert die Leichtathletik mit ihrer Vielfalt. Sowohl Läuferinnen und Läufer als auch Werferinnen und Werfer sowie Springerinnen und Springer kommen auf ihre Kosten.

Da die Leichtathletik wie erwähnt als messbare Sportart gilt, besteht die Gefahr, dass sich gerade im Kinder- und Jugendalter vermeintlich Leistungsschwächere von dieser Sportart abwenden.

KIDS CUP

Beim Kids Cup handelt es sich um ein Projekt, wo Kinder und Jugendliche im Alter von 7 bis 15 Jahren zur Bewegungsförderung und Ausübung der Leichtathletik motiviert werden.

Der Kids Cup umfasst einen Dreikampf (60 Meter, Weitsprung und Ballwurf) und fördert so die für alle Sportarten elementaren Grundbewegungsformen. Laufen, Springen und Werfen sind in vielen Sportarten gefragt, in der Leichtathletik werden sie speziell trainiert.

SCOUTING PROGRAMM

Mit dem Scouting Programm setzt sich der Kantonale Leichtathletikverband Graubünden das Ziel, auch jenen Kindern die Leichtathletik schmackhaft zu machen, welche eine andere oder gar keine Sportart ausüben. Zudem soll mit dem spezifischen Leichtathletik-Training ein Mehrwert für die anderen Sportarten geschaffen werden.

Als Grundlage zur Auswahl der Kinder, welche für das spezifische Leichtathletik-Training eingeladen werden, dient die Kids Cup Bestenliste Graubünden der Kategorien U12 und U14.

Das Programm bietet in der Sommersaison (Mai bis September) ein wöchentliches und in der Wintersaison ein monatliches Training an. Der Hauptfokus liegt dabei auf den Kids Cup Disziplinen 60-Meter-Sprint, Weitsprung und Ballwurf. Aber auch Spiel und Spass sollen nicht zu kurz kommen.

Ein fester Bestandteil des Scouting Trainings bildet überdies ein regelmässiges Staffel- und Ausdauertraining (Steibock Relays). Die Kinder entwickeln so Teamgeist und merken, dass auch die Leichtathletik keineswegs nur ein Einzelsport ist.

Der Kids Cup umfasst die Disziplinen 60 Meter-Sprint, Ballwurf und Weitsprung.

VERBÄNDE

FLIEGERISCHES KÖNNEN UND NICHT MODERNE TECHNIK IM ZENTRUM

Die Motorfluggruppe Chur blickt auf zwei turbulente Jahre zurück. Nachdem drei der vier Flugzeuge der Gruppe verkauft werden mussten, wurde die letzte verbleibende Maschine bei einer harten Landung in Bad Ragaz im Sommer 2021 beschädigt und befindet sich seither in Reparatur. Seit August 2021 mietet die Motorfluggruppe Chur eine Piper 28-181 aus dem Jahre 1981. Obwohl die Maschine mit 41 Jahren nicht über die neueste Instrumentierung verfügt, macht sie in der Luft Spass und verhält sich bei Start und Landung ausserordentlich gutmütig. Die in diesem Jahr absolvierten Flugstunden sprechen eindeutig dafür, dass für die Piloten der Motorfluggruppe Chur das fliegerische Können und nicht die moderne Technik im Zentrum stehen.

STEUERUNG AB DER ERSTEN MINUTE

Der Weg ins Cockpit mag lange erscheinen. In der Flugschule der Motorfluggruppe Chur übernehmen Flugschülerinnen und -schüler die Steuerung bereits ab der ersten Minute. Nachdem das Flugzeug betankt und der Aussencheck abgeschlossen ist, werden gemeinsam mit dem Fluglehrer die Checklisten abgearbeitet. Nach dem Rollen zur Startbahn und der entsprechenden Funkmeldung beschleunigt der Fluglehrer die Piper auf 55 Knoten und hebt ab. Schon bald heisst es «your controls», und die Flugschülerin beziehungsweise der Flugschüler steuert zum ersten Mal ein Flugzeug in der Luft. Die erste Flugstunde dient hauptsächlich dem Kennenlernen des Flugzeugs, der Steuerung und der unterschiedlichen Instrumente. Nach gut einer Stunde geht es zurück nach Bad Ragaz, wo der Fluglehrer die Piper auf der kurzen Piste sicher landet. Schon bald wird auch die Flugschülerin oder der Flugschüler diesen Teil des Fluges übernehmen.

Trotz der turbulenten Zeit, die hinter ihnen liegt, sind die Verantwortlichen zuversichtlich, die Tradition der Motorfluggruppe Chur weiterführen und die Begeisterung fürs Fliegen aufrechterhalten und mit der Flugschule auch weitergeben zu können.

Der Weg ins Cockpit mag lange erscheinen.

Name:	Motorfluggruppe Chur
Präsident:	Dinesh Rajakaruna
Gründung:	1934
Mitglieder:	71
Anschrift:	c/o D. Rajakaruna, Obere Gasse 35, 7000 Chur
Telefon:	076 366 19 86
E-Mail:	drajakaruna@gmail.com
Webseite:	www.mfgc.ch

IN 30 MINUTEN IM ENGADIN

Erlebnisbericht von einem Flug von Bad Ragaz nach Samedan: «Samedan Information, HB-PGM, VFR from Bad Ragaz, Zuoz at 7500 feet, for Landing with information Bravo» – bereits 20 Minuten nach dem Start in Bad Ragaz erfolgt die Anmeldung am Flugplatz Samedan. Die Route führte über Landquart, Schiers, Klosters, Davos und den Flüelapass nach Zuoz. Das Wetter war für einen kurzen Ausflug über den Alpen ins Engadin perfekt. Die Temperatur lag bei 21 Grad, die Sicht war gut, und der Flüelapass lag nicht in den Wolken. Kaum war der Flüelapass überflogen, wurde mit einer leichten Rechtskurve das Flugzeug auf die Piste 21 ausgerichtet. Die Wetter- und Windprognosen liessen darauf schliessen, dass die Landung mit Blick Richtung Oberengadin erfolgen wird. «HB-PGM, Samedan Information, Guata Morga, QNH 1019, … » – die Flugsicherung meldet sich mit den aktuellen Informationen vom Flugplatz. An diesem Morgen war nicht viel los, die 41 Jahre alte Piper war das einzige Flugzeug im Anflug. Wie erwartet, erfolgte die Landung 30 Minuten nach dem Start auf der Piste 21 mit drei Knoten Gegenwind. Die Piper setzte sanft auf der 1840 Meter langen Piste auf. Ein Mitarbeiter des Flugplatzes Samedan winkte die Piper auf das zugewiesene Parkfeld.

UNBESTRITTENE NUMMER 1 UND VIELFÄLTIGES ANGEBOT

Die Naturfreunde sind mancherorts präsent.

Die aktuelle Studie von graubündenSPORT zum Sportverhalten der Bündner Bevölkerung zeigt: Als Nummer 1 figuriert Wandern/Bergwandern mit grossem Abstand vor dem Skifahren. Keine andere Sportart verzeichnete im Vergleich zur vorangegangenen Zählung eine derart grosse Zunahme.

Die fünf Sektionen (Arosa, Chur, Davos, Engadin, Landquart) der Bündner Naturfreunde bieten in allen Jahreszeiten ein tolles Programm an: gemütliche Wanderungen, Bergwanderungen bis T4 ebenso wie Schneeschuhtouren und vieles mehr. Bei den Naturfreunden Schweiz kann man sich auch zur Wanderleiterin respektive zum Wanderleiter ausbilden lassen. Das Motto der Naturfreunde lautet seit mehr als einem Jahrhundert: Berg frei!

Der Kantonalverband koordiniert, wo nötig, die Aktivitäten der einzelnen Sektionen. Er nimmt Stellung zu Anfragen seitens der kantonalen Stellen, aber auch zu Themen des Natur- und Umweltschutzes, des Breitensports oder zum «sanften Tourismus». Entsprechend sind die Naturfreunde Graubünden Mitglied beim Bündner Verband für Sport und bei der Vereinigung der Bündner Umweltorganisationen.

In Graubünden besitzen und unterhalten die Naturfreunde vier Häuser. Brambrüesch (oberhalb Chur und Malix) – dieses Haus wurde vor 100 Jahren gebaut, was Anfang September gefeiert wurde –, Cristolais (Samedan), Jägeri (Landquart und Mastrils) sowie Medergerfluh (Litzirüti und Arosa).

Vereinsname:	**Naturfreunde Schweiz, Kantonalverband Graubünden**
Präsident:	**Martin Jäger**
Gründung:	**KV: 1951; erste Sektion in Graubünden jedoch bereits 1905 in Davos**
Mitglieder:	**434**
Anschrift:	**Nordstrasse 1, 7000 Chur**
Telefon:	**079 963 62 91**
E-Mail:	**maja53@bluewin.ch**
Webseite:	**www.naturfreunde.ch**

Wandern erfreut sich grosser Beliebtheit.

14 MEISTERSCHAFTSMEDAILLEN UND VERLOCKENDE AUSSICHTEN

Auch nach dem Abflauen der Coronapandemie behielten die Orientierungslauf-Vereine in Graubünden gewisse Aspekte bei. Sie lernten die Flexibilität schätzen und gewöhnten sich an die «neue Normalität». So wurden beispielsweise die technischen Kartentrainings coronabedingt auf eine Woche ausgedehnt, statt die Flaggen nur einen Abend lang in den Wald zu hängen. Weiterhin konnte das Training absolviert werden, wann man Zeit hatte. Im Gegensatz zur Vorsaison war es aber auch möglich, mit anderen Orientierungsläuferinnen und Orientierungsläufern gemeinsam in den Wald zu stechen. Im Bereich der Lauf- und Krafttrainings wurde wieder zu den gemeinsamen Trainingsformen übergegangen. Zusammen machte es mehr Spass und wirkte weniger anstrengend.

NACHWUCHSKONZEPT BEWÄHRT SICH

Angeknüpft wurde nicht nur an die kreativen Trainingsformen, sondern auch an die Erfolge vom Vorjahr. Diese Saison schöpften zahlreiche Bündner Athletinnen und Athleten ihr Potenzial ebenfalls voll aus und erzielten herausragende Erfolge. So liefen an den Schweizermeisterschaften in verschiedenen Disziplinen vierzehn Bündnerinnen und Bündner aufs Podest, fünf Mal sogar aufs oberste Treppchen: Ursula Ruppenthal (Sprint-OL und Langdistanz/Damen 50/Ems), Flavio Poltéra (Nacht-OL/Herren 35/Ems), Gion Schnyder (Langdistanz/Herren 35/Siat) und die H16-Staffel, bestehend aus Severin Moser (Trin), Gian Marco Comte (Chur) und Andri Gujan (Trin). Gerade der Erfolg in der Staffel und zahlreiche Top-Ten-Klassierungen von Juniorinnen und Junioren zeigen, dass sich das Nachwuchskonzept des Bündner Orientierungslauf-Verbandes mit der Talentgruppe als «Einstieg» und dem Nachwuchskader Graubünden/Glarus bewährt. Immer häufiger zeigen die jungen Athletinnen und Athleten ihr Potenzial auch an internationalen Wettkämpfen und Meisterschaften.

4000 TEILNEHMENDE AUS ALLER WELT

Aufgrund der konstanten Leistung über die vergangenen Jahre ist der Blick auf die nächste Saison und die bevorstehenden Grossanlässe spannend. Im Sommer 2023 finden wieder eine Swiss O Week und die Weltmeisterschaft in Flims Laax statt. In die Vorbereitungen dieser beiden Grossanlässe sind zahlreiche Helferinnen und Helfer aus Graubünden und der Schweiz eingebunden.

Für die Swiss O Week (www.swiss-o-week.ch) werden rund 4000 Teilnehmende aus aller Welt erwartet. Während einer Woche sind sechs Etappen zu absolvieren. Die Laufgelände liegen auf einer Höhe von bis zu 2400 Metern über Meer und umspannen unter anderem den Flimserwald, den Vorab und die Tektonikarena. So vielfältig wie die Gelände sind, so unterschiedlich werden auch die Läuferinnen und Läufer sein. Dafür sorgen die

Vereinsname:	Bündner Orientierungslauf Verband
Präsident:	Frank Schuler
Gründung:	1990
Mitglieder:	4 Vereine mit total 310 Mitgliedern
Anschrift:	Frank Schuler, Bahnhofstrasse 7, Postfach 101, 7001 Chur
Telefon:	081 258 38 15
E-Mail:	bueolv@bluewin.ch
Webseite:	www.bueolv.ch

Gian Marco Comte auf dem Weg zu Staffel-Gold.

VERBÄNDE

Die Laufgelände der Swiss O Week umspannen unter anderem die Tektonikarena.

BÜNDNER PODESTPLÄTZE AN SCHWEIZER MEISTERSCHAFTEN

Sprint-OL

Damen 50:	1. Ursula Ruppenthal	Ems
Offen kurz:	2. Gian Buholzer	Flims

Mitteldistanz-OL

Herren 18:	2. Elia Gartmann	Chur
Damen B:	2. Barbara Buholzer	Flims
Damen 12:	3. Helena Richter	Landquart
Damen 50:	3. Ursula Ruppenthal	Ems

Langdistanz-OL:

Herren 35:	1. Gion Schnyder	Siat
Damen 50:	1. Ursula Ruppenthal	Ems
Herren 60:	2. Adrian Puntschart	Chur
Damen 14:	2. Nina Gujan	Trin

Nacht-OL

Herren 35:	1. Flavio Poltéra	Ems
Herren 70:	3. Werner Wehrli	Chur

Staffel-OL

Herren 16:	1. Severin Moser/Gian Marco Comte/ Andri Gujan	Trin/Chur/Trin
Damen 16:	3. Eliane Auer/Luisa Gartmann (mit Laura Wipfli)	Trin/Chur

Mit Ausnahme von Flavio Poltéra (Quack OK) und Gion Schnyder (Ski-O-Swiss) gehören alle Athletinnen und Athleten der Orientierungslauf-Gruppe Chur an.

rund 80 Ambassadors der Veranstaltung, welche als Netzwerk von Europa über die USA bis nach Australien und Neuseeland reichen. Während sie gemeinsam mit der Organisation das Wort über die Swiss O Week hinaustragen, gibt es viele andere Freiwillige, welche bereits Karten vorbereiten, Bahnen für mehr als 50 Kategorien legen, Infrastrukturen planen oder sich ums Rahmenprogramm kümmern. In einem nächsten Schritt werden sich die Mitglieder des Organisationskomitees gemeinsam mit anderen Verantwortlichen vor Ort einfinden, um erneut Infrastruktur und Zielgelände zu besichtigen. Sicherheitsüberlegungen werden getätigt und ein Video wird gedreht, um Leuten den Orientierungslauf und die Swiss O Week 2023 näherzubringen.

In der Woche vor der im In- und Ausland gleichermassen beliebten Swiss O Week werden in Flims Laax die Weltmeisterschaften (www.woc2023.ch) durchgeführt. An diesen Wettkämpfen messen sich die Weltbesten in den klassischen Disziplinen (Sprint, Mitteldistanz, Langdistanz und Staffel). Auch für diese Veranstaltung laufen seit Langem Vorbereitungsarbeiten: Die Athletinnen und Athleten bereiten sich physisch und mental auf die Gelände vor, Bahnen werden gelegt, Öffentlichkeitsarbeit wird geleistet. Aufgrund der verheissungsvollen Perspektiven wird es spannend sein, wie sich die Leistungen präsentieren werden – sowohl jene der Eliteläuferinnen und -läufer als auch jene der Bündnerinnen und Bündner.

AUSZEICHNUNG FÜR GIEZENDANNER

Für besondere sportliche und andere Verdienste für den Orientierungslauf-Sport vergibt der Vorstand des Bündner Orientierungslauf-Verbandes jährlich den Verbandssportpreis. Das Preisgeld von 500 Franken wird vom Kanton Graubünden aus dem Sportfonds ausgerichtet. Als Verbandssportpreisträgerin 2021 zeichnete der Bündner Orientierungslauf-Verband Delia Giezendanner aus. Dies für ihre herausragenden Leistungen im Juniorinnen-Bereich des Ski-Orientierungslaufes, wo sie an Welt- und Europameisterschaften konstant an der Spitze mitlief. Im Hinblick auf den Winter 2022/23 wechselt sie in die Elite-Kategorie.

Delia Giezendanner gewinnt den Verbandssportpreis.

VERBÄNDE

GEDÄMPFTE ERWARTUNGEN UND ZWEI ÜBERRASCHENDE PODESTPLÄTZE

In der Puppenstaffel der Schweizer Meisterschaften erreicht das Churer Team das mit Abstand beste Ergebnis.

Die Erwartungen der Angehörigen der Schweizerischen Lebensrettungsgesellschaft Sektion Chur im Hinblick auf die Schweizermeisterschaften vom letzten August-Samstag im bernischen Worb waren nicht allzu gross. Aus verschiedenen Gründen konnten die beiden Teams kaum zusammen trainieren. Dennoch wollten sie nach zwei Jahren Pause unbedingt an diesem Anlass dabei sein. Letztlich resultierten in den einzelnen Disziplinen Klassierungen im Bereich der Ränge 20 und 30. Das mit Abstand beste Ergebnis bildete der 13. Platz in der Puppenstaffel.

Vereinsname:	SLRG Sektion Chur
Gründung:	1950
Mitglieder:	510
Präsident:	Martin Hepberger
Telefon:	079 536 95 30
E-Mail:	praesident@slrg-chur.ch
Webseite:	www.slrgchur.ch

Am Ende eines Wettkampfes der Jugend vom letzten Juni-Samstag in Grenchen konnte jedes der drei gestarteten Churer Teams behaupten, viele neue Erfahrungen gemacht und vor allem sehr viel Spass gehabt zu haben. Und dieser Spass und der Wille, alles aus sich herauszuholen, hatte auch seinen Preis. Erschöpfte Mienen, die sich nach und nach auf den Gesichtern der Wettkämpferinnen und Wettkämpfer abzeichneten – aber auch Glückseligkeit.

Während sich der Wettkampf hinzog und die letzten Siege errungen wurden, stieg die Nervosität an der Rangverkündigung. Ihren Leistungen entsprechend waren die Churerinnen und Churer grösstenteils nicht sonderlich zuversichtlich, einen Podestplatz zu erringen. Schliesslich gelang ihnen dies aber, und zwar gleich zweimal: Die Damen 1 (Alessandra Menghini, Elin Carigiet, Leana Studer und Sonka Weiss) gewannen, das Jugend-Team (Elias Rade, Jan Akhave, Marc Akhave und Noemi Novotni) erreichte den zweiten Rang. Die Damen 2 (Annatina Ernst, Annika Wittmann, Selina Zuccolo, Vanessa Rapold und Yara Rupp) verpassten mit dem sechsten Platz zwar das Podium, dafür leisteten sie einen grossen Support für die anderen Teams.

VERBÄNDE

TRAINING DER SLRG CHUR

Was viele nicht wissen: Die Schweizerische Lebensrettungsgesellschaft Sektion Chur bietet jeweils am Freitagabend ein Schwimmtraining für alle ihre Mitglieder an. Erst trainieren die Kinder- und Jugendgruppen unter der Leitung von Collette Marques, anschliessend die Erwachsenen unter der Leitung von Ruth Risch. Dabei treffen sich stets mehrere Generationen, die sich in drei Gruppen aufteilen:
- Junge Erwachsene – In dieser Gruppe sind die Jugendlichen, die von der Jugendgruppe kommen. Die meisten sind zwischen 16 und 20 Jahre alt.
- Wettkampfgruppe – Viele sind 18 bis 30 Jahre alt.
- Aktive Erwachsene – Zu dieser Gruppe zählt auch eine Gruppe von sehr aktiven Seniorinnen und Senioren. Sie kommen jeden Freitag wie ein Uhrwerk und schwimmen ihren Kilometer. Alle sind um die 80 Jahre alt. Drei von ihnen werden folgend vorgestellt.

FRAGEN
1. Seit wann sind Sie bei der SLRG Chur?
2. Warum sind Sie Mitglied der SLRG Chur?
3. Was gefällt Ihnen am Training besonders?
4. Wie lange benötigen Sie für einen Kilometer?
5. Wie alt sind Sie?

Nach dem Schwimmen wird die Kameradschaft im Aquamarin gepflegt.

SEBASTIANO GARAGUSO
1. 1970.
2. Mein ehemaliger Arbeitgeber bot mir diesen Schwimmkurs an. Ich wollte schon immer einmal besser schwimmen und auch das Rettungsschwimmen kennenlernen.
3. Die Kollegialität und die sportliche Herausforderung. Ich wurde damals als italienischer Immigrant sehr gut in der SLRG Chur aufgenommen.
4. Rund 40 Minuten.
5. 83-jährig.

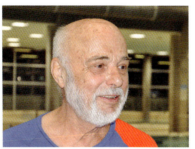

GEORG RAHN
1. 1968.
2. Schon während der Schulzeit in Deutschland interessierte mich das Retten, insbesondere das Rote Kreuz. Während der Berufsschule hatte ich den ersten Kurs bei der Deutschen Lebens-Rettungs-Gesellschaft. Beim Umzug in die Schweiz suchte ich den Kontakt und landete dann bei der SLRG Chur.
3. Die Vielfalt und die Gestaltungsfreiheit sowie die Kameradschaft.
4. Rund 30 Minuten.
5. 83-jährig.

HANS GRUBER
1. 1968.
2. Wegen dem Schwimmen und der Kameradschaft. Zudem möchte ich ein Vorbild für die Jungen sein. Bis zu meinem 77. Altersjahr diente mir das Schwimmen überdies als gutes Training fürs Gerätetauchen – das ich jetzt allerdings nicht mehr ausübe.
3. Wie die Trainerin uns immer wieder aus der Reserve holt. Die Kameradschaft und der kleine Wettbewerb unter den Kollegen, wer jetzt schneller ist.
4. Rund 35 Minuten.
5. 82-jährig

VERBÄNDE

GENERATIONENWECHSEL, TREUE SEELE UND UNVERZICHTBARE BASIS

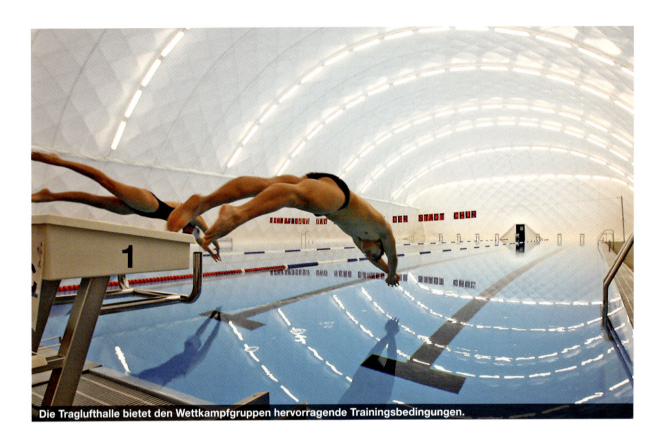

Die Traglufthalle bietet den Wettkampfgruppen hervorragende Trainingsbedingungen.

Der Schwimmclub Chur ist seit einigen Jahren Nachwuchsförderstützpunkt des nationalen Verbands Swiss Aquatics. Um das damit verbundene Trainingsangebot zu gewährleisten, beschäftigt er zwei festangestellte Trainer und ist auf die Hilfe und Unterstützung weiterer Assistenzen angewiesen. Regelmässig gehören Athletinnen und Athleten des Schwimmclubs Chur zu den Top Ten in ihren Altersklassen und sie erkämpfen sich jedes Jahr Medaillen an nationalen und regionalen Meisterschaften.

Der Nachwuchsförderstützpunkt Chur ist im nationalen Vergleich zahlenmässig ein kleiner Stützpunkt und sein Einzugsgebiet ist bevölkerungsmässig klein. Das bringt mit sich, dass im Schwimmclub Chur die einzelnen Wettkampfgruppen mal grösser, mal kleiner sein können und dass ein «Generationenwechsel» bei den älteren Wettkampfgruppen, namentlich beim Team National, auch zahlenmässig spürbar ist. Ein solcher Generationenwechsel ist derzeit im Gange. Dabei zeigt sich einmal mehr, wie entscheidend für einen kleinen Club die Aufbauarbeit bei den Jüngsten und bei den jüngeren Wettkampfgruppen ist.

Seit 2020 ist Vlad Neagu – einst selbst erfolgreicher Medaillenschwimmer bei nationalen Titelkämpfen – Trainer beim Schwimmclub Chur. In seiner Funktion trainierte er anfänglich vor allem die Jüngsten und führte diese zum Wettkampfschwimmen hin. Dank dieser ausgezeichneten Aufbauarbeit schwammen diese Saison mehr als 40 Buben und Mädchen in den beiden jüngsten Wettkampfstufen. Seit diesem Frühjahr bekleidet Vlad Neagu auch das Amt des Head-Coaches für alle Wettkampfgruppen des Nachwuchsförderstützpunktes. Die Basis für einen erfolgreichen Generationenwechsel ist also gelegt.

Name:	Bündner Schwimmverband
Präsident:	Gabriela Manetsch
Gründung:	1932
Mitgliedervereine:	5
Anschrift:	Scalettastrasse 154, 7000 Chur
Telefon:	079 430 49 25
E-Mail:	gmanetsch@hotmail.com

Die ersten Grundsteine für das Wettkampfschwimmen werden in der Schwimmschule gelegt. Sie ist Teil des Breitensportangebots des Schwimmclubs Chur. In der Schwimmschule werden jährlich rund 350 Kinder unterrichtet. Kinder ab vier Jahren erlernen dort die Grundlagen des Schwimmens: Nach der Wassergewöhnung werden sie an die Schwimmstile Rücken, Kraul und Brust herangeführt. In den weiterführenden Schwimmgruppen lernen die Kinder Delfin und die verschiedenen Wenden, sie verbessern ihre Schwimmtechnik und ihre Ausdauer und können so an das Wettkampfschwimmen herangeführt werden. Die Schwimmschule und das Training in den jüngeren Wettkampfgruppen sind so organisiert, dass die Kinder in dieser Zeit noch polysportiv sein oder anderen Freizeitbeschäftigungen nachgehen können.

Andreas Tschanz (links) verabschiedet Hans Marti.

ÜBER DREI JAHRZEHNTE IM EINSATZ

Ende der 1980er-Jahre, als seine beiden Töchter dem Schwimmclub Chur angehörten, fand Hans Marti zum Schwimmsport. Nach unzähligen Einsätzen als Fahrer und Kampfrichter übte er zwischen 1993 bis 2001 das zeitintensive Amt des Technischen Leiters des Schwimmclubs Chur aus. In diese Zeit fiel auch die Organisation der Schweizer Nachwuchsmeisterschaften von 1997 und 2000. Für den Schwimmclub Chur bildete die Durchführung dieser Anlässe eine grosse Herausforderung. Beide Male übernahm Hans Marti die Leitung des Wettkampfbüros.

Seit nicht weniger als 25 Jahren amtet Hans Marti auch als Schiedsrichter des Schweizer Schwimmverbands Region Ost. Als Vorstandsmitglied war er zuständig für das Kampf- und Schiedsrichterwesen und in dieser Funktion auch verantwortlich für die gesamte Richterausbildung. Hans Marti stand in dieser Zeit selbst an vielen Wettkämpfen des Schweizer Schwimmverbandes Region Ost als Schiedsrichter im Einsatz. 2012 wurde er zum Präsidenten des Bündner Schwimmverbandes gewählt und übte dieses Amt bis zur Übergabe an Gabriela Manetsch in diesem Jahr mit viel Engagement aus.

Als Dank für seine wertvolle Arbeit über all die Jahre wurde Hans Marti anlässlich der Nachwuchsmeisterschaften Winter geehrt. Die Laudatio hielt Andreas Tschanz (Chef Richterbildung und Internationales bei Swiss Aquatics).

Die Aufbauarbeit bei den Jüngsten und den jüngeren Wettkampfgruppen ist äusserst wichtig.

BÜCHER AUS DEM SOMEDIA BUCHVERLAG

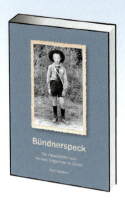

GIAN GAUDENZ
BÜNDNERSPECK
DIE GESCHICHTE VOM KLEINEN ENGADINER IN ZÜRICH

Das Haus ist leer. Kein Bild an der Wand, kein Nagel, keine Teppiche, keine Möbel. Eine unheimliche Stille. Die Stille ist ungewohnt, traurig. Das Haus wurde verkauft.
Gian horcht in die Stille hinein und plötzlich meint er eine Stimme zu hören. Leise und doch vertraut ...
«Gianin, ve a maisa – komm zu Tisch. Die Ravioli sind fertig!»
Nona Annina weiss ganz genau, was sich Gianin zum Mittagessen wünscht. Ravioli sind sein Lieblingsessen. Draussen im Gang läutet das Telefon. Es hängt an der Wand, gleich neben dem Klavier. «Annina Grass!», meldet sich die Nona, «Chau ma figla, che daja da nouv – tschau meine Tochter, was gibt es Neues? Was? – Wohl nicht! – Das ist aber eine Neuigkeit ... nein, ich sage Gian noch nichts. Ist gut, das macht ihr heute Abend ...»
Und dann die grosse Neuigkeit: Wir zügeln nach Kloten! Wir zügeln zum Flugplatz zu den grossen Fliegern! Vater Michel wurde als Zollbeamter auf den Flugplatz von Zürich/Kloten gewählt.
Anfang März 1962 zügelt die Familie Gaudenz, von Martina im Unterengadin, nach Kloten. Es beginnt für alle ein neuer, prägender Lebensabschnitt.

184 Seiten, Broschur
ISBN: 978-3-907067-50-5
CHF 24.90

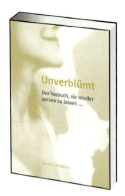

MARION COLUMBERG
UNVERBLÜMT
DER VERSUCH, SIE WIEDER TANZEN ZU LASSEN

Lou und Claude stecken in einer Krise, doch sie möchten ihre Probleme nicht in einer Paartherapie lösen, sondern beschliessen, ein Wochentagebuch zu schreiben.
Ein halbes Jahr lang soll jeder von ihnen unzweideutig Gedanken und Gefühle notieren, danach wird verglichen. Ein nicht ganz risikofreies Unterfangen, doch Schreiben befreit ja bekanntermassen.
Wenn er mich doch nur spüren könnte. Wenn sie doch bloss mal wieder locker und entspannt wäre. Sein Bauch nervt. Kann sie denn nicht mal fünf gerade sein lassen? Merkt er denn gar nichts. Ihre Wechseljahrbeschwerden können mich mal.
Der Alltag, der Trott, die Monotonie und die fehlende Leidenschaft machen auch vor Lou und Claude nicht halt. Das Paar befindet sich auf einer Gratwanderung. Ein Absturz ist jederzeit möglich.
Ob dieses Projekt die erwünschten Früchte trägt und das Ehepaar Rupf es schaffen wird, den eingeschlagenen Kurs noch zu ändern?
Nachdem wir eingetaucht sind in die unverblümte Welt von Lou und Claude, wissen wir vielleicht mehr.

140 Seiten, Broschur
ISBN: 978-3-907095-56-0
CHF 19.90

PEDER PLAZ, ROMANO PLAZ, SEPP WALDEGG
HOTEL PIZ MITGEL
GESCHICHTE & GESCHICHTEN

Dieses Buch erzählt die Geschichte des Hotels Piz Mitgel in Savognin und seiner Menschen, die es erschufen, betrieben, pflegten und weiterentwickelten. Dazu gehören auch der Aufbau des Berghauses in Radons sowie die Entstehung des Skigebiets und Tourismusortes Savognin.
Die zeitgenössischen Texte sind etwas eigenwillig, wie das Hotel, seine jeweiligen Besitzer und auch die Bevölkerung des Surses. Das Buch führt Sie dafür in längst vergangene Zeiten und lässt Sie am damaligen Geschehen unmittelbar teilhaben.
Die zahlreichen historischen Fotografien ergänzen die geistige mit einer visuellen Zeitreise mitten in Graubünden.

304 Seiten, gebunden
ISBN: 978-3-907095-55-3
CHF 59.–

Somedia Buchverlag ist jetzt auch auf Facebook zu finden

Erhältlich in der Buchhandlung oder bei Somedia Production AG
www.somedia-buchverlag.ch
Telefon 055 645 28 63

FRAPPANTE ENTWICKLUNG

Wie andere Clubs kämpft auch der 1970 von 23 Personen gegründete Schwimmverein Davos mit einem Mitgliederschwund. Mitte der 1970er-Jahre zählte er 160 Mitglieder, 35 von ihnen hatten eine Lizenz. Inzwischen gehören ihm noch 50 Personen an, eine einzige besitzt eine Lizenz. Auch die Seniorenzahl ging deutlich zurück: von 30 auf 10. Vor etwa 50 Jahren betrug das Budget 17 000 Franken, jetzt sind es noch 6000 Franken. Gestiegen ist indes der Jahresbeitrag: von 25 auf 80 Franken.

Am Davoser Schülerschwimmen beteiligten sich vor knapp einem halben Jahrhundert 170 Mädchen und Knaben, inzwischen sind es noch 70. Die grosse Nachfrage war darauf zurückzuführen, dass Sportarten wie zum Beispiel Unihockey, Biken und Juniorenfussball nicht zum Angebot in Davos zählten. Zudem organisierte der Schwimmverein Davos regelmässig Jugendbrevet- und Brevet-1-Kurse, an denen sich nicht selten 50 Kinder beteiligten.

ZAHLREICHE TITELGEWINNE

Bereits 1971, nach der Aufnahme in den Schweizer Schwimmverband, nahm der Schwimmverein Davos erstmals an regionalen Wettkämpfen teil. In den folgenden Jahren durfte er dank guter Trainingsarbeit viele Erfolge feiern. So sicherte sich die Davoser Vertretung sowohl bei der Jugend als auch den Erwachsenen zahlreiche regionale Titel und zusätzlich mehrere Schweizer-Meister-Titel bei der Jugend. Bei den Erwachsenen gab es auf nationaler Ebene verschiedene Finalplätze unter den besten acht. 1973 und 1977 gewannen die Davoser Mädchen an den Schulsporttagen den Schweizer-Meister-Titel. Fairerweise muss angemerkt werden, dass Davos der einzige Verein in der Ostschweiz war, welcher über ein Hallenbad verfügte.

In den 1970er- bis Mitte der 1980er-Jahre führte der Schwimmverein Davos jedes Jahr einen Städtewettkampf mit sechs Clubs aus der Deutschschweiz (neben Chur Domat/Ems, Dübendorf, Horgen, Romanshorn und Schaffhausen) und dem Tessin (Lugano) durch. Jeweils über ein Wochenende massen sich verschiedene ehemalige Schwimmgrössen im Davoser Hallenbad. So zum Beispiel Neptun Basel mit Gerry Waldmann, Luzern mit Elmar Jünger und Frauenfeld mit Jürg Strasser.

In den 1980er- und 1990er-Jahren fanden in Davos zudem mehrmals der Schwimmschulcup und die Bündner Meisterschaften statt. 2006 wurde das Hallenbad Davos saniert und mit einem 15-Meter-Lernschwimmbecken ergänzt.

Mit Stolz erfüllte die Zuständigen des Schwimmvereins Davos, dass drei ehemalige Wettkampfschwimmer später im Wintersport Karriere machten. Es waren dies die mehrfache Schweizer Meisterin im Eisschnelllauf, Silvia Brunner sowie die Snowboard-Olympiasieger Gian Simmen und Daniela Meuli.

Nachdem das Hallenbad heuer von Jahresbeginn bis Ende März wegen der Coronapandemie geschlossen war, konnte der Trainingsbetrieb Anfang April unter strengen Schutzmassnahmen wieder aufgenommen werden. Die einzige lizenzierte Schwimmerin des Vereins, Nora Varga, durfte von Februar bis Mai verdankenswerterweise die Trainings des Schwimmclubs Chur besuchen. Nach den Sommerferien pendelte sich alles wieder ein, und der Trainingsbetrieb konnte wieder normal stattfinden.

An der diesjährigen Generalversammlung traten mehrere Vorstandsmitglieder, unter ihnen Präsident Max Knölle, nach 30- bis 50-jähriger Tätigkeit zurück. Nach langem Suchen haben sich jüngere Leute bereit erklärt, den Schwimmverein Davos in die Zukunft zu führen. Neben Präsidentin Sandra Weder sind dies Claudia Bernhard, Jenny D'Alberti und Florian Szobek. Die neue Vereinsleitung möchte das Erwachsenen-Schwimmen neu lancieren und mehr Kinder fürs Mitmachen am Davoser Schülerschwimmen motivieren.

Nora Varga ist die einzige lizenzierte Schwimmerin in Davos.

VERBÄNDE

DER TEAMLEADER SETZT WIEDERUM DIE GRÖSSTEN AKZENTE

Die Bündner Kameraden verabschieden in Cazis die langjährige Teamstütze Ursin Battaglia.

Erstmaliges Hallenschwinget in der neuen Halle in Untervaz.

Wie bereits im Vorjahr blieben die Bündner Schwinger auch 2022 nicht vom Verletzungspech verschont. Mit dem Prättigauer Sandro Schlegel und dem Heinzenberger Mauro Gartmann fielen gleich zwei Teilverbandskranzer praktisch die komplette Saison aus, weitere Kranzschwinger hatten ebenfalls wiederholt mit Blessuren zu kämpfen. Im Gegensatz zu den Vorjahren gut durch die Saison kam dafür Teamleader Armon Orlik. Der Maienfelder setzte erneut die grössten Akzente in der Mannschaft des Technischen Leiters Stefan Fausch.

ERSTES HALLENSCHWINGET IN UNTERVAZ

Erstmals startete die Saison bereits Mitte Februar mit einem kleinen Schwingfest in der neuen Schwing- und Sporthalle Rüfeli in Untervaz. Nachdem tagsüber der Nachwuchs zum Einsatz gekommen war, standen sich am Abend die Aktiven gegenüber. Im Schlussgang der gelungenen Premiere bezwang Armon Orlik vor 400 Zuschauern den Davoser Christian Biäsch.

Name:	Bündner Kantonaler Schwingerverband
Präsident:	Benno Patt
Gründung:	1913
Mitglieder:	2756 (Aktive inklusive Nachwuchs: 172)
Anschrift:	Benno Patt, Kronengasse 8
	7204 Untervaz
Telefon:	078 802 29 57
E-Mail:	praesident@hosalupf.ch
Webseite:	www.hosalupf.ch

Armon Orlik zeigte auch bei den ersten Regionalfesten im Frühling gute Leistungen. Bei noch winterlichen-kalten Bedingungen belegte der Maienfelder Anfang April beim Rheintal-Oberländer Verbandsfest im st. gallischen Oberriet den zweiten Rang, nachdem er sich im dritten Gang Festsieger Samuel Giger ein erstes Mal in diesem Jahr hatte geschlagen geben müssen.

Bereits eine Woche später fand mit dem Frühjahrsschwingfest in Cazis der Freiluftauftakt in Graubünden statt. Der Domleschger Teilverbandskranzer Ursin Battaglia und somit eine langjährige Stütze der Bündner Mannschaft trat an seinem Heimfest zum letzten Wettkampf seiner sportlichen Laufbahn an. Vor 1500 Zuschauerinnen und Zuschauern bereiteten die Teamkollegen dem 36-Jährigen einen würdevollen Abschied, der 32-fache Kranzgewinner verabschiedete sich mit dem sechsten Rang vom Publikum. Armon Orlik konnte das Frühjahrsschwingfest bereits zum fünften Mal für sich entscheiden, im Schlussgang stand ihm wiederum Christian Biäsch gegenüber.

Den ersten Auftritt an einem Kranzfest bestritt Armon Orlik mit seinem Schwingclub Unterlandquart Mitte Mai am Urner Kantonalfest in Erstfeld. Nach einer guten Leistung verpasste der 27-Jährige den Schlussgang nur knapp. Am Ende resultierte hinter Festsieger Lario Kramer der zweite Rang.

Ab Ende Mai folgten sich die Kranzfeste dann in gewohnt dichter Folge. Beim St. Galler Kantonalfest in Wil traten die Bündner noch ohne einige ihrer besten Schwinger an. Der Emser Marc Jörger und der Felsberger Roman Hochholdinger gewannen in der Äbtestadt vor über 5500 Zuschauerinnen und Zuschauern ihren ersten Saisonkranz.

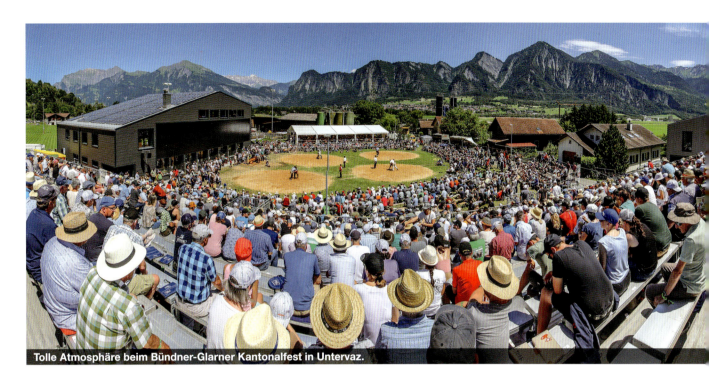
Tolle Atmosphäre beim Bündner-Glarner Kantonalfest in Untervaz.

Eine Woche darauf fand in Netstal wie gewohnt am Pfingstmontag das Glarner-Bündner Kantonalfest statt. Armon Orlik zeigte am Fusse des Wiggis seine vielleicht beste Tagesleistung der Saison. Nach einem Sieg gegen den letztjährigen Emporkömmling und Kilchberger Sieger Damian Ott bezwang er mit Adrian Walther auch den späteren Sieger des «Berner-Kantonalen» sowie des Brünig Schwingets. Im Schlussgang bettete der Maienfelder den ganzjährig stark auftretenden jungen Toggenburger Werner Schlegel nach nur sieben Sekunden in Sägemehl. Entsprechend gross war bei Armon Orlik die Freude über den ersten Kranzfestsieg nach fast drei Jahren. Zudem war es bereits sein vierter Triumph am «Glarner-Bündner». Kranzgeschmückt durften auch Christian Biäsch und Roman Hochholdinger die Heimreise antreten.

Sechs Tage danach stand in Untervaz mit dem Bündner-Glarner Kantonalfest quasi das «Rückspiel» an. Ein starkes Feld mit gleich acht Eidgenossen, ein spannender Wettkampf mit zahlreichen Überraschungen und ganztags prächtiges Wetter begeisterten die 3500 Besucherinnen und Besucher. Neben Armon und Curdin Orlik – Letzterer trat erstmals nach vier Jahren in der Heimat an – durften am Abend auch Roman Hochholdinger, Christian Biäsch und Marc Jörger vor die Ehrendamen treten.

Armon Orlik gewinnt mit überzeugender Leistung das Glarner-Bündner Kantonalfest und lässt sich feiern.

Roman Hochholdinger duelliert sich in Wil mit Schwingerkönig Arnold Forrer (rechts).

VERBÄNDE

Die Bündner Kranzgewinner in Untervaz mit den Betreuern.

Die erste Saisonhälfte kulminierte Ende Juni mit dem Nordostschweizer Schwingfest im thurgauischen Balterswil. Mit 9000 Zuschauerinnen und Zuschauern war der Anlass rekordverdächtig besucht.

Beim ersten Höhepunkt traten 14 Bündner an. Armon Orlik beendete das Fest ungeschlagen auf dem zweiten Rang. Einzig gegen den späteren Schlussgang-Teilnehmer Werner Schlegel und gegen den Thurgauer Mario Schneider musste er seine Gänge stellen. Der aktuell beste Schwinger der Nordostschweiz, Samuel Giger, gewann bereits sein viertes Kranzfest der Saison. Christian Biäsch landete als zweitbester Bündner einen undankbaren Viertelpunkt hinter den Kranzrängen.

Die nachfolgenden Sommer-Wochenenden boten den Schwinginteressierten eine bunte Mischung aus letzten Kantonalfesten, kleineren regionalen Anlässen und prestigeträchtigen grossen Bergkranzfesten.

Je zehn Bündner, darunter jeweils auch zahlreiche jüngere Aktive, traten zu den letzten zwei Kantonalfesten, dem «Appenzeller» von Mitte Juli in Urnäsch und dem

Marc Jörger feiert als Co-Sieger seinen ersten Festsieg in Davos Sertig.

Andreas Wagner aus Untervaz ist der einzige Bündner Neukranzer des Jahres.

Dieses Quintett vertritt Graubünden beim Saisonhöhepunkt.

«Schaffhauser» von Anfang August in Wilchingen, an. Christian Biäsch gewann am «Appenzeller» als einziger Bündner den Kranz, der Schwingclub Unterlandquart durfte mit dem 20-jährigen Andreas Wagner in Wilchingen den einzigen Bündner Neukranzer des Jahres feiern.

Im Hochsommer fanden auch in Graubünden noch zwei Feste statt. Erstmals seit 2017 organisierte der Schwingclub Chur Mitte Juli wieder das Brambrüesch-Schwinget. Bei besten Verhältnissen strömten 1500 Zuschauerinnen und Zuschauer auf den Churer Hausberg und erlebten den ersten Festsieg von Christian Bernold aus Walenstadt. Bereits zum dritten Mal in der Saison musste sich Christian Biäsch in einem Schlussgang geschlagen geben – für den Davoser blieb der zweite Rang.

DER ERSTE FESTERFOLG

Zwei Wochen später fand mit dem Sertig-Schwinget in Davos das traditionsreichste Bündner Schwingfest statt. Der Zürcher Oberländer Eidgenosse Fabian Kindlimann bezwang im Schlussgang Marc Jörger, aufgrund des Punktevorsprungs aus den vorangegangenen Gängen durfte sich der Emser aber als Co-Festsieger feiern lassen. Der erste Festsieg war ein schöner Erfolg für den 28-Jährigen.

In den Fokus des nationalen Interesses rückten nun die Bergkranzfeste und damit die im Hinblick auf das «Eidgenössische» richtungsweisenden Vergleiche zwischen den nationalen Spitzenschwingern.

Armon Orlik trat mit der Nordostschweizer Spitze sowohl auf der Rigi als auch auf dem Brünig an. Im Anschwingen auf der Rigi traf der Maienfelder erstmals seit vier Jahren wieder auf das Innerschweizer Aushängeschild Joel Wicki, den späteren Schwingerkönig. Das mit viel Spannung erwartete Duell endete ohne Resultat. Die übrigen Gänge gewann Armon Orlik allesamt, was ihm am Ende aber gleichwohl knapp nicht für den Einzug in den Schlussgang reichte. Er beendete auch dieses Fest auf dem zweiten Rang hinter Sieger Joel

Armon Orlik (links) im Duell mit Schwingerkönig Kilian Wenger am «Eidgenössischen».

Viele Bündner Fans finden sich in der grossen Arena in Pratteln ein.

Wicki. Beim hochkarätig besetzten Brünig-Bergfest verliess Armon Orlik den Festplatz einmal mehr ungeschlagen, musste aber gegen drei hochkarätige Berner stellen. Das starke Notenblatt reichte ihm zum Gewinn seines zweiten Brünig-Kranzes.

Marc und Corsin Jörger vertraten die Bündner Farben auf dem Weissenstein. Mit je einem Sieg schafften sie es in den Ausstich. Als Hauptprobe vor dem «Eidgenössischen» stand zum Abschluss des Kranzfestreigens in der Ostschweiz Mitte August schliesslich das Schwägalp-Schwinget an. Da Armon Orlik das Fest nicht in seiner Planung führte und sich Christian Biäsch wie Roman Hochholdinger nach überstandenen Blessuren kurz vor dem Saisonhöhepunkt Schonung auferlegten, waren Marc und Corsin Jörger wiederum die einzigen Bündner Teilnehmer. Diesmal verpassten beide den Ausstich. Auf der Passhöhe zwischen dem Appenzellerland und dem Toggenburg sahen gegen 14 000 Schwingbegeisterte den Festsieg des favorisierten Samuel Giger. Der Thurgauer triumphierte bereits zum fünften Mal auf der Schwägalp. In der engeren Heimat verabschiedet wurde mit Schwingerkönig Arnold Forrer einer der erfolgreichsten Schwinger der vergangenen Dekaden. Der Toggenburger durchbrach im Laufe der Saison als erster Schwinger die Schallmauer von 150 Kranzgewinnen.

Mit Armon Orlik, Christian Biäsch, Roman Hochholdinger und Marc Jörger wurden erwartungsgemäss die vier erfolgreichsten Bündner der Saison ins 66-köpfige Nordostschweizer Kader für den Saisonhöhepunkt, das Eidgenössische Schwing- und Älplerfest von Ende August in Pratteln, berufen. Zuerst als Ersatzschwinger aufgeboten, rückte aufgrund verletzungsbedingter Ausfälle auch Corsin Jörger noch ins Kader nach und komplettierte somit das im Baselbiet antretende Bündner Quintett.

DRITTER EIDGENÖSSISCHER KRANZ

Vor gut 50 000 Zuschauerinnen und Zuschauern in der stimmungsvollen Arena in Pratteln startete Armon Orlik mit zwei Siegen gut in den Wettkampf, ehe er sich am Mittag des ersten Tages Schwingerkönig Christian Stucki geschlagen geben musste. Nach einem weiteren Sieg befand sich der Herrschäftler zur Halbzeit auf dem vierten Rang in Tuchfühlung zur Spitze. Tags darauf bekam es der Bündner Teamleader zuerst mit Kilian Wenger zu tun, dem zweiten noch aktiven Schwingerkönig. Der Gang endete gestellt. Nach einer weiteren Punkteteilung gegen den Aargauer David Schmid lag die Schlussgang-Qualifikation für Armon Orlik ausser Reichweite. Ein Sieg und ein Remis zum Abschluss

KRANZSTATISTIK

Schwinger	Schwingklub	Total	
Orlik Armon	Unterlandquart	7	(1 Eidgenössisch, 2 Berg, 1 Teilverband, 3 Kantonal)
Hochholdinger Roman	Chur	3	(3 Kantonal)
Biäsch Christian	Davos	3	(3 Kantonal)
Jörger Marc	Domat/Ems	2	(2 Kantonal)
Wagner Andreas	Unterlandquart	1	(1 Kantonal)
Total		16	(1 Eidgenössisch, 2 Berg, 1 Teilverband, 12 Kantonal)

SEHENSWERTE NACHWUCHSBILANZ

Der Bündner Nachwuchs stand unter der Leitung des neuen Technischen Leiters Edi Philipp. Insgesamt erkämpfte sich das Team 120 Zweige, 21 mehr als im Vorjahr. Am Saisonhöhepunkt, dem Nordostschweizer Nachwuchsschwingfest in Wilchingen, schauten Anfang August acht Doppelzweige und eine Schlussgang-Teilnahme heraus – was sich sehen lassen kann.

Brüderliches Glück – Curdin (links) und Armon Orlik holen in Pratteln den Eidgenössischen Kranz.

brachten den 27-Jährigen am Ende auf den sechsten Rang und zum dritten eidgenössischen Kranz der Karriere. Sein für den Berner Verband antretender Bruder Curdin Orlik beendete das Fest ungeschlagen auf dem starken vierten Platz.

Mit einem Sieg bei drei Niederlagen qualifizierte sich Christian Biäsch knapp für den Ausstich. Am zweiten Wettkampftag steigerte sich der 26-Jährige; sowohl im Ausstich als auch im Kranzausstich glückte ihm noch je ein Sieg. Dies reichte am Ende für den 16. Rang. Ebenfalls acht Gänge konnte Marc Jörger bestreiten, mit zwei Siegen belegte er bei seiner zweiten Teilnahme an einem «Eidgenössischen» den 23. Platz.

Bereits zum sechsten Mal trat Roman Hochholdinger zu einem «Eidgenössischen» an. Mit nur einem Sieg aus den ersten sechs Gängen endete das Fest für den Felsberger Routinier vorzeitig. Corsin Jörger erzielte einen Sieg, dreimal musste er sich das Sägemehl vom Rücken wischen lassen. Der 29-jährige Emser schied damit nach dem ersten Wettkampftag aus.

Insgesamt erkämpfte sich der Bündner Kantonale Schwingverband in dieser Saison 16 Kränze und somit sechs weniger als im Vorjahr. Diese Auszeichnungen verteilten sich auf fünf Schwinger, wobei Armon Orlik mit sieben Exemplaren auch diese Statistik dominierte.

Christian Biäsch jubelt in Pratteln nach einem gewonnenen Gang.

Macht Kids grösser und stärker.

Jetzt online anmelden.
gkb-sportkids.ch

GKB SPORTKIDS vermittelt Ihren Kindern im Alter von 5 bis 6 Jahren mehr Freude an der Bewegung. In ganz Graubünden.

VERBÄNDE

DIE ÜBLICHEN ANLÄSSE UND ZWEI MEISTERSCHAFTS-TEILNAHMEN

Smartkats regattieren auf dem Davosersee.

Das Stand Up Paddling Race rund um den Davosersee.

Dieses Jahr konnte der Davoser Segel- und Surfclub die üblichen Anlässe wieder durchführen und den Teilnehmenden neben den Aktivitäten auf dem Wasser auch wieder das übliche Rahmenprogramm an Land anbieten. Trotz der hervorragenden Wetterbedingungen hielt sich die Beteiligung in Grenzen. Es scheint, als hätte die Coronapandemie einen nachhaltigeren Einfluss auf die Sportlerinnen und Sportler ausgeübt, als sich dies die Verantwortlichen vorgestellt hatten. Anders präsentierte sich die Situation bei den Surflagern und dem Opti-Lager, wo die Teilnehmenden deutlich jünger sind. Hier bewegten sich die Zahlen auf dem Vor-Covid-Niveau.

Der Stand-up-Paddle-Event im August war ein grosser Erfolg – auch dank internationaler Beteiligung. Regatten für die Klassen Dart und Tornado, für die aufblasbaren Smartkats und für die Swiss Sailing League konnten alle programmgemäss durchgeführt werden. Anfang September massen sich die beiden Zweihand-Jollenklassen Fireball und 470er in Davos. Die vier einheimischen Teams traten nicht oder in veränderter Besetzung an.

Bereits Ende Mai fand die Schweizermeisterschaft der Fireball-Klasse mit 22 teilnehmenden Booten im freiburgischen Estavayer-le-Lac statt. Drei Davoser Teams waren dabei, Christina Härdi und Cedric Landerer errangen die Bronzemedaille. An den Fireball Weltmeisterschaften von Ende August im irländischen Dromineer versammelten sich 79 Teams aus elf Nationen und von allen fünf Kontinenten. Christina Härdi und Cedric Landerer wurden Neunte.

Start der J70 Yachten der Swiss Sailing League.

Christina Härdi und Cedric Landerer kurz vor dem Ziel.

Name:	Davoser Segel- und Surfclub
Co-Präsidium:	Christina Härdi-Landerer und Johny Wenger
Gründung:	1967
Mitglieder:	158
E-Mail:	dssc.davos@gmail.com
Webseite:	www.dssc.ch

Segeln und Surfen 159

VERBÄNDE

INNERHALB VON VIER SEKUNDEN AUF 100 KILOMETER PRO STUNDE

Die Vier-Trommel-Seilwinde steht während der Segelflugsaison täglich zur Verfügung.

Wie kommt ein Segelflugzeug in die Luft? Diese Frage stellen sich manche Nichtkenner der Szene. Der Club svoul a vela Mouttas erklärt Segelflugstarts mit der Segelflugwinde am Engadin Airport in Samedan.

Grundsätzlich sprechen Pilotinnen und Piloten von drei möglichen Startarten, um ein Segelflugzeug auf eine für den Weiterflug ausreichende Geschwindigkeit und Höhe zu bringen. Beim Flugzeugschlepp wird mit einem Motorflugzeug an einem zirka 40 Meter langen Seil das Segelflugzeug auf die gewünschte «Ausklinkhöhe» gebracht.

Auf Kundenwunsch kann ebenfalls für fast jeden Segelflugzeugtyp, ob Einsitzer- oder Doppelsitzer, ein Klapptriebwerk eingebaut werden. Dieser versenkbare Antrieb, also Motor mit Propeller, befindet sich im

Svoul a vela Muottas Samedan

Rumpfteil hinter dem Cockpit und kann als Startart verwendet werden, wenn keine Möglichkeit für einen Flugzeugschlepp oder Windenstart besteht. Die einzige am Engadin Airport zugelassene Startart ist der Windenstart.

Dessen Lärmemissionen liegen weit unter jenen eines Flugzeugschlepps.

WINDE UND SEILAUSZUGFAHRZEUG

Die Vier-Trommel-Seilwinde des Engadin Airport steht während der Segelflugsaison von April bis Oktober täglich zur Verfügung. Der 300 PS starke Dieselmotor bringt auch die Doppelsitzer (bis 700 Kilogramm Abfluggewicht) bei einer Seillänge von 1400 Meter auf eine komfortable Höhe bis 450 Meter über Grund. Dabei hilft das geringe Gewicht des Nylon-Zugseils bei einem Durchmesser von sechs Millimetern sehr.

Für den Auszug der vier Windenseile steht ein 4×4-Quad zur Verfügung, welche diese nach dem Einzug in der Startphase wieder an den Startplatz auszieht. Das gesamte Startprozedere wird von einer Mitarbeiterin respektive einem Mitarbeiter des Engadin Airport bewerkstelligt. Natürlich im ständigen Funkkontakt mit dem Tower, da an- und abfliegende Flugzeuge koordiniert werden müssen.

Name:	Club svoul a vela Muottas
Präsident:	Matthias Feldmann
Gründung:	1936
Anschrift:	Via Suot Crasta 15, 7505 Celerina
E-Mail:	matthias.feldmann@bluewin.ch
Webseite:	www.segelflug-csvm-engadin.ch

Für den Auszug der vier Windenseile steht ein 4×4-Quad zur Verfügung.

Nachdem die Vorbereitungsarbeiten gemacht sind, ist das Segelflugzeug startbereit.

Nachdem die Pilotin beziehungsweise der Pilot die Flugvorbereitung gemacht hat, wie Flugzeugoberfläche und Steuerung kontrollieren, Startticket ausfüllen und dem Startleiter abgeben, kann das Flugzeug an den Startplatz geschoben werden. Nun setzt sich die Pilotin respektive der Pilot – bei einem Doppelsitzer nimmt der Fluglehrer oder auch Passagier auf dem hinteren Sitz Platz – und die Vierfach-Anschnallgurten werden fixiert. Sämtliche Instrumente werden noch einmal überprüft. Der Startleiter hängt nun den Ring, an dem die Sollbruchstelle, der Bremsschirm sowie das Nylonseil angehängt sind, an die Kupplung nahe des Schwerpunktes ein.

Der Flugzeugführer meldet sein Okay dem Startleiter, das Startprozedere, wie Flugzeugtyp, Immatrikulation und Anzahl Personen wird zwischen Startleiter und Windenführer per Funk abgewickelt. Nachdem der Startleiter dem Windenführer «Seil straff» gemeldet hat, setzt sich der 300 PS starke Motor in Bewegung, und das Seil wird mit hoher Geschwindigkeit – das Segelflugzeug erreicht innerhalb von vier Sekunden 100 Kilometer pro Stunde – aufgerollt.

Nach zirka 30 Sekunden hat das Segelflugzeug die maximale Scheitelhöhe von 400 bis 500 Meter über Grund erreicht, und die Segelflugklinke gibt den Ring der Startvorrichtung frei. Nun liegt es in der Verantwortung der Pilotin respektive des Piloten, mit den Hangaufwinden und der Thermik weitere Höhen zu erreichen, um dann auch auf «Strecke» zu fliegen. Wer weiss, wie viele Kilometer möglich sind.

Der 300 PS starke Motor setzt sich in Bewegung, und das Seil wird mit hoher Geschwindigkeit aufgerollt.

VOM VIZE-OLYMPIASIEGER BIS HINUNTER AN DIE BASIS

Fadri Janutin feiert mit seinem Team einen Weltcupsieg und sichert sich einen Weltcup-Fixplatz.

Valerio Grond gewinnt an den U23-Weltmeisterschaften die Goldmedaille.

In allen Sportarten und auf allen Ebenen darf der Bündner Skiverband zufrieden mit der Saison 2021/22 sein. Der sportliche Höhepunkt war zweifelsfrei der Gewinn von Skicross-Silber durch Alex Fiva an den Olympischen Spielen. Der Bündner zeigte einen hervorragenden Wettkampf und musste sich nur einem noch stärkeren Landsmann geschlagen geben: Ryan Regez. Daneben feierte Alex Fiva einen Weltcupsieg (den 13. in seiner Karriere) sowie einen weiteren Podestplatz und beendete den Gesamtweltcup auf dem zehnten Rang.

TRIUMPH UND FIXPLATZ

Für Aufsehen und Begeisterung sorgte auch die junge Schweizer Alpin-Equipe mit den zwei Bündnern Livio Simonet und Fadri Janutin sowie Delphine Darbellay und Andrea Ellenberger. Dies am drittletzten Tag des Weltcup-Finales im französischen Courchevel und Méribel mit dem Triumph im Teamwettkampf. Für Fadri Janutin gab es noch einen weiteren Grund zur Freude: Mit seinen Leistungen im Europacup sicherte er sich im Riesenslalom einen Startplatz auf Stufe Weltcup.

In Courchevel durfte auch Gino Caviezel einen Erfolg verbuchen. Im letzten Super-G des Winters schaffte er es als Dritter zum ersten Mal aufs Podium in dieser Disziplin. Den zuvor einzigen Podestplatz im Weltcup hatte er sich im Vorwinter als Dritter im Riesenslalom im österreichischen Sölden gesichert.

Mit Carlo Janka beendete einer der erfolgreichsten Schweizer Alpinen seine Karriere. Neben Pirmin Zurbriggen war er der einzige Schweizer, welcher bei den Männern das «Ski-Triple» aus Olympiasieg (2010 im Riesenslalom), Weltmeistertitel (2009 im Riesenslalom) und Gesamtweltcupsieg (2010) erringen konnte. Carlo Janka hat auch eine kleine Weltcup-Kristallkugel für den Triumph in der Kombinationswertung 2009 in seinem Besitz. Insgesamt feierte er elf Weltcupsiege in vier verschiedenen Disziplinen. 28-mal schaffte es der zweimalige WM-Medaillengewinner – 2009 liess er sich auch Bronze in der Abfahrt umhängen – im Weltcup aufs Podest.

Name:	Bündner Skiverband
Präsident:	Gaudenz Bavier
Gründung:	1919
Mitgliedvereine:	80
Anschrift:	Paleu Sura 8, 7013 Domat/Ems
Telefon:	081 250 07 02
E-Mail:	info@bsv.ch
Website:	www.bsv.ch

Die Gasparin Schwestern Elisa (links) und Aita sowie Serafin Wiestner zählen zum EM-Bronzeteam.

Auch das Schweizer Langlaufteam verabschiedete einen Bündner und eine Bündnerin: Dario Cologna und Laurien van der Graaff. Der in Davos wohnhafte Münstertaler beendete seine Karriere als vierfacher Olympiasieger (2010, 2014, 2018), Weltmeister (2013), vierfacher Gesamtweltcupsieger (2009, 2011, 2012, 2015) und vierfacher Gewinner der Tour de Ski (2009, 2011, 2012, 2018). Mit ihm und Laurien van der Graaff, die 2021 im Teamsprint zusammen mit Nadine Fähndrich WM-Silber gewann und drei Weltcup-Triumphe feierte, verliert die Langlauf-Schweiz nicht nur einen grossartigen Athleten und eine grossartige Athletin, sondern auch zwei Persönlichkeiten, die ebenfalls neben der Loipe wichtige Teamstützen waren.

Die Junioren- und U23-Weltmeisterschaften im norwegischen Lygna zeigten, dass die Schweiz über junge Langläuferinnen und Langläufer verfügt, welche künftig wichtige Rollen einnehmen können. Direkt zum Auftakt der internationalen Titelkämpfe verlor Nadja Kälin, welche bereits an der Tour de Ski mit einer Top-20-Rangierung für den Schweizer Lichtblick gesorgt hatte, über 10 Kilometer in der klassischen Technik lediglich drei Sekunden auf die bronzene Auszeichnung. Nur zwei Tage später sicherte Valerio Grond dem Swiss-Ski-Team eine Goldmedaille. Der Davoser kürte sich bei den U23-Jährigen zum Weltmeister im Sprint und war damit der erste Schweizer U23-Weltmeister seit Dario Cologna 2008 im italienischen Mals. Valerio Grond war während des ganzen Wettkampftages die dominierende Figur. Selbst ein Stockbruch hatte ihn nicht am Sieg hindern können.

GLANZLICHT AUS SCHWEIZER SICHT

Im Biathlon-Team trat nach den Schweizer Meisterschaften Selina Gasparin vom Spitzensport zurück – womit die Karriere der erfolgreichsten Biathletin der Schweizer Schneesport-Geschichte endete. Die Engadinerin realisierte während ihrer Aktivzeit vier Weltcup-Podestplätze, darunter die ersten beiden Schweizer Weltcupsiege im Biathlon überhaupt. Selina Gasparin, die 2014 Olympia-Silber im Einzel über 15 Kilometer errungen hatte, war überdies Mitglied jenes Schweizer Frauen-Quartetts, das in der Saison 2019/20 drei Staffel-Podestplätze herauslaufen konnte.

Einen Podiumsrang zu feiern gab es an den Europameisterschaften am Arber in Bayern, wo die Schweizer Mixed-Staffel mit dem Bündner Serafin Wiestner, Martin Jäger sowie den Bündnerinnen Elisa und Aita Gasparin Bronze errang. Letztere hatte zuvor in der Verfolgung als Vierte überzeugt, ihre ältere Schwester Elisa Gasparin im Einzel als Fünfte.

An den Jugend- und Junioren-Weltmeisterschaften in Soldier Hollow im US-Bundesstaat Utah sorgte Lea

Bianca Gisler feiert die Podestplatz-Premiere auf Weltcupstufe.

Flurina Baetschi fährt an den Junioren-Weltmeisterschaften zur Bronzemedaille.

Nevin Galmarini seinen Rücktritt bekannt. Gold an den Olympischen Spielen 2018 in Pyeongchang, Olympia-Silber in Sotschi 2014 und der Gesamtweltcupsieg 2018 waren die Höhepunkte seiner aussergewöhnlichen Karriere.

Gleichzeitig machte im Winter 2021/22 eine neue Generation von jungen Athletinnen mit vielversprechenden Resultaten auf sich aufmerksam: Flurina Baetschi sicherte sich Bronze an den Junioren-Weltmeisterschaften, Xenia Spörri entschied die Europacup-Gesamtwertung für sich.

FRÜHZEITIGES SAISONENDE

Bei den Freeskiern konnte Andri Ragettli zum vierten Mal in seiner Karriere Ende Saison die Trophäe für den Disziplinensieg im Slopestyle-Weltcup in die Höhe stemmen. Mit dem abschliessenden dritten Rang beim Heimweltcup auf dem Corvatsch machte der zweifache Saisonsieger die Sache definitiv klar. Daneben gewann er an den prestigeträchtigen X-Games im amerikanischen Aspen Gold im Slopestyle und somit die vierte Medaille seiner Karriere beim jährlich stattfindenden Prestige-Event in den Rocky Mountains.

Giulia Tanno zog sich an den X-Games eine schwere Knieverletzung zu, aufgrund derer sie die Saison vorzeitig beenden musste und auch nicht an den Olympischen Spielen teilnehmen konnte. Bereits 2018 hatte die Bündnerin Olympia verletzungsbedingt verpasst. Dabei startete Giulia Tanno mit Rang 4 am Big Air in Chur äusserst vielversprechend in die Saison.

An den Junioren-Weltmeisterschaften in Leysin kam Gian Andri Bolinger einer Medaille nahe: Im Big Air klassierte er sich auf dem vierten Rang und deutete damit sein Potenzial für die Zukunft an.

Meier (Juniorinnen) für ein Glanzlicht aus Schweizer Sicht. Die 21-Jährige klassierte sich auf den Plätzen 5 (Verfolgung) und 8 (Sprint).

NEUE GENERATION

Die Slopestyle-Spezialistin Bianca Gisler belegte beim Snowboard-Weltcup im georgischen Bakuriani den dritten Rang und feierte somit die Podestplatz-Premiere auf Weltcupstufe. Bei den Alpinboardern sorgte Dario Caviezel für einen Weltcup-Triumph. Der Bündner hatte in Cortina d'Ampezzo das Hundertstel-Glück auf seiner Seite und gewann in Norditalien das erste Weltcuprennen seiner Karriere.

Des Weiteren endete nach der Saison 2020/21 eine der erfolgreichsten Schweizer Snowboard-Karrieren. Nach insgesamt 16 Jahren als Profi-Snowboarder gab

Gian Andri Bolinger verpasst eine WM-Medaille nur knapp.

Faye Buff wird Vize-Schweizer-Meisterin im Slalom der Kategorie U18.

Ben Kretz sichert sich an den Schweizer-U16-Meisterschaften Bronze im Super-G.

BSV-EBENE

Nach zwei schwierigen Jahren aufgrund des Coronavirus konnte der Bündner Skiverband im Winter 2021/22 alle Rennen plangemäss durchführen. Vor allem die Alpinen waren sehr erfolgreich, stiegen doch sieben Athletinnen und Athleten in ein höheres Kader (Nationales Leistungszentrum oder C-Kader) auf. Auch in den Sparten Langlauf, Biathlon, Snowboard und Freeski waren die Wettkampfresultate beachtlich.

ALPIN

Der Bündner Skiverband ist zusammen mit den sechs Regionalen Leistungszentren und den Skiclubs zuständig für die Ausbildung der Rennskifahrerinnen und -fahrer im Jugendalter (U16). Zudem hat er von Swiss-Ski den Auftrag, ein Juniorenkader zu führen. Generell – nicht nur im Bündner Skiverband – wird festgestellt, dass es nach dem JO-Alter eine relativ hohe Drop-out-Quote gibt. Das Ziel von Swiss-Ski und des Bündner Skiverbandes ist es, diese Quote so niedrig wie möglich zu halten.

Nach einem holprigen Saisonstart konnte das Juniorinnenteam von Trainer Daniel Runggaldier auf einen sehr erfolgreichen Wettkampfwinter zurückblicken. Faye Buff und Elena Sanna Stucki qualifizierten sich fürs Nationale Leistungszentrum Ost, weitere Athletinnen verbesserten ihre FIS-Punkte. Hervorzuheben sind der Vize-Schweizer-Meister-Titel im Slalom der Kategorie U18 von Faye Buff, die zwei weitere zweite Plätze bei FIS-Rennen einfahren konnte. Elena Sanna Stucki durfte sich im Speedbereich zu den weltweit Besten des Jahrganges 2005 zählen.

Auch bei den von Peter Steffen trainierten Junioren schafften zwei Athleten den Aufstieg ins Nationale Leistungszentrum Ost: Mauro De Almeida und Joel Bebi. In ihren Jahrgängen ebenfalls vorne mitmischten Luke Arrigoni und Alec Hirsch. Ebenfalls erwähnenswert ist der Gewinn von Riesenslalom-Bronze an den Schweizer U18-Meisterschaften durch Nino Berther. Für die «FIS-Einsteiger» – in der Saison 2021/22 war dies der Jahrgang 2005 – hiess es erstmals «hartes Brot» zu essen, denn die Stufe «FIS-Rennen» unterscheidet sich stark von dem, was im Schülerbereich (JO) abgeht. Als guter Richtwert gilt eine Klassierung in den Top 25 bis 30 im nationalen Jugendcup im letzten JO-Jahr, um dann auch auf der FIS-Stufe reüssieren zu können.

Ein erster Saisonhöhepunkt für den U16-Nachwuchs fand bereits Anfang Dezember 2021 mit den Arge-Alp-Wettkämpfen im italienischen Schnalstal statt. In diesem Vergleich der Alpenländer erreichte der Bündner Skiverband in der Länderwertung hinter dem Bayrischen und dem Tiroler Skiverband den dritten Rang von acht teilnehmenden Alpenregionen.

Curdin Räz (vorne) gewinnt ein Rennen im Rahmen des Swiss-Cups.

VERBÄNDE

Seraina Kaufmann sammelt in der ersten Saison der Ski-Classics-Serie viele Punkte.

Der Raiffeisen-Cup, wie sich die Saisonwertung des Bündner Skiverband nennt, konnte wie geplant mit acht Rennen in allen Regionen Graubündens durchgeführt werden. Die Höhepunkte bildeten die Bündner Meisterschaften im Super-G in Tschappina sowie im Riesenslalom und Slalom auf dem Corvatsch und auf Furtschellas.

Die acht Rennen der Interregion Ost fanden ebenfalls plangemäss statt. Durch Clubs des Bündner Skiverbandes wurde die Hälfte davon organisiert: zwei Super-G in Churwalden sowie je ein Slalom in Splügen (bei Flutlicht) und in Grüsch-Danusa. Der dritte Rang von Sina Elsa sowie die Ränge 2 und 3 von Finn Züger respektive Ben Kretz und die insgesamt starke Teamleistung mit etlichen Siegen und vielen Podestplätzen in den einzelnen Rennen lassen für die Zukunft hoffen.

Im Rahmen des Swisscom-Jugend-Cups wurden ebenfalls acht nationale Rennen ausgetragen. In der Gesamtwertung reichte es Nicola Baracchi für eine Top-Ten-Klassierung. Den Höhepunkt auf nationaler Ebene bildete die Bronzemedaille von Ben Kretz im Super-G anlässlich der Schweizer U16-Meisterschaft in Hoch-Ybrig.

LANGLAUF

In der Sparte Langlauf umfassten die beiden, von Markus Walser trainierten Teams 14 Athletinnen und Athleten. Eine Athletin und acht Athleten bildeten das Pro Team, zwei Sportlerinnen und drei Sportler das Team Ibex. Während das Pro Team gemeinsam mit den Angehörigen der Trainingszellen die nationalen FIS-Wettkämpfe bestritt, beteiligte sich das Team Ibex an den internationalen Wettkämpfen der Ski-Classics-Serie.

Auch in der Saison 2021/22 bildeten die Bündnerinnen und Bündner die stärkste Delegation von Swiss-Ski an den nationalen FIS-Wettkämpfen. An den Schweizer Meisterschaften ging mit 32 Einzel- und vier Staffelmedaillen die Hälfte aller Auszeichnungen nach Graubünden. In der Gesamtwertung des Swiss-Cups besetzte die Bündner Vertretung ebenfalls 50 Prozent der Podestplätze.

Vom Pro Team qualifizierten sich drei Athleten für den Weltcup in Davos: Livio Matossi, Florian Guler und Gian Flurin Pfäffli. Die dort erzielten Resultate waren dann nicht gut genug für weitere Einsätze auf der höchsten Stufe. Curdin Räz gewann ein Rennen im Rahmen des Swiss-Cups und lief beim Engadin Skimarathon in die Top Ten – was auch Marino Capelli und Gian Flurin Pfäffli gelang.

Im Team Ibex konnten die Athletinnen und Athleten ihr volles Leistungspotenzial aus verschiedenen Gründen nur sporadisch zeigen. Erfreulich verlief die erste Saison von Seraina Kaufmann. Sie fand relativ schnell den Tritt in der Ski-Classics-Serie und sammelte viele Punkte. In der Gesamtwertung der U26 erreichte sie den sehr guten zehnten Rang. Auch Andri Schlittler zeigte vereinzelt gute Resultate. Hervorzuheben ist sicherlich der 44. Platz im italienischen Vinschgau.

Erfreulich war, dass sämtliche zehn Rennen des Raiffeisen-Nordic-Cups durchgeführt werden konnten. Die Beteiligung über alle Wettkämpfe gesehen lag im Bereich der Vorjahre. Allerdings fiel auf, dass die einzelnen Kinder nur noch vereinzelte Rennen der Serie laufen und nicht mehr alle oder die meisten.

An den Schweizer Nachwuchsmeisterschaften in Davos blieben insgesamt neun Einzelmedaillen – was Dreivierteln vom Total entsprach – in Graubünden. In den Staffelwettkämpfen gewannen die Bündner Staffeln dreimal Edelmetall und somit die Hälfte aller Auszeichnungen.

SKISPRUNG/NORDISCHE KOMBINATION

Im Bereich Skisprung trainierten die Bündnerinnen und Bündner mit der Trainingsgruppe Take Off Ost in Einsiedeln. In der Nordischen Kombination verfügt Graubünden mit Nico Zarucchi über einen einzelnen Athleten – dem es in der Saison 2021/22 wegen eines Übertrainings in der Vorbereitungsphase nicht optimal lief.

BIATHLON

In der Sparte Biathlon, welche Dieter Lüscher koordiniert, lancierte der Bündner Skiverband eine kleine Rennserie. Den Auftakt bildete im Dezember 2021 der von der Società da Biathlon Sclamischot organisierte Wettkampf im neuen Schiessstand. Eine Premiere gab es auch im März in Lantsch/Lenz mit der erstmaligen Durchführung der Bündner Meisterschaften in dieser Sportart. Die Titel sicherten sich Pinelopi Stamataki, Gisep Defila, Helena Richter, Amelie Baselgia, Carlo Kirchen, Valeria Benderer und Pablo Baselgia.

In Swiss-Ski-Kader integriert waren Lea Meier, Marlène Perren, Laurin Fravi und Nico Salutt. Im Kandidaten-Kader des Dachverbandes und im Biathlon Stütz-

Beim letzten Alpencup der Saison dominiert Alessia Laager die Jugendrennen.

Fadri Rhyner wirbelt durch die Luft und überzeugt auch die Zuständigen bei Swiss-Ski.

punkt Ostschweiz trainierten Selina Murk und Silvano Demarmels. Angehörige ausschliesslich des Biathlon-Stützpunkts Ostschweiz waren Marina Benderer, Jonin Wyss, Oriana Jäger und Alessia Laager.

Silvano Demarmels wurde im Junior-Cup im italienischen Martell Zweiter, Laurin Fravi anlässlich des Cups der International Biathlon Union in Lenzerheide Siebter. Am letzten Alpencup im slowenischen Pokljuka dominierte Alessia Laager die Jugendrennen mit drei Siegen. Überdies holte sie an den Schweizer Meisterschaften zwei Goldmedaillen. Ebenfalls Edelmetall an den nationalen Titelkämpfen gewannen Laurynne Denoth, Valeria Benderer, Luca Benderer, Andrin Steiger, Carlo Kirchen und Pablo Baselgia bei den Challenger sowie Marlène Perren und Silvano Demarmels bei der Jugend. Eligius Tambornino holte zum Abschluss seiner Karriere zwei weitere Medaillen an den Schweizer Meisterschaften der Elite.

FREESKI

Auch die Freeskier erlebten in Bezug auf Wettkämpfe wieder den Normalbetrieb. Die Trainingszellen Davos (total 12 Angehörige), Laax (8) und Oberengadin (15) beteiligten sich mit den Kategorien U11 und U13 an der Eastside-Tour (interregionale Tour Ost). Angehörige des Bündner Skiverbandes entschieden drei Gesamtwertungen für sich: U15 Girls Swiss Freeski Tour, U15 Boys Swiss Freeski Tour und U11 Boys Eastside-Tour. An den Schweizer Meisterschaften ergatterte die Bündner Vertretung vier Goldmedaillen. Den Aufstieg ins Challenger-Team schaffte Fadri Rhyner.

SNOWBOARD

Weil die Trainingszelle Regiun Parc Naziunal den Trainingsbetrieb mangels Athletinnen und Athleten einstellen musste, trainieren neu alle Alpinboarderinnen und -boarder in Davos. Jene Trainingszelle verfügt mit den elf Athletinnen und Athleten über eine äusserst talentierte Truppe. Bei Swiss Snowboard rückten gleich drei Bündnerinnen (Laila Ursina Baetschi, Eliane Kleesattel, Xenia von Siebenthal) und ein Bündner (Nicola Meisser) ins Challenger-Team.

Die Sparte Snowboard Freestyle verfügt in den vier Trainingszellen Davos (total 12 Athletinnen und Athleten), Regiun Parc Naziunal (5), Freestyle Engiadina (8) und Freestyle Laax (15) über sehr viele junge Athletinnen und Athleten. Da in den Trainingszellen sehr gute Arbeit geleistet wird, werden in den nächsten zwei Jahren mehrere dieser Sportlerinnen und Sportler sich auf nationaler Ebene messen.

Laila Baetschi steigt ins Challenger-Team auf.

VERBÄNDE

DIE BESTEN ATHLETINNEN UND ATHLETEN DES BÜNDNER SKIVERBANDES IN DER SAISON 2021/22

Skicross

Alex Fiva (Parpan):
2. Olympische Spiele in Peking, 1. Weltcup in Val Thorens,
3. Weltcup auf der Reiteralm.

Ski alpin

Fadri Janutin (Obersaxen):
1. Teambewerb in Méribel, 2. Europacup-Gesamtwertung,
2. Europacup-Wertung Riesenslalom.

Livio Simonet (Lenzerheide-Valbella):
1. Teambewerb in Méribel, 2. Europacup-Riesenslalom in Oppdal.

Gino Caviezel (Beverin):
3. Super-G in Courchevel, 2. SM Super-G in St. Moritz.

Gilles Roulin (Lenzerheide-Valbella):
2. SM Abfahrt in St. Moritz, 3. SM Super-G in St. Moritz.

Federico Toscano (San Bernardino):
1. FIS-Riesenslalom in Veysonnaz, 2. FIS-Riesenslalom in Les Diablerets,
2. FIS-Slalom in Jaun (U21-SM), 3. FIS-Slalom in Lenggries.

Gianluca Böhm (Bernina Pontresina):
1. FIS-Slalom in Gsiesertal, FIS-Riesenslalom in Bardonecchia,
3. FIS-Riesenslalom in Les Diablerets, 3. FIS-Slalom in Engelberg,
3. FIS-Riesenslalom in St. Luc.

Lukas Zippert (Arosa):
2. FIS-Riesenslalom in Zinal, 2. FIS-Kombination in Zinal,
3. FIS-Super-G I in Zinal, 3. FIS-Super-G II in Zinal.

Gino Stucki (Mundaun):
2. FIS-Super-G in Davos (U21-SM).

Silvano Gini (Alpina St. Moritz):
3. FIS-Riesenslalom in Hoch-Ybrig.

Nino Berther (Sedrun):
3. SM Riesenslalom U18 in Zinal.

Mauro De Almeida (Flimserstein Race Team):
1. FIS-NJR-Slalom auf der Diavolezza.

Thomas Zippert (Arosa):
1. FIS-Super-G in Garmisch, 1. FIS NJR-Slalom I in Malbun,
2. FIS NJR-Slalom II in Malbun, 2. FIS NJR-Riesenslalom in Les Diablerets,
3. Gesamtwertung Swiss Cup U19.

Ben Kretz (Obersaxen):
3. SM Super-G U16 in Hoch-Ybrig, 1. Interregion Ost Slalom in Flumserberg, Interregion Ost Riesenslalom in Flumserberg, Interregion Ost Riesenslalom in Malbun, 3. Gesamtwertung Raiffeisen Cup U16.

Finn Züger (Lenzerheide-Valbella):
1. Gesamtwertung Interregion Ost, 1. Interregion Ost Riesenslalom I in Malbun, 2. Interregion Ost Riesenslalom I in Flumserberg,
2. Interregion Ost Super-G in Churwalden,
3. Interregion Ost Riesenslalom II in Flumserberg.

Timo Cola (Lenzerheide-Valbella):
1. Interregion Ost Super-G I in Churwalden,
2. Interregion Ost Super-G II in Churwalden.

Lauro Caluori (Beverin):
2. Interregion Ost Riesenslalom in Malbun.

Yanis Häusermann (Parpan):
3. Interregion Ost Super-G in Churwalden,
1. Gesamtwertung Raiffeisen Cup U16.

Nicola Baracchi (Grüsch-Danusa):
3. Interregion Ost Slalom in Grüsch-Danusa,
2. Gesamtwertung Raiffeisen Cup U16.

Igor Salvetti (Silvaplana-Champfèr):
1. Gesamtwertung Raiffeisen Cup U14.

Valerio Baracchi (Grüsch-Danusa):
2. Gesamtwertung Raiffeisen Cup U14.

Leandro Schmid (Vals):
3. Gesamtwertung Raiffeisen Cup U14.

Selina Egloff (Lischana Scuol):
2. Europacup-Riesenslalom in Andalo, 3. Europacup-Slalom in Meiringen.

Vanessa Kasper (Alpina St. Moritz):
2. Italienische Riesenslalommeisterschaft in Pozza di Fassa.

Melanie Michel (Davos):
1. FIS-Abfahrt I in Davos (U21-SM). 1. FIS-Abfahrt II in Davos,
1. FIS-Super-G in Pila.

Anuk Brändli (Arosa):
1. FIS-Slalom in Engelberg, 2. FIS-Slalom in Sörenberg. 2. Gesamtwertung Swiss-Cup U19, 3. Swiss-Cup Riesenslalom in Meiringen U19.

Isabella Pedrazzi (Suvretta St. Moritz):
2. FIS-Riesenslalom in Meiringen, 1. Swiss-Cup Riesenslalom in Meiringen U19, 2. Swiss-Cup Super-G auf dem Stoos U19.

Domenica Mosca (Lischana Scuol):
2. FIS-Riesenslalom in Tsoumaz.

Faye Buff (Suvretta St. Moritz):
3. CIT Arnold Lunn World-Cup Slalom in Pontresina, 2. FIS-Slalom in Malbun, 2. FIS-Slalom in Engelberg, 2. SM Slalom U18 in Champex-Lac.

Elena Sanna Stucki (Mundaun):
2. FIS-NJR-Riesenslalom in Alleghe.

Sina Elsa (Grüsch-Danusa):
3. Gesamtwertung Interregion Ost, 1. Interregion Ost Super-G I in Churwalden, 1. Interregion Ost Super-G II in Churwalden, 3. Interregion Ost Riesenslalom in Flumserberg, 1. Gesamtwertung Raiffeisen-Cup U16.

Lisa Luternauer (Lenzerheide-Valbella):
1. Interregion Ost Slalom in Flumserberg,
2. Interregion Ost Slalom in Grüsch-Danusa.

Julie Roelants du Vivier (Lenzerheide-Valbella):
3. Interregion Ost Riesenslalom in Flumserberg,
2. Gesamtwertung Raiffeisen-Cup U16.

Andrina Gansner (Sassauna-Fanas):
3. Gesamtwertung Raiffeisen-Cup U16.

Minna Bont (Lenzerheide-Valbella):
1. Interregion Ost Riesenslalom in Malbun,
1. Gesamtwertung Raiffeisen-Cup U14.

Pia Veraguth (Obersaxen):
2. Interregion Ost Super-G in Churwalden.

Lara Bianchi (Obersaxen):
2. Gesamtwertung Raiffeisen-Cup U14.

Smilla Rüfenacht (Laax Ski):
3. Gesamtwertung Raiffeisen-Cup U14.

Langlauf

Dario Cologna (Davos):
1. SM Verfolgung, 1. SM Langdistanz.

Jonas Baumann (Davos):
2. SM Verfolgung.

Valerio Grond (Davos):
3. SM Sprint.

Nadja Kälin (Alpina St. Moritz):
2. SM Einzelstart, 3. SM Verfolgung, 3. SM Langdistanz,
2. Gesamtwertung Swiss-Cup.

Lina Bundi (Davos):
1. Gesamtwertung Raiffeisen-Nordic-Cup U14.

Chiara Fröhlich (Bual Lantsch):
2. Gesamtwertung Raiffeisen-Nordic-Cup U14.

Saskia Barbüda (Lischana Scuol):
3. Gesamtwertung Raiffeisen-Nordic-Cup U14.

Jon Arvid Flury (Davos):
1. Gesamtwertung Raiffeisen-Nordic-Cup U14.
Tylan Michel (Trin):
2. Gesamtwertung Raiffeisen-Nordic-Cup U14.
Nico Zala (Chur):
3. Gesamtwertung Raiffeisen-Nordic-Cup U14.
Ilaria Gruber (Alpina St. Moritz):
1. Gesamtwertung Raiffeisen-Nordic-Cup U16, 1. SM U16.
Nina Cantieni (Piz Ot Samedan):
2. Gesamtwertung Raiffeisen-Nordic-Cup U16, 2. SM U16.
Selina Faller (Piz Ot Samedan):
3. Gesamtwertung Raiffeisen-Nordic-Cup U16, 3. SM U16.
Maximilian Alexander Wanger (Lischana Scuol):
1. Gesamtwertung Raiffeisen-Nordic-Cup U16, 2. SM U16.
Nesa Marchet (Lischana Scuol):
2. Gesamtwertung Raiffeisen-Nordic-Cup U16.
Jonas Bärfuss (Piz Ot Samedan):
3. Gesamtwertung Raiffeisen-Nordic-Cup U16.
Robin Bläsi (Bual Lantsch):
3. SM U16.
Leandra Beck (Alpina St. Moritz):
2. SM Sprint U18, 3. Gesamtwertung Swiss-Cup U20.
Marina Kälin (Alpina St. Moritz):
1. SM Einzelstart U20, 1. SM Sprint U20,
1. Gesamtwertung Swiss-Cup U20.
Alina Meier (Davos):
3. SM Einzelstart, 3. SM Sprint.
Isai Näff (Lischana Scuol):
2. SM Einzelstart U18, 2. SM Sprint U18, 1. SM Langdistanz U18,
2. Gesamtwertung Swiss-Cup U20.
Fabrizio Albasini (Alpina St. Moritz):
1. SM Einzelstart U20, 1. SM Sprint U20,
3. Gesamtwertung Swiss-Cup U20.
Roman Alder (Bernina Pontresina):
2. SM Einzelstart U20, 1. SM Einzelstart U18, 1. SM Verfolgung U18.
Yannick Zellweger (Alpina St. Moritz):
3. SM Einzelstart U20.
Cédric Steiner (Davos):
1. SM Einzelstart, 1. Gesamtwertung Swiss-Cup.
Gianluca Walpen (Piz Ot Samedan):
3. SM Verfolgung U20.
Helena Guntern (Sarsura Zernez):
1. SM Verfolgung U20, 2. SM Langdistanz U20.
Fabienne Alder (Bernina Pontresina):
2. SM Verfolgung U20.
Jon Fadri Nufer (Sedrun-Tujetsch):
3. SM Verfolgung U18, 2. SM Langdistanz U18.
Toni Livers (Davos):
2. SM Langdistanz.
Maria Adele Zampa (Trais Fluors Celerina):
3. SM Langdistanz U20, 2. SM Langdistanz U18.
Filippo Gadient (Alpina St. Moritz):
3. SM Langdistanz U20.

Biathlon

Alessia Laager (Piz Ot Samedan):
1. SM Sprint Jugend, 1. SM Massenstart Jugend.
Eligius Tambornino (Trun):
2. SM Sprint und 3. SM Massenstart.
Marlène Perren (Davos):
3. SM Massenstart Jugend.
Silvano Demarmels (Bual Lantsch):
3. SM Massenstart Jugend.

Valeria Benderer (Lischana Scuol):
3. SM Sprint U15, 2. SM Einzelstart U15.
Luca Benderer (Lischana Scuol):
1. SM Sprint U13, 1. SM Einzelstart U13.
Andrin Steiger (Klosters):
2. SM Sprint U13.
Carlo Kirchen (Lischana Scuol):
3. SM Sprint U13, 2. SM Einzelstart U13.
Laurynne Denoth (Lischana Scuol):
2. SM Einzelstart U13.
Pablo Baselgia (Bual Lantsch):
3. SM Einzelstart U15.

Snowboard

Freestyle

Bianca Gisler (Umblanas):
3. Slopestyle-Weltcup in Bakuriani, 1. Slopestyle-Europacup in Silvaplana,
2. Big-Air-Europacup in Davos, 2. Slopestyle-Europacup in Götschen,
3. Big-Air-Europacup in Silvaplana, 2. Gesamtwertung Audi-Snowboard-Series.
Mona Danuser (Flims):
2. Slopestyle-Europacup in Font Romeau.
3. Slopestyle-Europacup in Götschen.
Isabelle Lötscher (Stützpunkt Davos):
1. Gesamtwertung Halfpipe-Europacup,
1. Halfpipe-Europacup in Kitzsteinhorn, 2. Halfpipe-Europacup in Laax.
Berenice Wicki (Stützpunkt):
3. Gesamtwertung Halfpipe-Europacup, 1. Halfpipe-Europacup in Laax.

Alpin

Xenia Spörri (Rätia Chur):
1. Gesamtwertung Europacup, 1. Parallelslalom-Europacup I in Götschen,
2. Parallelslalom-Europacup II in Götschen,
2. Parallelriesenslalom-Europacup in Bukovel.
Ricarda Hauser (Umblanas):
3. Parallelslalom-Europacup in Götschen,
3. Parallelslalom-Europacup in Moninec.
Eliane Kleesattel (Glaris Rinerhorn):
2. FIS-Slalom in Bardonecchia, 3. FIS-Slalom in Bardonecchia.
Laila Bätschi (Glaris Rinerhorn):
2. FIS-Slalom in Bardonecchia.
Flurina Bätschi (Glaris Rinerhorn):
3. Junioren-WM Parallelriesenslalom in Chiesa in Valmalenco,
3. Parallelslalom-Europacup in Moninec, 3. Parallelriesenslalom-Europacup in Bukovel.
Larissa Gasser (Alpina St. Moritz):
2. Parallelslalom-Europacup in Davos.

Freeski

Andri Ragettli (Flims):
1. Weltcup-Gesamtwertung Slopestyle.
Zoe Van Essen (Davos):
1. Gesamtwertung Swiss-Freeski-Tour U15, 1. Corvatsch.
Gian Andri Bolinger (Alpina St. Moritz):
3. World Rookie Tour Final.
Fadri Rhyner (Alpina St. Moritz):
2. World-Rookie-Tour Final, 3. World-Rookie-Tour.
Viktor Maksyagin (Stützpunkt Davos):
1. Gesamtwertung Swiss-Freeski-Tour U15,
1. Glacier, 1. Crans-Montana, 1. Davos.

VERBÄNDE

ERSCHWERTE BEDINGUNGEN UND ZWEIMAL MEISTERSCHAFTSBRONZE

Gian Marc Patzen und Lydia Freiburghaus gewinnen im Final der Schweizer Einzelmeisterschaften die Bronzemedaille.

Auch in der Saison 2021/22 und während deren Vorbereitungsphase spürten die Angehörigen des Bündner Sportkegler Verbandes die Auswirkungen der Coronapandemie. Aktivitäten des Jahresprogrammes fielen vorerst weitestgehend aus, und auch verschiedene Wettkämpfe wie zum Beispiel die Kantonale Klubmeisterschaft, der Bündner Einzelcup und sogar die Jahreswertung, welche den Bündner Meister kürt, mussten abgesagt werden. Erst im Frühling konnte der Sportbetrieb wieder uneingeschränkt aufgenommen und mit dem normalen Programm gestartet werden.

Trotz der Wiederaufnahme der sportlichen Aktivitäten hinterliess die Coronapandemie Spuren. So hatten zahlreiche ältere Mitglieder Mühe, nach dem langen Unterbruch wieder zum Kegelsport zurückzufinden. Dies zeigte sich auch an der Teilnehmerzahl bei Meisterschaften, wo durchschnittlich ein Rückgang von 40 Prozent resultierte. Inwiefern sich die Beteiligungen wieder erholen, bleibt abzuwarten. Und in welche Richtung die Mitgliederbestände gehen, wird sich Ende Jahr zeigen. Es ist davon auszugehen, dass sich der Mitgliederschwund weiter verstärkt.

Vereinsname:	Bündner Sportkegler-Verband
Präsident:	Gian Marc Patzen
Gründung:	1934
Mitgliedervereine:	5
Anschrift:	Speerstrasse 3, 8853 Lachen
Telefon:	078 639 50 10
E-Mail:	bskvpraesident@gmail.com
Webseite:	www.bskv-gr.ch

Trotz allem konnten einige Wettkämpfe durchgeführt werden. Lydia Freiburghaus aus Domat/Ems durfte den Unterverband Graubünden am zweiten September-Wochenende 2021 im bernischen Heimberg am Schweizerischen Einzelcupsiegerfinal vertreten. Die Ausgangslage präsentierte sich nicht ganz einfach. Da die Bahnen nicht gerade ums Eck sind und pandemiebedingt so gut wie keine Vormeisterschaften stattfanden, konnte sich

Lydia Freiburghaus nicht optimal auf den Wettkampf vorbereiten. Trotzdem kegelte sie sich gut durch den Wettkampf. Am Schluss reichte es ihr jedoch nicht für die Qualifikation für die Finalrunde – auch weil das Wettkampfglück nicht auf ihrer Seite stand. So verlor sie zum Beispiel eine Paarung mit nur einem Holz und musste die Punkte fast komplett ihrem Kontrahenten überlassen.

DAS HÖCHSTE TAGESRESULTAT

An den Schweizer Einzelmeisterschaften in Münchenstein glänzte der Bündner Sportkegler Verband gleich doppelt. Von der siebenköpfigen Bündner Vertretung vermochte sich ein Duo für den Final zu qualifizieren: Lydia Freiburghaus als Fünfte bei den Frauen und Gian Marc Patzen als Erster bei den Männern. Nach der Qualifikation fehlten Lydia Freiburghaus im Baselbiet zwölf Holz auf einen Podestplatz. Sie nutzte ihren Erfahrungsschatz im Final voll aus, machte mit dem Tageshöchstresultat zwei Ränge gut und erkämpfte sich somit den dritten Platz. Der Vorsprung von Gian Marc Patzen nach der Qualifikation betrug drei Holz. Im Final vom zweiten Oktober-Wochenende vermochte er nicht ganz ans Resultat in der Qualifikation anzuknüpfen und büsste zwei Ränge ein. Somit gab es auch für ihn die Bronzemedaille.

Nach zwei Jahren Unterbruch konnte der Kantone-Wettkampf im Mai wieder in Luzern stattfinden. Die Erinnerungen an den letzten Wettkampf waren bei der Bündner Vertretung präsent: 2019 konnte der Unterverband Graubünden auf diesen Bahnen den Sieg in der höchsten Kategorie feiern und musste den Schweizer-Meister-Titel um nur vier Kegel dem Unterverband Ob-/Nidwalden überlassen. Das Ziel für die diesjährige Austragung war somit gesteckt.

Nach einer Meisterschaft und zwei Ausscheidungen stand fest, dass Christian Oberlin, Christian Lipp, Gian Marc Patzen, Lydia Freiburghaus, Peter Lipp und Reto Hunger das Team bilden. Am Wettkampftag lieferte die Bündner Equipe ein solides Resultat von 3994 Holz ab. Wie weit das Resultat reichen würde, musste sich im Laufe des Tages zeigen. Die Auszeichnung verpasste das Sextett am Ende nur knapp. Graubünden war punktgleich mit dem Unterverband Ob-/Nidwalden; da bei Punktgleichheit die Anzahl der Tiefwürfe (direkt geworfene Neuner) entscheidet und die Bündner zehn Tiefwürfe weniger hatten, mussten sie die Heimreise mit leeren Händen antreten.

Die sechs Mitglieder der Bündner Vertretung erzielten folgende Resultate: Gian Marc Patzen 832, Reto Hunger 827, Christian Lipp 811, Christian Oberlin 765, Lydia Freiburghaus 759, Peter Lipp 738 (Streichresultat).

Die Kantone-Mannschaft liefert ein solides Resultat ab und verpasst die Auszeichnung nur knapp.

VERBÄNDE

ÜBERLEGENE DAVOSER MIT STARKEM NACHWUCHS

Markus Wendler überzeugt weniger in der Einzel- als vielmehr in der Doppelsitzer-Kategorie.

Der Winter 2021/22 verlief für den Bündner Rodel- und Schlitten Verband mässig. Die Corona-Pandemie war immer noch präsent, zudem liessen die Schneeverhältnisse teils zu wünschen übrig. Die Rennen in Sarn und Brigels mussten gar abgesagt werden. Glücklicherweise gab es in den anderen drei Wettkämpfen keine nennenswerten Zwischenfälle – was zeigte, dass ein ansprechendes Niveau und eine gute Ausrüstung die Unfallgefahr auf ein Minimum reduzieren.

Je ein Cup-Rennen konnte in Sücka/Malbun und am Rinerhorn in Davos durchgeführt werden. Jenes vom vierten Januar-Sonntag in Liechtenstein zählte zugleich zum Swiss Cup. Entsprechend beteiligten sich auch Rodlerinnen und Rodler von ausserhalb von Graubünden. Vor allem der Club aus Grindelwald stellte eine kleine, aber solide Vertretung und hatte mit Albert Steffen auch den Gewinner in der Rodel-Kategorie in seinen Reihen. Die anderen Siege bei schwierigen Bedingungen gingen an Melanie Meisser (Davos/Rodel Damen), Christian Bauer/Markus Wendler (Davos/Rodel Doppel) und Christoph Neubecker (Avers/Schlitten Herren).

Sechs Tage später sorgte der Nachwuchs des Rodelclub Davos am Rinerhorn für eine Überraschung. Im zweiten Cup-Rennen der Saison gewannen Linus Büchi und Simon Gadmer die Doppelsitzer-Kategorie mit über zwei Sekunden Vorsprung. An zweiter Stelle klassierten sich ihre Clubkollegen Christian Bauer/Markus Wendler. Zweit genannter Athlet entschied zusätzlich die Kategorie Rodel Herren für sich, bei den Frauen hiess die Siegerin Carmen Steiger (Geuensee). In den beiden Schlitten-Kategorien waren die Prättigauer Johannes und Monika Bersorger die Schnellsten.

Name:	Bündner Rodel- und Schlittenverband
Präsident:	Roger Meisser
Gründung:	1996
Mitgliedervereine:	7
Anschrift:	Bärentalstrasse 2A, 7277 Davos Glaris
Telefon:	079 235 77 65
E-Mail:	info@brsv.ch
Webseite:	www.brsv.ch

VERBÄNDE

Roger Meisser triumphiert im Cup-Rennen wie auch in der Bündner Meisterschafts-Wertung.

Tina Wendler brilliert insbesondere an den kantonalen Titelkämpfen.

Am dritten Februar-Sonntag fanden das Cup-Finale und die Bündner Meisterschaften in Avers Cröt statt. Die Teilnehmenden sahen sich dabei erneut mit schwierigen Verhältnissen konfrontiert. Bei den Rodlerinnen und Rodlern triumphierten im Cup-Rennen Roger Meisser (Davos) und Barbara Coldebella (Geuensee) sowie Linus Büchi/Simon Gadmer (Davos). In den Schlitten-Kategorien standen Armin Bersorger und wiederum Monika Bersorger auf dem obersten Treppchen. In der Bündner Meisterschafts-Wertung durfte sich Roger Meisser dank zwei Laufbestzeiten als Bündner Meister aller Klassen ausrufen lassen. Bei den Frauen sicherte sich seine Club-Kollegin Tina Wendler die Goldmedaille. Auch sie brachte zwei hervorragende Läufe ins Ziel. In der Doppelsitzer-Kategorie waren Linus Büchi/Simon Gadmer einmal mehr unschlagbar.

Nach der Saison kam es im Vorstand zu zwei Rücktritten: Roger Meisser legte im März sein Amt als Präsident ab, Alexander Kräuchi demissionierte im Mai im Hinblick auf die folgende Delegiertenversammlung.

Linus Büchi und Simon Gadmer stehen mehrmals auf dem obersten Treppchen.

VERBÄNDE

MITGLIEDERSCHWUND, ZWEI REKORDE UND ZAHLREICHE PODESTPLÄTZE

Mit Tomils (links) und Rothenbrunnen (rechts) beanspruchen zwei Bündner Gruppen einen Platz auf dem Podium.

Der Bündner Schiesssportverband ist in neun Bezirken aufgeteilt und hat rund 2300 Lizenzierte in seinen Reihen. Eine der aktuell grössten Herausforderungen bildet die Planung und Organisation des Eidgenössischen Schützenfestes 2026 mit Chur als Hauptort. Nach 41 Jahren wird die Schweizer «Schützenfamilie» mit nahezu 40 000 Schützen und Schützinnen wieder in Graubünden empfangen.

Nun aber zur jüngsten Vergangenheit. Covid-19 hinterliess auch im Schiesssport Spuren. Wegen den Auflagen und Einschränkungen suchten in den letzten zwei Jahren mehrere Schützinnen und Schützen deutlich weniger einen Schiessstand auf. Damit jedoch nicht genug. Wie jene in anderen Kantonen, verliert auch der Bündner Schiesssportverband von Jahr zu Jahr Mitglieder. Aktuell sind es noch rund 4400, und sie gehören 100 Schützenvereinen an. Allerdings verringert sich wegen Fusionen auch die zweite Zahl. Zudem sind immer mehr Schiessstände Geschichte, dafür werden neue Regionale Anlagen erstellt.

JE EINMAL SILBER UND BRONZE

Den sportlichen Höhepunkt in diesem Jahr bildete die Qualifikation von vier Bündner Gruppen für den Final der Schweizer Gruppenmeisterschaft. Im Feld D, Gewehr 57/03 sah es nach dem Viertelfinal, wo 24 Gruppen gestartet waren, nicht so aus, dass Bregaglia und Tomils auf Finalkurs bleiben werden. Schweizer Meister Rothenbrunnen hingegen überzeugte und belegte nach diesem Umgang mit starken 710 Punkten den zweiten Rang. Den Halbfinal erreichten indes auch Bregaglia und Tomils, Ruschein schied aus. Die 15 Bündner Schützen zeigten nun ihr ganzes Können und erreichten den Final der sechs besten Gruppen diskussionslos. In diesem gewann Tomils Silber, Rothenbrunnen ergatterte die Bronzemedaille.

Name:	Bündner Schiesssportverband
Präsident:	Carl Frischknecht
Gründung:	1881
Mitglieder:	3904 Aktivmitglieder / 610 übrige Mitglieder
Anschrift:	Crutta Sura, 7418 Tomils
Telefon:	081 655 10 50
Webseite:	www.kbsv.ch

WAHLEN UND MEISTERSCHAFTEN

Nominiert für den Titel Bündner Schütz des Jahres bei der Elite war mit Norbert Caviezel der Eidgenössische Schützenkönig in der Kategorie Gewehr 57/03, mit Carl Frischknecht der Sieger im nationalen Gruppenfinal mit Rothenbrunnen in der Kategorie D sowie mit dem Pistolenschützen Elmar Fallet der mehrfache Bündner Schütz des Jahres. Das Trio bei den Junioren bildeten die Gewehrschützin 50 und 100 Meter Enrica Caluori, der Pistolenschütze Tim Wolf und der Gewehrschütze 50 und 100 Meter Chris Wolf. Die Titel gingen am Ende an Carl Frischknecht und Enrica Caluori.

Der Tomilser machte sich in den vergangenen zwei Jahrzehnten als Multifunktionär und starker Schütze einen hervorragenden Namen. Von 2002 bis 2010 weilte er im Vorstand des Bündner Schiesssportverbandes und stand 2012 als OK-Präsident des Kantonalfestes in Mittelbünden im Einsatz. Gekrönt wurde die langjährige Laufbahn des erfolgreichen Match-, Gruppen- und Einzelschützen im März 2017 mit der Wahl zum Präsidenten des Bündner Schiesssportverbandes.

Carl Frischknecht zählte am diesjährigen Eidgenössischen Feldschiessen zu jenem Bündner Quartett, welches auf der Distanz von 300 Meter das Maximum von 72 Punkten erzielte. Neben ihm gelang dies Tarcisi Cadruvi (Ruschein), Luca Hohenegger (Müstair) und Alessio Sala (Poschiavo).

SPANNENDES DUELL

Im Final der Bündner Gruppenmeisterschaften siegten in den drei Kategorien Gewehr 300 Meter Felsberg, Rothenbrunnen und Castrisch. Dieses Trio war bereits in den zwei Vorrunden am treffsichersten. Felsberg mit dem Quintett Michael Buchli, Georg Maurer, Arno Theus, Barcli Venzin und Peter Voneschen setzte sich im Feld A (Freie Sportwaffe) mit 1900 Punkten durch. Das Siegerteam lieferte sich einen spannenden Wettkampf mit Sedrun-Tujetsch. Die Bündner Oberländer hatten nach der ersten Runde noch mit einem Vorsprung von acht Zählern in Führung gelegen. Im folgenden Durchgang schossen die Felsberger 951 Punkte und somit acht Zähler mehr als der stärkste Widersacher – was Gleichstand bedeutete. Diese Runde gab den Ausschlag, dass der Titel an Felsberg ging. An dritter Stelle klassierte sich Haldenstein mit 1886 Punkten. Bester Einzelschütze in dieser Kategorie war Georg Maurer mit einer Passe von 198 Zählern.

Rothenbrunnen und somit der klare Qualifikationssieger sowie Schweizer Meister 2021 entschied klar das Feld D (Sturmgewehr 57/03) für sich. Das Quintett Mauro Ardüser, Carl Frischknecht, Josef Plaz, Kevin Plaz und Silvia Plaz schoss mit 712 Punkten vor allem eine starke zweite Runde. Letztlich kam Rothenbrunnen auf ein Total von 1412 Zählern. Das Podest komplettierten Sent (1396) und Tomils (1384). Die beste Einzelpasse mit dem Sturmgewehr 57/03 gelang Kevin Plaz (146).

Qualifikationssieger und Favorit Castrisch gelang im Feld E (Ordonnanzwaffen ohne Sturmgewehr 57/03) der Sieg. Der mehrfache Schweizer- und Bündner-Meister mit Daniel Cabalzar, Curdin Candrian, Gion Casaulta, Hermann Jemmi und Robert Studer triumphierte mit 1367 Punkten. Den Grundstein für den Erfolg legte das Quintett in der ersten Runde mit 688 Zählern. Auf dem zweiten Rang folgte Monstein mit einem Rückstand von sieben Punkten. Für die grösste Überraschung auf dem Rossboden in Chur sorgte die Gruppe aus Samnaun, welche sich mit 1355 Punkten an dritter Stelle klassierte. Das beste Einzelresultat in dieser Kategorie gelang Robert Studer (143).

Die beiden Finals der 50/25 Meter Pistolendistanz dominierten die Schützen aus Poschiavo und der Stadt Chur.

Carl Frischknecht erhält die Auszeichnung als Bündner Schütz des Jahres.

Felsberg setzt sich im Final der Bündner Gruppenmeisterschaften im Feld A hauchdünn durch.

NUR EINEN TITEL VERTEIDIGT

An den Bündner Meisterschaften der 300-Meter-Gewehrschützen vermochte nur Georg Maurer (Felsberg) seinen Titel erfolgreich zu verteidigen. Er gewann den Zweistellungsmatch bei der Elite mit 576 Zählern. Zweifacher Titelträger in den Pistolen-Disziplinen wurde, wie schon mehrmals, Elmar Fallet.

Die Goldmedaille im Liegendmatch Sportgewehr holte zum ersten Mal Roger Monsch (Zizers) mit 584 Punkten. Fast ohne Konkurrenz war im Liegendmatch Ordonnanzwaffe 57/03 Silvia Plaz (Rothenbrunnen/Brugg). Die Schweizer Meisterin 2021 mit der Gruppe Rothenbrunnen schoss 584 Zähler. Im Liegendwettkampf Militärwaffen wurde Curdin Candrian (Castrisch) Bündner Meister mit 563 Punkten.

An den Bündner Meisterschaften Gewehr 50 Meter erzielten die Favoritinnen und Favoriten die besten Resultate. Im Liegendmatch Elite sicherte sich Lars Färber (Felsberg) den Sieg mit 626,8 Zählern. Damit verbesserte der 38-Jährige seinen eigenen Bündner Rekord aus dem Jahr 2015 um 1,3 Punkte. Annina Tomaschett (Trun), welche dem Nationalteam angehört, erzielte 613,6 Zähler. Das Podest komplettierte Cornelia Valentin (Chur).

EIN WEITERER REKORD

Siegerin im Liegendwettkampf des Nachwuchses wurde Martina Herrli (Davos-Dorf) mit 612,2 Punkten. Auch ihr gelang ein neuer Bündner Rekord. Das 17-jährige Mitglied des Nationalkaders verbesserte die Bestmarke von Lucas Kaufmann (Zizers) aus dem Jahr 2019 um 0,9 Punkte. Die Ränge 2 und 3 erreichten Enrica Caluori und Manuela Lorez (Cazis). In der Vorrunde des Dreistellungsmatches des Nachwuchses war Enrica Caluori beinahe konkurrenzlos und schoss 573 Zähler.

Bei den 300-Meter-Gewehrschützen verteidigt einzig Georg Maurer den Titel erfolgreich.

Die an zweiter Stelle klassierte Martina Herrli wies 14 Punkte weniger auf. Chiara Weishaupt (Degen) schaffe es als Dritte in den Finaldurchgang. Dort siegte Enrica Caluori vor Martina Herrli und Jana Kessler (Schiers).

In der Kategorie Liegend Veteranen wurde Corsin Derungs (Camus) mit 614,9 Punkten Bündner Meister. Die mehrfache Titelträgerin Marie-Louise Degonda (Cumpadials) belegte den zweiten Platz vor Placi Caviezel (Camuns). Treffsicherster Veteran war Armin Mani (Tamins) mit 610,2 Punkten. Der 88-jährige Albert Beiner (Haldenstein) beendete den Wettkampf als Zweiter, Bronze ging an Johann Ueli Mani (Tamins).

Der beste Bündner Jungschütze hiess Fabio Giger (Tomils). Der dreifache Sieger bei den Jugendlichen gewann erstmals bei den Jungschützen. In der Kategorie Jugendliche war Livio Tscharner (Schiers) am treffsichersten. Den Gruppensieg holten Castrisch II (U21) und Tomils (U15).

Elmar Fallet gewinnt in den Pistolen-Disziplinen gleich zwei Titel.

Martina Herrli glänzt mehrmals und erzielt auch einen Bündner Rekord.

MEHRMALS AUF DEM PODEST

Die Juniorinnen des Bündner Schiesssportverbandes traten auch auf dem internationalen Parkett erfolgreich in Erscheinung. An einem Wettkampf der Arge Alp (Arbeitsgemeinschaft der Alpenländer) erreichten sie Ende Juli in der Olympia-Schiessanlage in München mit dem Gewehr und der Luftpistole mehrere Podestplätze. Mit dem Gewehr auf der Distanz von 50 Meter in der Königsdisziplin (dreimal 20 Schuss) belegten Enrica Caluori, Jana Kessler und Martina Herrli – sie triumphierte zusätzlich in der Einzelwertung – den dritten Rang im Teamwettkampf. Dies hinter den Gruppen aus Bayern und Tirol sowie vor dem Tessin, St. Gallen und der Lombardei.

Auch im Team-Liegend-Wettkampf anlässlich des 50-Jahre-Jubiläums der Arge Alp schossen die Bündnerinnen hervorragend und erkämpften sich mit dem dritten Rang einen weiteren Podestplatz. Neben Martina Herrli und Enrica Caluori war Lea Schmid für diesen Erfolg besorgt. Martina Herrli zeigte sich, wie in der Königsdisziplin Einzelwertung, auch im Einzelwettkampf Liegend-Wettkampf von ihrer besten Seite und belegte den zweiten Platz.

In der Kategorie Junioren Gewehr 10 Meter verpasste das Bündner Juniorinnen-Team mit dem vierten Rang einen Podestplatz nur knapp. Die Pistolen-Juniorinnen Sina Flütsch, Mia Hartmann und Lea Schmid wurden mit der Luftpistole auf der Distanz von 10 Meter im Teamwettbewerb Dritte.

SIEGERINNEN UND SIEGER DER JUGENDTAGE

Gewehr 10 Meter

U13
| Melina Beeli | Tschappina |

U15
| Alicia Beer | Rueras |

U21
| Chiara Weishaupt | Degen |

Gruppe Gewehr 10 Meter

U13
Gemischte Gruppe	Liana Beer
	Niklas Schuldt
	Niilo Nik Cammarota

U15
Schiesssportverein Malans	Amanda Mutzner
	Nicola Kuoni
	Simon Oswald

U21
Societad da tir Voluntaria Trun	Chiara Weishaupt
	Anja Cadalbert
	Alicia Beer

Pistole 10 Meter

U15
| Tobia Knupfer | Chur |

U21
| Mia Hartmann | St. Antönien |

Gruppe Pistole 10 Meter

U21
Pistolenschützen St. Antönien	Sina Flütsch
	Mia Hartmann
	Mario Wolf

Gewehr 50 Meter

U15
| Andri Quinn | Landquart |

U21
| Mirco Caduff | Landquart |

3 Stellungen
| Enrica Caluori | Rhäzüns |

Gruppe Gewehr 50 Meter

U15
Societad da tiro Poschiavo	Lisa Costa
	Gabriele Zanetti
	Matteo Rossi

U21
Sportschützen Domat/Ems	Carlo Caluori
	Enrica Caluori
	Sandro Weber

Gewehr 300 Meter

U15
| Livio Tscharner | Schiers |

U21
| Fabio Giger | Tomils |

Gruppe Gewehr 300 Meter

U15
Schützenverein Tomils	Raimonda Omura
	Nando Caspar
	Rimonda Omura

U21
Societad da tir Castrisch	Eric Derungs
	Lina Decurtins
	Fernando Casutt
	Jan Capaul

VERBÄNDE

EIN SIEG NACH DEM ANDEREN UND EINE VERPASSTE FINALQUALIFIKATION

Die Angehörigen des Rock'n'Roll Club Chur blicken auf eine erfolgreiche Saison zurück. Am zweiten Juli-Samstag 2021 starteten Kristina Loritz (Tscherlach) und Isabel Koite (Domat/Ems) sowie Ariane Oettli (Amden) und Jenoe Marranchelli (Summaprada) im Rahmen eines Turniers des Ostschweizerischen Rock'n'Roll- und Boogie-Verbandes im zürcherischen Uitikon in die zweite Jahreshälfte. Die beiden Paare belegten in ihrer Kategorie jeweils den zweiten Platz.

Ende Oktober reisten Kristina Loritz und Isabel Koite zusammen mit Betreuungspersonen und einem Fanclub nach Kreuzlingen an den Thurgi Cup, an welchem sie erneut glänzten und sich über den Sieg freuen durften. Selbiges gelang ihnen Ende März im thurgauischen Pfyn.

Am von der Swiss Rock'n'Roll-Confederation veranstalteten Winti Cup vom Mai in Seuzach folgte der nächste Streich: Die beiden Tänzerinnen brillierten zum dritten Mal in Folge und feierten einen weiteren Triumph. Mitte Juni fand im thurgauischen Diessenhofen mit der Schweizer Meisterschaft der Rock'n'Roller der Saisonhöhepunkt statt. Kristina Loritz und Isabel Koite reisten mit einem grossen Fanclub an. Trotz guter Performance verpassten die beiden die Finalqualifikation knapp und mussten sich mit dem siebten Platz zufriedengeben.

SHOWS UND KLUBFEST

Ende August 2021 war der Rock'n'Roll Club Chur bei Coop Andiamo auf der Quaderwiese mit einem Stand und Showeinlagen präsent. Anfang September fand in Domat/Ems wiederum ein Klubfest in gemütlichem Rahmen statt. Im November folgte eine Show im Rahmen eines Familienabends der Feldschützengruppe Sargans. Die Adventsshow von Anfang Dezember konnte mit der 3G-Regel durchgeführt werden. Wie immer bildete sie den feierlichen Jahresabschluss, an welchem sämtliche Aktiven das Erlernte zeigten. Am dritten Juni-Montag dieses Jahres schliesslich wurde auf der Zieleinfahrt der Tour de Suisse Women in Chur getanzt.

Das Trainerteam des Rock'n'Roll Club Chur, bestehend aus Birgit Parpan, Guendalina Muscas, Ariane Oettli und der ganzen Familie Marranchelli, unterstützte die Paare beziehungsweise die Small Formation, wo immer es notwendig war. Neben einem Coach sind derzeit sechs Personen im Besitz einer J+S-Leiterlizenz.

Kristina Loritz (links) und Isabel Koite wissen sich hervorragend in Szene zu setzen.

Jenoe Marranchelli und Ariane Oettli zeigen ihr Können an der Adventsshow.

Name:	Bündner Tanz Sport Verband
Gründung:	2000
Präsidentin:	Brigitta Marranchelli
Mitgliedervereine:	1
Anschrift:	Unter Schauenberg 5 7421 Summaprada
Telefon:	081 651 43 60
E-Mail:	bmarranchelli@bluewin.ch

FAVORITENSIEGE, ERFOLGREICHE GASTGEBER UND BELIEBTES FORMAT

Mit Michaela Zilincova setzt sich die Favoritin durch.

Kent Giger erkämpft sich dritten Bündner-Meister-Titel.

Der Tennisclub Chur war seit langem wieder einmal Gastgeber der Bündner Meisterschaften. Die letzte Austragung der kantonalen Titelkämpfe in der Kantonshauptstadt fand vor 23 Jahren statt. Dies, obwohl der Club mit seinen neun Sandplätzen der grösste in Graubünden ist. Auch zählt er mit zirka 450 Mitgliedern zu den grössten Sportvereinen der Stadt.

1999 hiessen die Bündner Meister im Hauptfeld Sabrina Ruf (Chur) und Marco Kälin (Landquart). Marco Kälin holte damals mit dem Finalsieg in Chur seinen bereits zehnten Titel im Hauptfeld. Auch 2020 und 2021 gewann er die Goldmedaille.

An den diesjährigen Meisterschaften setzten sich ebenfalls die Favoriten durch. Im Hauptfeld der Damen siegte Michaela Zilincova (R4, Bonaduz), bei den Herren holte Kent Giger (N4 121, Landquart) seinen dritten Titel. Michaela Zilincova gewann das entscheidende Gruppenspiel gegen Lisa Fopp (R2, Chur) mit 6:4, 6:3. Kent Giger setzte sich auch im Final klar durch. Mit 6:2, 6:4 gewann er gegen den bis dato auf dem Bündner Tennisparkett eher unbekannten Etele Ungvari (R2, Corviglia). Dieser spürte allerdings sicher noch seinen harten Kampf vom Halbfinale gegen den Vorjahressieger Matteo Florin (R1, Grüsch), welchen er mit 6:3, 4:6, 6:4 für sich entscheiden konnte.

Mit einer Ausnahme gingen die weiteren Titel an den Gastgeberclub: Roger Lang (Landquart/35+), Thomas Engel (Chur/45+), Richard Riedi (Chur/55+) und Reto Zogg (Chur/65+). Bei den Frauen siegte erneut Pierina Engi (Chur/30+).

Name:	Graubünden Tennis
Präsidium:	Maria Laura Eldahuk
Gründung:	1945
Verband:	29 Clubs und 3 Center
Anschrift:	Via dal Farrer 16, 7513 Silvaplana
Telefon:	078 726 64 83
E-Mail:	praesidentin@grtennis.ch
Webseite:	grtennis.ch

instagram.com/graubuendentennis
twitter.com/GRTennis

ZEHN CLUBS, ZWÖLF TEAMS

Der «Bündner Interclub» fand bereits zum siebten Mal statt. Bei diesem beliebten Format können Bündner Clubs maximal zwei Teams mit je zwei Frauen (30+) und Männern (35+) stellen. Gespielt wird dann je Begegnung gleichzeitig ein Damen- und ein Herren-Einzel sowie ein Mixed-Doppel.

Heuer stellten zehn Clubs insgesamt zwölf Teams. Zusätzlich wurde um ein Preisgeld in der Höhe von 1200 Franken gekämpft. Die verschiedenen Begegnungen wurden über den Sommer gespielt, das Finale stand im September an. Domat/Ems 1 forderte nach Redaktionsschluss auswärts den Vorjahressieger Klosters heraus.

ABSTIEG AUS DER NATIONALLIGA C UND STARKE JUGENDLICHE

Die Mannschaft von Chur (links) unterliegt im Achtelfinal des Schweizer Cup dem Team von Port.

Seit einigen Saisons kämpfte die erste Mannschaft des Tischtennisclub Chur gegen den Abstieg. Dies war nicht immer so. Während Jahren spielten die Kantonshauptstädter vorne mit und erreichten zweimal gar die Aufstiegsspiele in die Nationalliga B. Der Aufstieg gelang aber beide Male nicht.

In den vergangenen Meisterschaften musste sich die Mannschaft nach hinten orientieren. Dank ihrer Erfahrung schafften es die Churer immer wieder, den Kopf aus der Schlinge zu ziehen und sich zumindest auf dem rettenden sechsten Platz zu klassieren. In diesem Coronajahr passierte es dann. Trotz des Rückzugs von Wil positionierten sich Beat Battaglia, Karl Stumpfecker, Dorian Muncan und Oliver Neuber nur auf dem siebten und zugleich zweitletzten Rang, was nach über zwei Jahrzehnten Zugehörigkeit zur Nationalliga C den Abstieg in die oberste Regionalliga des Ostschweizer Tischtennisverbandes bedeutete. Enttäuschend war nicht nur der Abstieg an sich. Auch die Tatsache, wie er zustande kam, war ernüchternd. Kein Spieler erreichte nur annähernd seine Spielstärke der Vorjahre, sodass – ausser den Matches gegen den Mitabsteiger Wil – gegen starke Gegner kein einziger Sieg gelang.

Tischtennisclub Chur

Die Mannschaft bleibt auch in der nächsten Saison zusammen. Ziel muss es sein, den direkten Wiederaufstieg in die Nationalliga zu schaffen.

ZWEI TOP-3-RÄNGE

Insgesamt stellte der Tischtennisclub Chur in der Saison 2021/22 acht Mannschaften in der Aktiven-Meisterschaft. Hinzu kamen drei Senioren- und zwei Juniorenteams. Alle Equipen konnten sich in ihren Ligen behaupten und den Ligaerhalt sichern. Positiv überraschten insbesondere die Jugendlichen von Chur 1 mit Lars Bossi, Jascha Kamber und Luca Salis; das Trio belegte in der 2. Liga den guten dritten Rang. Noch besser lief es den Senioren in der obersten Liga; sie erreichten

Name:	Tischtennisclub Chur
Präsident:	Mathias Fässler
Gründung:	1946
Mitglieder:	acht Aktiv-, zwei Junioren- und drei Seniorenteams / rund 35 lizenzierte Spieler
Anschrift:	Tulpenweg 9, 7000 Chur
E-Mail:	ttcchur@ttcchur.ch
Webseite:	www.ttcchur.ch

den zweiten Platz. Verletzungspech verhinderte den Sieg und den Meistertitel.

Erfolge konnte Chur im Schweizer Cup erzielen. Nach Siegen gegen Ettenhausen (3. Liga), St. Gallen (Nationalliga B) und Lugano (Nationalliga A) kam im Achtelfinal gegen Port – die Berner spielten ebenfalls in der Nationalliga C – das Aus.

LARS BOSSI VERTEIDIGT MEISTERTITEL

Lange Zeit war ungewiss, ob die Bündner Meisterschaften wie im Vorjahr Corona zum Opfer fallen würden. Mit einigem Optimismus bereitete das Organisationskomitee das Turnier vor und wartete auf die behördlichen Einschränkungen beziehungsweise Öffnungen. Mit einiger Erleichterung konnte der Anlass schliesslich zumindest für die Jugendlichen durchgeführt werden. In diversen Alterskategorien kämpften Mädchen und Knaben an der Tischtennisplatte mit dem kleinen Ball und gegen ihre Kolleginnen und Kollegen. Nebst dem Titel der Bündner Meisterin oder des Bündner Meisters konnten sich die Siegerinnen und Sieger für die Schweizer Meisterschaften qualifizieren. In der höchsten Kategorie gelang es Lars Bossi, seinen Titel aus dem Jahr 2019 zu verteidigen.

TEILNEHMENDE AUS DER GANZEN SCHWEIZ

Anlässlich des Schweizerischen Schulsporttages, der am dritten Mai-Freitag in Chur stattfand, organisierte der Tischtennisclub Chur den Bereich Tischtennis. Schulklassen aus der ganzen Schweiz, von Genf bis St. Gallen, nahmen daran teil. Schliesslich konnten sich die Genfer Jungs, die den Schweizer Meister der entsprechenden Altersklasse in ihren Reihen wussten, den Titel gegen die Mannschaft aus Obwalden sichern. Bei den Mädchen siegte Zürich 1 gegen Bern. Die teilweise

Der Nachwuchs ist froh, wieder spielen zu können.

weit angereisten Jugendlichen konnten einen schönen und heissen Tag mit vielen sportlichen und freundschaftlichen Begegnungen geniessen.

VERSCHIEBUNGEN UND ABSAGEN

Corona schränkte den Tischtennisclub Chur auch in der Saison 2021/2022 ein, allerdings nicht mehr im selben Mass wie im Vorjahr. Das Training konnte mit gewissen Auflagen immer durchgeführt werden, was insbesondere von den Jugendlichen mit viel Freude und Engagement aufgenommen wurde. In der Meisterschaft mussten einige Spiele verschoben oder abgesagt werden, da eine Impfung Grundvoraussetzung für die Teilnahme war. Nicht alle Spielerinnen und Spieler wollten sich impfen lassen und konnten deshalb nicht mittun.

Die besten Teams anlässlich des Schweizerischen Schulsporttages in Chur.

WINTERTRAINING, REGIO LEAGUE UND ZWEI HAWAII-QUALIFIKATIONEN

Gruppenfoto anlässlich des Regio-League-Wettkampfs in Chur.

Die bei ihrem ersten Wettkampfstart erfolgreichen Tri-Speeders Calanda.

Das Jahr startete im Tri-Team Calanda mit dem Wintertraining. Vor dem traditionellen Langlauflager gab es einen Langlaufkurs vom langjährigen Mitglied Norbert Bieler und dem ehemaligen Profi-Langläufer Livio Bieler. Zusätzlich standen mehrere Spin-&-Run-Trainings bei Corsin Spiller in Thusis auf dem Programm, welche immer mit viel Spass und müden Beinen verbunden waren. Anschliessend ging es gut vorbereitet ins Engadin. In verschiedenen Gruppen konnte jeder und jede dem Niveau entsprechend an der Technik, Kraft und Geschwindigkeit feilen. Selbstverständlich durften auch die Loipe mit der Geschwindigkeitsmessung und die gewagte Fahrt über die Schanzen nicht fehlen. Abends genossen die Triathletinnen und Triathleten das Schwimmen und Relaxen im Ovaverva Hallenbad, Spa & Sportzentrum in St. Moritz.

Mitte März konnte dann nach zwei Jahren endlich wieder ein Wettkampf der Regio League in Chur durchgeführt werden. Er bildete den Auftakt einer Wettkampfserie von Swiss-Triathlon. Am Start waren 62 Schülerinnen und Schüler im Alter von 10 bis 13 Jahren. Die Tri-Speeders Calanda, Céline Caminada, Carolina Olivieri und Luke Bansi, die erst 2021 mit dem Triathlon-Training starteten, belegten an ihrem ersten Wettkampf die Ränge 8, 9 und 16. In der National League überzeugte Till Clijsen aus Malans mit dem zweiten Rang in der Gesamtwertung.

TRAININGSLAGER IN SPANIEN

Nachdem die Wettkampfsaison 2021 vor allem durch die Absage von Wettkämpfen geprägt war, konnten nun viele Mitglieder ihre grossen Ziele in Angriff nehmen. Dafür wurde in den Schwimmtrainings mit Peter Molenaar und den Lauftrainings mit François Borner fleissig trainiert. Zudem gingen einige Team-Angehörige gemeinsam ins Trainingslager nach Spanien. Neben den vielen Rennvelo-Kilometern kam in Cambrils auch das Open Water Training im Meer nicht zu kurz.

Vereinsname:	Tri-Team Calanda
Präsident:	Michael Knöpfel
Gründung:	1988
Aktivmitglieder:	47
Jugendmitglieder:	10
Telefon:	078 662 70 08
E-Mail:	michael.knoepfel@gmx.ch
Webseite:	www.triteamcalanda.ch

Im Langlauflager feilt jede und jeder an der Technik, Kraft und Geschwindigkeit.

Annette Fink und Michael Knöpfel meistern die Herausforderung der Challenge Roth.

Der Triathlon in Locarno bildet den (vorläufigen) Abschluss des Jahres.

Der Start einer erfolgreichen Saison fürs Tri-Team Calanda bescherte Carlo Meier mit seinem Sieg am Ironman Mallorca und der Qualifikation für Hawaii. Im April starteten einige Mitglieder am Marathon in Zürich. Luca Pedrelli knackte dabei die Drei-Stunden-Marke. Bei grosser Hitze absolvierten Mitte Juni einige Mitglieder in Rapperswil den Half-Ironman als Vorbereitung auf den Ironman in Thun. Dabei schaffte es Norbert Bieler auf den zweiten Platz. Mauro Nicca zog an diesem Wettkampf seine Lehren – Verpflegung ist bekanntlich die vierte Disziplin im Triathlon.

FINISHEN BEI PREMIERE IM VORDERGRUND

Für jene Mitglieder, die kürzere Distanzen bevorzugen, stand Mitte Juni der Zytturm-Triathlon in Zug auf dem Programm. Neben jenem Wettkampf gehörten auch der Linthathlon, der Rhyathlon und Locarno zu den Triathlons, die traditionell vom Tri-Team angepeilt werden. Nach einem Austauschjahr holte Ada Schmid gleich den Kategoriensieg am Linthathlon. Zufrieden sein durften auch Nora Putzi, Maximilian Kopplin und Jessica Baumann. Am Rhyathlon gab es ein Kopf-an-Kopf-Rennen zwischen dem sechstplatzierten Luca Pedrelli und dem siebtrangierten Carlo Hartmann. Monika Brandt und Ruwen Borer beendeten den Wettkampf auf dem vierten Rang, Michael Knöpfel klassierte sich im Mittelfeld.

Locarno bildete den vorläufigen Abschluss des Jahres mit neun Startenden des Tri-Team Calanda. Fünf von ihnen klassierten sich in den Top Ten, drei weitere unter den ersten 16. Daneben absolvierten die Triathletinnen und Triathleten zahlreiche weitere Wettkämpfe.

An der Challenge Roth gingen Michael Knöpfel, Annette Fink und Stephan Meister an den Start. Neben diesem Ironman stellte jener in Thun den (vorläufigen) Saisonhöhepunkt für viele Athleten und Athletinnen dar. Obwohl Carlo Meier bereits qualifiziert war, bestätigte er seine sensationelle Form mit einem weiteren Kategoriensieg und hätte sich erneut für die Weltmeisterschaften in Hawaii qualifiziert. Die Qualifikation für den unbestrittenen Saisonhöhepunkt schaffte auch Norbert Bieler.

Für Romy Steingruber, Johann-Peter Tscherry und Mauro Nicca stand der Finish ihres ersten Langdistanz-Wettkampfes im Vordergrund. Die Emotionen, welche das Trio im Ziel erlebte, wird es nie vergessen. Dass das Beenden einer Langdistanz nicht selbstverständlich ist, musste der mehrfache Finisher Lieni Denoth erfahren; er bekundete Knieprobleme und musste aufgeben.

Eine starke Leistung vollbrachte am Inferno-Triathlon Ursina Berri. Neben den Triathlon-Disziplinen kam an diesem Wettkampf eine happige Bike-Strecke dazu. Die einzelnen Distanzen waren zwar etwas kürzer als bei einem Langdistanz-Triathlon, insgesamt galt es jedoch 5500 Höhenmeter zu bewältigen. Der Finish auf dem Schilthorn auf 2970 m ü. M. musste also verdient sein.

Till Clijsen überzeugt in der National League mit dem zweiten Rang in der Gesamtwertung.

VERBÄNDE

RÜCKKEHR MIT EINEM GROSSANLASS UND MEHREREN TRIUMPHEN

In der Pendelstafette gegen den TV Trimmis schafft der BTV Schiers (links) die Tageshöchstnote.

Nach der langen Zwangspause kämpften sich die Vereine des Graubündner Turnverbandes auf den Wettkampfplatz zurück. Die kantonalen und regionalen Wettkämpfe, die heuer wieder regulär stattfinden konnten, standen dabei im Fokus. Den Saisonhöhepunkt bildete das Glarner-Bündner-Kantonalturnfest, welches ebenfalls in gewohnter Form stattfinden konnte und von der Turnfamilie geradezu herbeigesehnt wurde.

Bereits über den Winter trainierten die Turnerinnen und Turner fleissig für die bevorstehende Wettkampfsaison. Es wurden Wettkampfgruppen formiert, Standortbestimmungen durchgeführt und aufgebaut. Nach der langen, pandemiebedingten Trainings- und Wettkampfpause, welche einige personelle Wechsel zur Folge hatte, waren die Turnenden gefordert, wieder in die alte Form zurückzufinden. Aufgeben war keine Option, und die Aussicht auf Wettkämpfe motivierte zusehends. Die Turnerinnen und Turner arbeiteten hart, und die Ergebnisse zeigten, dass sich dies lohnte.

Die Vereine brillierten in den Vereinswettkämpfen an sämtlichen Anlässen und auf allen Ebenen. Jene Vereine, die schon vor der Pandemie an der Spitze mitwirkten, wurden ihren Favoritenrollen weiterhin gerecht und liessen sich von der Zwangspause kaum in die Knie zwingen.

IN ALLEN DISZIPLINEN ERFOLGREICH

Der Kantonale Vereinsturntag und somit die Bündner Meisterschaft im Vereinsturnen fand am letzten Mai-Samstag in Felsberg statt. Der Titel wurde in einem spannenden Duell zwischen den beiden Leistungsträgern BTV Schiers und TV Trimmis ausgetragen. Die Prättigauer behielten dabei das bessere Ende für sich und verteidigten den Titel erfolgreich.

Der BTV Schiers präsentierte sein Können in der Aktivkategorie in sämtlichen Turnsparten und brillierte auf der ganzen Ebene. In der Pendelstafette gegen den TV Trimmis legte er einen fulminanten Start hin und schaffte mit maximaler Schnelligkeit und einwandfreien Wechseln die Tageshöchstnote 9,85. Die anschliessende Sprungvorführung gelang gewohnt stilsicher und spektakulär. Das Wertungsgericht belohnte die ta-

Name:	Graubündner Turnverband
Präsident:	Jean-Pierre Thomas, Felsberg
Anschrift:	Zeughausstrasse 5, 7208 Malans
Telefon:	081 353 64 88
E-Mail:	info@grtv.ch
Webseite:	www.grtv.ch

Dem TV Tenna läuft der Wettkampf nicht ganz ausgeglichen.

dellose Darbietung mit einer 9,46. Der konkurrenzierende TV Trimmis zog mit der nachfolgenden Barrenübung auf dem hohen Niveau nach. Auch er überzeugte in Einzelausführung und Synchronität und schaffte eine 9,43.

Weiter absolvierte der BTV Schiers den Fachtest Allround und den 800-Meter-Lauf mit einer soliden Leistung. Im Hochsprung und in der Gerätekombination präsentierte er sich dann nochmals wettkampferprobt und schaffte zwei weitere Noten über der Neunermarke.

Der TV Trimmis überzeugt in der Barrenübung in Einzelausführung und Synchronität.

Für den TV Trimmis ging es im letzten Wettkampfteil zum Steinheben, wo er wiederum mit einem überzeugenden Kraftakt punktete (9,43). Letztlich führte der Titelverteidiger BTV Schiers die Kategorie mit 28,19 Punkten knapp vor dem TV Trimmis an.

Die anderen Vereine der Kategorie vermochten es mit den beiden Spitzenreitern nicht aufzunehmen und folgten mit deutlichem Abstand. Der drittplatzierte TV Tenna zeigte einen leicht durchzogenen Wettkampf. Im Weitsprung überzeugte er auf der ganzen Ebene und war in dieser Disziplin nicht zu schlagen. In der Pendelstafette, im Hochsprung und im Fachtest Allround blieb er jedoch deutlich unter der Neunermarke – was auch bei den weiteren Mitstreitern der Fall war.

ANFÄNGLICHE UNSICHERHEITEN

Die Kategorie Frauen/Männer dominierte der TV Rhäzüns mit beachtlichem Vorsprung. Er überzeugte im Fachtest Allround und in den Fit+Fun-Disziplinen mit Geschicklichkeit und Ballgefühl und punktete über der Neunermarke. Auch in der Pendelstafette gelangen ihm rasante Sprints und einwandfreie Übergänge, was mit einer 9,82 belohnt wurde. Dem zweitplatzierten TV Tenna lief der Wettkampf nicht ganz ausgeglichen. Die geübten Fit+Fun-Könner zeigten im ersten Wettkampfteil im Fussball-Stafettenstab und im Brett-Ball noch Unsicherheiten und leisteten sich Fehler. Im Fachtest Allround und in den Fit+Fun-Aufgaben im zweiten und dritten Wettkampfteil konnten sie dann aber ihr Potenzial abrufen und ein leistungsstarkes Niveau zeigen. An dritter Stelle klassierte sich der TV Davos nach einem ausgeglichenen und soliden Wettkampf in sämtlichen Fit+Fun-Disziplinen.

Im einteiligen Vereinswettkampf schaffte der TV Tenna mit einer anschaulichen Gerätekombination die höchste Punktzahl. Er präsentierte eine Kombination aus Stufenbarren und Boden und zeigte sich darin stilsicher. Die Darbietung wurde mit einer 8,81 belohnt. Die beiden Teamaerobic-Gruppen des TV Zizers fanden mit ihren Vorführungen ebenfalls Anklang und schafften mit 8,78 beziehungsweise 8,48 den zweiten respektive dritten Rang.

Die leistungsstarken Herrschäftler Vereine, welche ebenfalls zu spannenden Austragungen beigetragen hätten, waren nicht vertreten. Sie präsentierten ihr Können am gleichzeitig stattgefundenen Herrschäftler Turntag.

Die Teamaerobic-Gruppe des TV Zizers findet mit ihrer Vorführung Anklang.

DURCHWEGS ÜBERZEUGEND

Im Juni waren die Bündner Vereine vollends im Turnfestfieber. Im Fokus stand das Glarner-Bündner Kantonalturnfest in Näfels. Einzelne Vereine nahmen auch an anderen Turnfesten in der ganzen Schweiz teil und zeigten dabei brillante Darbietungen.

Der Turnverein Malans stand am zweiten und dritten Juni-Wochenende am Schaffhauser Kantonalturnfest in Beringen erfolgreich im Einsatz. Nele Pahl überzeugte in den Einzelwettkämpfen im Geräteturnen in der Kategorie 7 auf der ganzen Linie und sorgte für einen Bündner Turnfestsieg. Sie zeigte am Boden, am Reck und an den Schaukelringen leistungsstarke, saubere Übungen, welche ihr hohe Noten deutlich über der Neunermarke einbrachten. Vereinskollegin Bigna Schaniel gelangen die Übungen am Boden ebenfalls auf diesem Niveau, an den Ringen und am Sprung fiel sie jedoch knapp unter die Neunermarke. Mit dem dritten Rang schaffte sie einen weiteren Podestplatz. Im dreiteiligen Vereinswettkampf kämpfte der Turnverein Malans in der vierten Stärkeklasse gegen 32 Konkurrenten ganz vorne mit. Den Auftakt machten die Herrschäftler mit ihrer anschaulichen Gerätekombination, bei welcher sie für einen soliden, stilsicheren Einsatz mit einer 9,15 belohnt wurden. Bei der anschliessenden Ringvorführung zeigten sie einen Höhenflug und erturnten sich souverän eine 9,48. Im dritten Wettkampfteil, der Pendelstafette, legten die Malanser dann nochmals zu und schafften mit dem nötigen Tempo und sauberen Wechseln noch eine 9,50. Mit 28,13 Punkten klassierten sie sich an vierter Stelle und verpassten das Podest nur knapp.

BEACHTLICHE BETEILIGUNG

Am letzten Juni-Wochenende reisten unzählige Bündner Turnvereine ans Glarner-Bündner Kantonalturnfest in Näfels. Sie beteiligten sich sowohl in den Einzel- als auch in den Vereinswettkämpfen und machten mit guten Leistungen in sämtlichen Kategorien von sich reden.

In der Aktivkategorie im dreiteiligen Vereinswettkampf waren rund 32 Vereine aus Graubünden am Start. In den Stärkeklassen 3 und 4 massen sie sich gegen teilweise herausragende Gegner aus den Nachbarkantonen. Viele Vereine zeigten sich spielerisch begabt und athletisch stark. Die Geräteturn-Könner setzten auf bewährte Darbietungen, die anschaulich präsentiert

Mit dem vierten Rang liegt der TV Maienfeld den Spitzenvereinen dicht auf den Fersen.

Der TV Rhäzüns überzeugt auf der ganzen Linie und verfehlt das Maximalresultat nur knapp.

wurden. Der BTV Schiers überzeugte einmal mehr mit dem Kategoriensieg in der dritten Stärkeklasse.

Mit rasanten Sprints und fehlerfreien Wechseln legte der Verein aus dem Prättigau in der Pendelstafette mit der Maximalnote vor. Auch im Fachtest Allround gelangen die Einsätze reibungslos und brachten eine 9,62 ein. Im Sprungprogramm verzeichnete er dann einige unsaubere Landungen, die Darbietung gelang ansonsten aber auf gewohnt leistungsstarkem Niveau und wurde mit einer 9,44 belohnt. Die Gerätekombination war einwandfrei und stilsicher und wurde mit einer 9,52 honoriert. Im Hochsprung schaffte der BTV Schiers ebenfalls die Neunermarke – womit er sich, selbst nach einigen Abstrichen im 800-Meter-Lauf, den Sieg sicherte.

Der TV Malans positionierte sich nach einem leistungsstarken Wettkampf in der gleichen Kategorie ebenfalls in den Top Ten. Ein Wechselfehler in der Pendelstafette brachte ihn um wichtige Punkte.

MEHRMALS DAS PUNKTEMAXIMUM

In der vierten Stärkeklasse schloss der TV Trimmis seine Saison erfolgreich ab. Ihm gelang gar ein Vereinsrekord, und mit 28,52 Punkten schaffte er den dritten Rang. Die unterhaltsame Barrenvorführung fand erneut Anklang beim Wertungsgericht und überzeugte ebenfalls in Einzelausführung und Synchronität, was den Turnern eine 9,55 einbrachte. Auch die Pendelstafette absolvierte er temporeich und fehlerfrei, und im Steinheben setzte er die Kräfte technisch gekonnt um, was zu einer weiteren Note weit über der Neunermarke führte. Der TV Maienfeld und der STV Igis lagen den Spitzenvereinen der Kategorie mit dem vierten und fünften Rang dicht auf den Fersen. Die Herrschäftler punkteten im Weitsprung und in der Pendelstafette hoch, dem STV Igis gelangen alle Disziplinen über der Neunermarke. Die Turnerinnen des TnV Maienfeld und der TV Jenins figurierten ebenfalls in den Top Ten.

In der Kategorie Frauen/Männer brillierte der TV Rhäzüns wiederum mit Geschicklichkeit, Können und Tempo. Mit der Endnote von 29,84 schaffte er beinahe das Maximalresultat – und siegte deutlich. Der Fachtest Allround gelang auf höchstem Niveau und wurde mit 10,00 honoriert, ebenso die Pendelstafette. Sein spielerisches Geschick rief der TV Rhäzüns auch in den Fit+- Fun Disziplinen ab und kratzte erneut an der Zehnermarke. Die Männerriege Seewis lag ebenfalls weit vorne und überzeugte in allen Disziplinen weit über der Neunermarke. Sie fokussierte sich auf die Spiel- und Kräftedisziplinen, in welchen sie eine ernst zu nehmende Konkurrenz für die Mitstreiter darstellte. Auch der DTV Seewis und der TV Grüsch schafften es in die TopTen.

Im einteiligen Vereinswettkampf konnten gleich mehrere Vereine ausgezeichnet werden: Der DTV Bonaduz und der TnV Trimmis siegten ex-aequo im Teamaerobic vor dem DTV Grüsch. Der DTV Obersaxen erreichte im

Fachtest Allround den dritten Rang; dieselbe Klassierung bewerkstelligte der TV Zizers Ü35 im Teamaerobic in der Kategorie Frauen/Männer. In den Einzelwettkämpfen gelang Daniel Hug (TV Untervaz) ein herausragendes Resultat im Leichtathletik-Einzelwettkampf Mehrkampf. Er überzeugte mit Kraft, Technik und Tempo und schaffte gegen knapp 100 Mitstreiter den fünften Rang. Der TV Untervaz erreichte zudem den zweiten Platz im Volleyballturnier, der TV Landquart wurde im Faustballturnier Dritter.

KNAPP VERPASSTER SIEG

Der Turnverein Tenna nahm am ersten Juli-Wochenende noch am Oberländischen Turnfest im bernischen Frutigen teil und schaffte im dreiteiligen Vereinswettkampf gleich in drei Kategorien einen Podestplatz. In der Kategorie Senioren punktete er in den Fit+Fun Disziplinen nahe an der Maximalnote und überzeugten in allen Durchgängen mit Geschick. Er siegte mit 29,24 Punkten in der zweiten Stärkeklasse deutlich vor seinen Mitstreitern. Auf gleich leistungsstarkem Niveau zeigten sich die Turnerinnen und Turner in der Kategorie Frauen/Männer. Die spielerischen Disziplinen gelangen erneut einwandfrei und brachten hohe Noten an der Zehnermarke ein. Den Sieg verpasste der TV Tenna am Ende knapp und wurde Zweiter. In der Aktivkategorie gab es dann noch Bronze in der vierten Stärkeklasse. Mit einer überzeugenden Pendelstafette (9,68) legte der TV Tenna vor und schaffte auch im Weitsprung, im 800-Meter-Lauf und im Fachtest Allround Noten an der Neunermarke.

GROSSANLASS 2024 IN GRAUBÜNDEN

Mit diesen hervorragenden Resultaten ging für die Bündner Vereine eine erfolgreiche Turnfestsaison zu Ende – und schaffte Motivation für die nächste. Nach dem Turnfest ist bekanntlich auch vor dem Turnfest. So bedeutete das Glarner-Bündner Kantonalturnfest für den Graubündner Turnverband der Startschuss für das Bündner-Glarner Kantonalturnfest. Dieses findet am zweiten Juni-Wochenende 2024 in Domat/Ems statt. Das Organisationskomitee erwartet rund 4000 Turnerinnen und Turner und befindet sich bereits mitten in den Vorbereitungen. Es formierte sich um Ronny Krättli (Domat/Ems) und besteht aus mehreren vereins- und anlasserprobten Mitgliedern. Die guten Kontakte zu den Veranstaltern des jüngsten Glarner-Bündner Kantonalturnfests wurden genutzt, um vor Ort neben turnerischen Belangen auch einen umfangreichen Austausch mit dem einheimischen Organisationsteam zu pflegen. Die Vorfreude auf diesen Grossanlass ist jetzt schon gross. Neben den Vereins- und Einzelwettkämpfen in den Sparten Leichtathletik, Spiel, Geräteturnen und Nationalturnen, die über drei Tage stattfindenden, wird auch ein spannendes Rahmenprogramm geboten.

VIELSEITIG AKTIV

Neben den vielseitigen Aktivitäten rund um das Turnfest war der Graubündner Turnverband an vielen weiteren Anlässen aktiv. Am dritten Mai-Wochenende fanden die Kantonalen Geräteturntage in Bonaduz statt, an welchen rund 500 Turnerinnen und Turner teilnahmen. Am Kantonalen Jugendriegentag vom zweiten Juni-Samstag in Domat/Ems waren über 1000 Kinder und Jugendliche bei strahlendem Sonnenschein am Start. Auch der Spieltag des Graubündner Turnverbandes vom dritten September-Samstag lockte eine grosse Anzahl Turnfreudige nach Untervaz.

Der BTV Schiers und der TV Maienfeld nahmen am ersten September-Samstag an der Schweizer Meisterschaft im Vereinsturnen teil. An die Spitze reichte es ihnen zwar nicht; dafür konnten sie wertvolle Erfahrungen sammeln. Allein schon die Teilnahme stellte eine grosse Ehre dar.

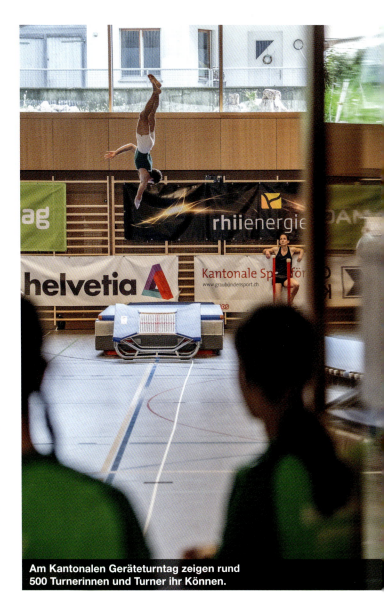

Am Kantonalen Geräteturntag zeigen rund 500 Turnerinnen und Turner ihr Können.

GEFORDERTE VEREINE UND SCHRITTWEISE AN DIE SPITZE

Die U15-Equipe macht einen weiteren Schritt nach vorne.

Unihockey ist eine der beliebtesten Breitensportarten der Schweiz. Meistens ist die ganze Familie im Verein engagiert: Die Kinder und Jugendlichen als Spielerinnen oder Spieler, die Eltern als Betreuende. Doch es mangelt an Leuten, die eine mehrjährige Verantwortung übernehmen – sei es im Trainer- oder Funktionärsbereich. Die Zuständigen beim Bündner Unihockey Verband stellen sich denn auch immer wieder die Frage, wie sie ehemalige Spielerinnen und Spieler für ein Engagement beim Nachwuchs motivieren und wie sie es schaffen können, dass sich Eltern als Hallenverantwortliche, Spielsekretär und für viele weitere Aufgaben zur Verfügung stellen.

SCHWIERIGE SITUATION BEI SPITZENTEAMS

Unihockey in Graubünden ist kein Selbstläufer (mehr). Die anderen Teams holen auf und überholen die Bündner teilweise. Als Beispiele dienen die drei NLA-Klubs.

Piranha Chur war über ein Jahrzehnt das prägende Frauenteam der Schweiz. Die besten Spielerinnen kamen nach Chur, viele Piranha-Akteurinnen waren im Ausland begehrt. Wird das so bleiben? Holen die anderen Frauenteams auf? Steht eine Durststrecke bevor, die vielleicht mit der unglücklichen Saison 2021/22 begann?

Alligator Malans ist die unberechenbarste Mannschaft der Nationalliga mit vielen Charakterköpfen. Immer wieder prägten Malanser Spieler auch die Nationalmannschaft. Doch in den vergangenen Jahren kam Alligator nicht über die Play-off-Viertelfinals hinaus.

Chur Unihockey steckt in der schwierigsten Situation. Die Saison 2021/22 war ein vorläufiger Tiefpunkt:

Name:	Bündner Unihockey Verband
Präsident:	Gion Caviezel
Gründung:	1985
Mitgliedervereine:	14
Anschrift:	Auweg 3, 7023 Haldenstein
Telefon:	079 170 07 76
E-Mail:	praesident@buv.ch
Webseite:	www.buv.ch

Die Churer mussten in die Play-outs. Auch wenn der Saisonerhalt souverän erreicht wurde, gibt es viele Fragezeichen. So musste das U21-Team absteigen. Dies bedeutet, dass in den nächsten Saisons ein grosser Effort geleistet werden muss, damit es wieder aufsteigen kann. Und die erste Mannschaft muss sich vor Augen führen, dass die Play-offs nicht im Liegewagen zu erreichen sind.

Dazu kommt, dass die Iron Marmots Davos-Klosters aus der Nationalliga B abstiegen. Schlechte Vorzeichen für die Saison 2022/23?

INDIVIDUELLE LÖSUNGEN VONNÖTEN

Welches ist das Rezept für einen Schritt nach vorne? Mit der dünnen Personaldecke auf Verbandsebene macht der Bündner Unihockey Verband, was er kann. Die Nachwuchsförderung in den Auswahlteams zeigt Früchte. Zusätzlich will man die Frauenteams unter anderem mit der Teilnahme an der U15-Frauentrophy fördern. Auch wird das Angebot des Regionalen Leistungszentrums ausgebaut.

Das Wichtigste ist, dass die Spielerinnen und Spieler beim Verein bleiben. Zwischen der U18 und U21 gehen zu viele Unihockeytalente verloren. Da braucht es individuelle Lösungen (Absprachen mit Firmen und Schulen), Geduld und Motivation.

Nicht zuletzt benötigt es eine gute Mischung zwischen Freiwilligenarbeit und Professionalisierung. Und für die Professionalisierung mit guten Trainerinnen und Trainern und Funktionären braucht es Geld. Das Sponsoring ist ein sehr hartes Pflaster.

Das U13-Team etabliert sich an der Spitze.

Sehr erfreulich präsentiert sich die Situation im Nachwuchsbereich. Das U13-Auswahlteam etablierte sich unter den besten vier der Schweiz. An der U13-Trophy erreichte es dank sehr guten Leistungen den ausgezeichneten vierten Rang.

Das U15-Team machte einen weiteren Schritt nach vorne. In der U15-Trophy verpasste es die Finalteilnahme um ein einziges Tor und gewann im Gruppenspiel gegen den späteren Sieger Bern klar. Potenzial ist also vorhanden.

Der Vorstand (verstärkt) des Bündner Unihockey Verbandes an einem Turnier in Chur.

VERBÄNDE

EHRENVOLLE NOMINIERUNGEN UND STARKE STADTCLUB-TEAMS

Mit Fabiana Mottis als Zweitplatzierte in der Kategorie «Bündner Sportlerin des Jahres» und Reto Götz als Nominierter in der Kategorie «Funktionär des Jahres» wurde dem Bündner Volleyballsport an der Bündner Sportnacht viel Ehre zuteil.

Die weithin anerkannte Leistung von Reto Götz ist der Aufbau der Talent School Chur im Jahre 2012, eines Regionalen Leistungszentrums für Talente im Juniorinnenalter aus Graubünden und der näheren Region bis zum oberen Walensee. Er erkannte, dass für den längerfristigen Erfolg im Volleyballsport kein Weg an der Bündelung der Kräfte vorbeiführt. Jedes Jahr können zirka zehn regionale oder nationale Talentcards vergeben werden. Als Koordinator versteht es Reto Götz, die Jugendlichen im taktisch-technischen sowie athletischen Bereich durch qualifiziertes Personal zu fördern. In den vergangenen zehn Jahren schafften einige Juniorinnen den Schritt in ein 1. Liga-, NLB- und NLA-Team eines Schweizer Vereins. Fabiana Mottis von Volley Moesa und der Talent School errang in der Saison 2021/22 als Libera mit 19 Jahren den Cupsieg und den Schweizer-Meister-Titel mit dem Team von Neuchâtel.

JUGEND SETZT SICH GEGEN ROUTINE DURCH

Je vier Frauen- und Männerteams zeigten am Finalturnier des Bündner Volleyballcups in Chur zwischendurch attraktiven Volleyballsport und verdeutlichten, dass der Bündner Volleyball trotz Krisenzeiten noch lebt.

In den Halbfinalspielen der Frauen setzten sich die Bündner Studis gegen Reunion Zizers in einem auf recht hohem Niveau stehenden Spiel ohne Satzverlust durch, während der VBC Chur im Duell der beiden 2. Ligisten gegen den VBC Arosa immerhin einen Satz abgeben musste. Aufgrund der in den Halbfinals gezeigten Leistungen gingen die Bündner Studis als Favoritinnen ins Finalspiel gegen den VBC Chur – der sich deutlich steigerte, sehr kompakt wirkte, zwar weniger spektakulär spielte, dafür aber auch weniger Fehler machte – und wurde dank eines 3:1-Sieges absolut verdient Bündner Cupsieger.

In den Halbfinalspielen der Männer bekundete der 2. Ligist VBC Chur 2 erstaunlich wenig Mühe, um den souveränen 3. Liga-Gruppensieger Volley Surselva trotz harter Gegenwehr mit 3:1-Sätzen zu bezwingen, während die Graisböcke des 2. Ligisten VBC Chur 3 dank einem ungefährdeten 3:0-Erfolg gegen den unterklassigen VBC Chur 4 Kräfte sparen konnten.

Im kurzfristig angesetzten kleinen Final behielt der VBC Chur 4 gegen Volley Surselva nach ausgeglichenem Verlauf mit 3:2-Sätzen das bessere Ende für sich, während sich im grossen Final die Churer Graisböcke als Titelverteidiger – der Bündner Volleyballcup wurde

Reto Götz zählt zu den Nominierten für die Wahl «Funktionär des Jahres».

Name:	Bündner Volleyball-Verband
Präsident:	Reto Melcher
Gründung:	1985
Mitgliedervereine:	14
Anschrift:	BVV, Reto Melcher, Wiesentalstrasse 15, 7000 Chur
E-Mail:	r.melcher@bluewin.ch
Webseite:	www.bvv-gr.ch

Untervaz 1 bei den Mädchen U17 und Surselva 1 bei den Knaben/Mixed U17 heissen die Turniersieger der Minitour.

letztmals 2019 ausgetragen – nach hartem Kampf und trotz grossen Einsatzes gegen den durchschnittlich wesentlich jüngeren VBC Chur 2 mit 1:3-Sätzen geschlagen geben mussten. Für einmal setzte sich also die Jugend gegen die Routine durch.

ÜBER 35 TEAMS AUS 14 VEREINEN

Ursprünglich standen in der Minitour neun Spieltage auf dem Programm, von denen aber nach dem gelungenen Auftakt in Untervaz und in Arosa die beiden Turniere in Trimmis und in Walenstadt coronabedingt abgesagt werden mussten. Nach einer dreieinhalb Monate dauernden Zwangspause ging es erst Mitte Februar in Eschen weiter, gefolgt von den Spieltagen in Schaan, Näfels, Untervaz und Chur. Durchschnittlich nahmen jeweils mehr als 35 Teams aus 14 Vereinen der Region GSGL (Glarus, St. Gallen, Graubünden, Fürstentum Liechtenstein) an den sieben durchgeführten Turnieren teil.

Die Entscheidung um den Toursieg war zwar in drei der vier Kategorien bereits gefallen. Trotzdem wurde in Chur bis zuletzt mit grossem Einsatz um jeden Ball gekämpft.

Turniersieger bei den Mädchen U17 wurde erwartungsgemäss Untervaz 1 vor VimaThu 1 und VimaThu 2. Auch in der Gesamtwertung belegten die drei Teams die Podestplätze, wobei sich die Vazerinnen dank sechs Tageserfolgen deutlich von der Konkurrenz absetzen konnten.

Bei den Knaben/Mixed U17 errang Surselva 1 vor Chur 5 und Bonaduz 3 den Turniersieg und dank fünf Tagessiegen vor VimaThu 3 und Bonaduz 3 auch überlegen den Gesamttriumph.

Bei den Mädchen U15 holte sich Arosa 1 überlegen den Gesamtsieg. Bei den Knaben/Mixed U15 gab sich Andeer 3 keine Blösse und schwang sowohl am Turnier in Chur als auch in der Gesamtwertung der Minitour obenaus.

DIE ERFOLGREICHSTEN BÜNDNER TEAMS AN DEN GSGL-MEISTERSCHAFTEN

Damen 2. Liga
2. VBC Chur 1

Damen 3. Liga
2. Volley Zizers

Damen 4. Liga
1. Viamala/Thusis

Herren 2. Liga
6. VBC Chur 2

Herren 3. Liga
1. Volley Surselva

Das Herrenteam des VBC Chur 1 stieg aus der 1. nationalen Liga in die 2. Regionalliga ab.

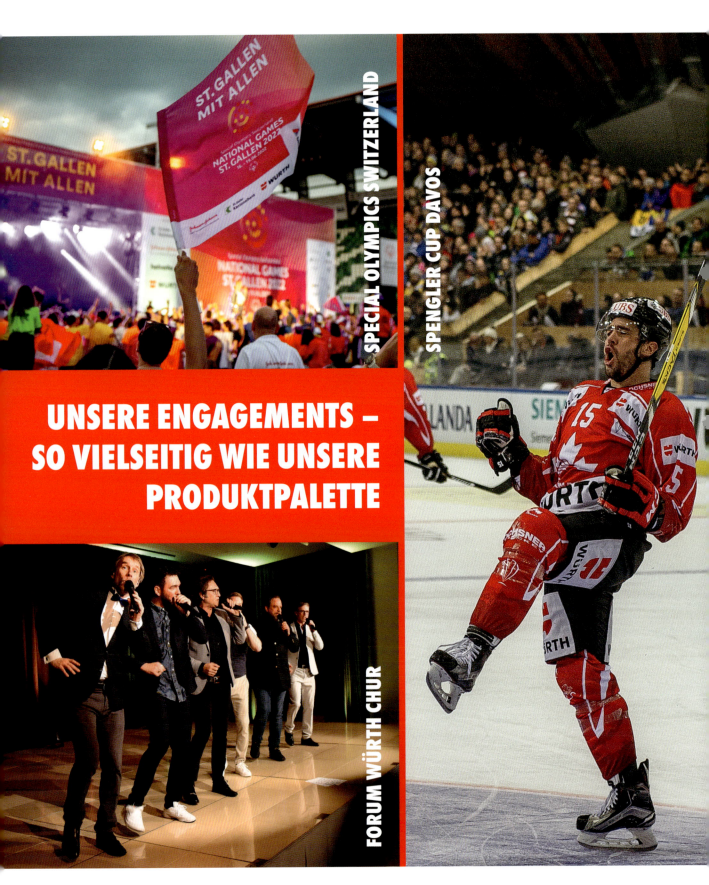

WÜRTH UND SPORT – EINE STARKE VERBINDUNG

Würth schafft Verbindungen: Ob Schraube oder Dübel – ohne Befestigungs- und Verbindungselemente würde die Welt buchstäblich auseinanderfallen. Dasselbe gilt für den Sport: Er verbindet Menschen auf allen Kontinenten, unabhängig von Herkunft und Bildung.

Die Unternehmenskultur von Würth ist geprägt durch Attribute wie Teamgeist, Leistungsbereitschaft oder dem Willen, das Beste zu geben. Werte, die ebenso für den Sport gelten. Und deshalb ist die Kombination Würth und Sport so treffend.

Wir engagieren uns seit vielen Jahren in verschiedensten Sportarten rund um die Welt. Und wir engagieren uns dafür, dass diese Sportler/innen nebst ihrer Karriere im Sportbereich auch in der Arbeitswelt Fuss fassen können. Sei es mit einer Sport-Lehre oder auch mit Arbeitsbedingungen, die auf die Bedürfnisse der Sportlerin/des Sportlers ausgerichtet sind.

Alex Fiva, System Manager SAP und Skicrosser SC Parpan/Swiss-Ski.

Mauro Gilardi, ICT System Administrator und Golfspieler GC Domat Ems/Nationalmannschaft.

Noah Kocherhans (re), Mediamatik-Lernender und Snowboardcrosser SC Flumserberg/Swiss-Ski.

Corin Rüttimann, Asistenz Geschäftsführer und Unihockey-Spielerin Piranha Chur/Nationalmannschaft.

Lori Schoch, Informatik-Lernender und Skimountaineerer, SAC Regionalkader Ost.

Simon Valer, Informatik-Lernender und Leichtathlet (Zehnkampf), AJTV Landquart.

GRAUBÜNDEN FERIEN

FAIRTRAIL – RESPEKT UND TOLERANZ AUF DEM BÜNDNER WEGNETZ

Aktivferien mit Wandern und Biken sind im Trend, verstärkt durch die Einschränkungen infolge der Coronapandemie. Das kann auch in einem Kanton wie Graubünden mit seinem grossen Wegnetz lokal zu «Dichtestress» führen und damit zu Nutzerkonflikten. Mit seiner Kampagne «Fairtrail, nett, suuber und parat» wirbt der Kanton zusammen mit den touristischen Leistungsträgern für ein harmonisches Miteinander auf den Bündner Trails und Wanderwegen: Der gemeinsame Weg ist das Ziel.

Die aktive Betätigung in der Freizeit und in den Ferien nimmt in der schweizerischen und auch ausländischen Bevölkerung einen stark ansteigenden Stellenwert ein. Für den Tourismuskanton Graubünden sind das Wandern und das Mountainbiken beim Sommerangebot von grösstem Interesse. 10,8 Prozent der Schweizer Bevölkerung geben als Hauptsportart Wandern an, 2,0 Prozent Mountainbiken. Wobei Mountainbikende sich durchschnittlich an 25 Tagen pro Jahr ihrer Leidenschaft widmen, Wandernde an 15 Tagen. Da kann es an beliebten und landschaftlich besonders attraktiven Wegen schon zu «Dichtestress» kommen, auch in Graubünden mit dem grössten Wegnetz der Schweiz. Deshalb hat der Kanton Graubünden im Herbst 2019 die Kampagne «Fairtrail» für Toleranz und ein entspanntes Miteinander von Bikenden und Wandernden auf den Bündner Wegen und Trails lanciert. Die langjährige Kommunikationskampagne setzt bei der Sensibilisierung von Gästen und Einheimischen auf eine gesunde Portion Bündner Humor. Auch 2022 gilt es, das gelebte, freundschaftliche Miteinander beim Wandern und Mountainbiken zu propagieren.

Der Bündner Mountainbike-Weltmeister und Olympiasieger Nino Schurter steht als wohl bekanntester Vermittler für ein positiv gestimmtes Miteinander auf den Wegen in Graubünden. Als Fairtrail-Botschafter ist er auf YouTube, Facebook und Instagram in verschiedenen Kurzvideos zu sehen, die für Respekt und Toleranz auf Wanderwegen und Trails werben. Mit der breiten Streuung der Clips und seiner grossen Bekanntheit auf Social Media sollen die Gäste für ein respektvolles Verhalten auf unseren Trails motiviert werden.

Die Fairdinands, Langsamverkehrs-Rangers auf dem Wegnetz, sind ein wichtiger Teil von Fairtrail. Im Sommerhalbjahr 2021 waren sie an 33 Tagen in Graubünden unterwegs und haben dabei rund 1000 Gespräche bei spontanen Begegnungen auf den Trails und Wegen in der Bündner Bergwelt geführt. Auch 2022 sind die Zweierteams an stark befahrenen und begangenen Wegabschnitten präsent, um den Puls der Gäste zu spüren, um zu beraten und wo nötig, auf das richtige Verhalten in der Natur und auf den Trails aufmerksam zu machen.

Mit nützlichen Give-aways wird die Fairtrail-Botschaft verstärkt, sei es im Tourismusbüro, im Bike- und Wanderhotel, bei der Bergbahn oder durch die Fairdinands. Die Fairtrail-Glocke hilft den Bikenden, mit einem sympathischen Klingeln andere Wegnutzer auf ihr Kommen aufmerksam zu machen. Ein Pflasterset hilft bei kleineren Blessuren, eine kurzgefasste Broschüre vermittelt die «theoretischen» Grundlagen von «Fairtrail». Für Bauern und Hirten gibt es die Warnwimpel, welche Zaundurchgänge deutlich kennzeichnen und damit für alle sicherer machen.

Die Umfrage 2021 mit gut 500 Teilnehmenden zeigt, Fairtrail kommt bei Gästen und Leistungsträgern sehr gut an: Hohe 95 Prozent finden die Kampagne eine Supersache, auch die Fairdinands werden mit 85 Prozent sehr positiv bewertet. Das Tiefbauamt Graubünden als Fachstelle Langsamverkehr freut sich zusammen mit den vielen Partnern in Verwaltung und Tourismus, dass ihre Kampagne auf ein positives Echo stösst. In Zusammenarbeit mit den touristischen Leistungsträgern erarbeitet das Tiefbauamt Graubünden als Fachstelle Langsamverkehr die Infrastruktur-Grundlagen zur Entwicklung des Angebotes im Wandern und Mountainbiken, fördert die Vernetzung der betroffenen Stellen und Organisationen innerhalb des Kantons und unterstützt die Destinationen gezielt bei einzelnen Projekten. Nicht zuletzt als Resultat dieser Anstrengungen gilt Graubünden als führend im touristischen Langsamverkehr.

Auch die Jüngsten machen sich stark mit Fairdinand Lukas für den fairen Umgang auf den Bündner Trails.

WEGWEISER FÜR ALLE

SIND NETT MITANAND!

Manchmal wäre man lieber allein auf der Welt. Oder wenigstens auf dem Wanderweg. Ist man aber nicht. Darum muss man sich mit den anderen arrangieren. Es ist gar nicht so schwierig, und gegen ein Lächeln und ein Zurücklächeln hat ja eigentlich niemand etwas. Also:

Unterwegs auf Rädern …
- machst du dich mit der Glocke frühzeitig bemerkbar.
- lässt du den Wandernden immer den Vortritt.
- passierst du im Schritttempo oder steigst kurz ab.

Zu Fuss unterwegs …
- weisst du, dass du natürlich Vortritt hast.
- gehst du zur Seite, wenn genug Platz vorhanden ist.
- behinderst du die Bikenden nicht unnötig.

Nett, super und parat. Platz hat es genug – man muss ihn nur machen.

SUUBER BLIIBA, GELL!

Eigentlich muss man Dinge, die bereits alle wissen, ja nicht extra nochmals betonen. Andererseits schadet es auch nicht. Und es gibt ja immer schwarze Schafe, denen man alles zweimal sagen muss.

Unterwegs auf Rädern und zu Fuss …
- schliesst du sämtliche Weidezäune.
- nimmst du deinen Abfall mit.
- respektierst du die Schutzvorschriften für die Natur.
- beachtest du die Wegsignalisation.

Auf Rädern unterwegs …
- blockierst du beim Bremsen das Hinterrad nicht, das macht den Weg kaputt.
- bleibst du auf dem Trail und kürzt die Kurven nicht ab.

HAUPTSACH PARAT!

Plötzlich regnet es, und du hast einen Platten, mitten in den Alpenrosen. Auf etwa 2500 Metern. Und es ist schon halb sieben am Abend. Dein Handy liegt natürlich im Hotelzimmer. Und deine Kollegin ist schon ins Tal gefahren. Wir wünschen dir einen schönen Abend.

Unterwegs auf Rädern und zu Fuss …
- informierst du dich und planst deine Tour gewissenhaft.
- passt du deine Ausrüstung an die Gegebenheiten an.
- bist du für kleinere Notfälle gerüstet.

Fairtrail-Botschafter Nino Schurter mit zwei Fairdinands auf den Bündner Wanderwegen und Biketrails.

Graubünden Ferien

202	**PANATHLON CLUB CHUR UND UMGEBUNG**
204	**STIFTUNG BENEVOL GRAUBÜNDEN**
207	**INTERESSENGEMEINSCHAFT CHURER SPORTVEREINE**
208	**PROCAP GRISCHUN**
210	**PAUL-ACCOLA-STIFTUNG**
212	**SPECIAL OLYMPICS SWITZERLAND GRAUBÜNDEN**

BVS-PARTNER

BVS-PARTNER

WELTWEIT EINZIGARTIG UND MEHRERE REALE PREMIEREN

Die Herausforderungen im zweiten Jahr nach Corona wurden der Impfungen zum Trotz nicht kleiner. Umso grösser ist bei den Zuständigen des Panathlon Clubs Chur und Umgebung die Genugtuung, der Pandemie erneut äusserst kreativ und erfolgreich getrotzt zu haben. Und so sind sie letzlich auch ein bisschen stolz, der weltweit einzige Panathlon Club zu sein, der alle Meetings mehr oder weniger wie geplant durchführte. Ganz im Gegensatz zu vielen anderen, welche den «Betrieb» zeitweise völlig einstellten, hielt er das Club-Leben immer bestmöglich aufrecht. Selbst der «Stamm», das sogenannte Senioren-«Donnschtigscafi», fand statt, wann immer es möglich war.

Höhepunkt des Club-Jahres und in Zeiten von Corona alles andere als eine Selbstverständlichkeit war die Vergabe des Panathlon Sportförderungspreises. Nach einer virtuellen Feier im Vorjahr konnte dieser wieder in würdigem Rahmen übergeben werden. Im Thomas-Domenig-Stadion waren die Panathletinnen und Panathleten dabei erstmals zumindest passiv-sportlich unterwegs, und als Gäste des EHC Chur unterstützten sie gleich noch aktiv den Sport.

Nach einem reichhaltigen Apéro und der Verabschiedung des langjährigen Programmchefs Hansruedi Wagner genossen sie eine ganz besonders feierliche Sport-Veranstaltung, die es in sich hatte. Zuerst stellte der «Event-Manager» Hanspeter Brigger die beiden Sportler vor, die vom Panathlon Club Chur mit einer Patenschaft unterstützt werden. Und zum ersten Mal sind das gleich zwei: der Kunstturner Janik Meier wird bereits im dritten Jahr mit 2500 Franken unterstützt, die Sportkletterin India Sommer kommt neu und erstmals in den Genuss einer Patenschaft. Sie stellte sich entsprechend freudig gerührt den vielen interessanten Fragen von Hanspeter Brigger.

PROMINENTE GRATULANTEN

Und dann wurde das ominöse Couvert geöffnet, welches wie immer das Geheimnis der Wahl des Sportförderungspreisträgers hütete: «The winner is: Anina Hutter». Die emotional engagierte Laudatio von Riccardo Dasoli bewegte alle im Saal – nicht weniger die per Zoom live zugeschaltete Sportlerin, die sich im Goms auf ihre ersten internationalen Langlaufrennen im Continental Cup vorbereitete. Spannende Clips stellten die Preisträgerin näher vor. Prominente Gratulanten liessen es sich nicht nehmen, ihr per Videobotschaft persönlich zu gratulieren: Bike-Weltmeister Nino Schurter gehörte ebenso dazu wie der Langlauf-Chef von Swiss-Ski, Christian Flury.

Untermalt wurde der Anlass mit Musikeinlagen von Schülerinnen und Schülern der Talentklasse in Chur. Sie sorgten für einen auch kulturell spektakulären Rah-

Mit Freude zeigt die Sportpreis-Gewinnerin Anina Hutter den Check.

Organisation:	Panathlon Club Chur und Umgebung
Anschrift:	c/o Christoph Schmid, Sonnenbergstrasse 10 / 7000 Chur
Telefon:	079 405 35 44
E-Mail:	schmid.coach@bluewin.ch
Website:	www.panathlon-chur.ch

men. Kurz: Es passte alles, das Essen schmeckte hervorragend und die vor dem Dessert neu aufgenommenen Panathlon-Mitglieder freuen sich schon auf das nächste, ihr erstes Meeting. Oder: Wer nicht dabei war, ist selber schuld.

VIRTUELLE BATTLE MIT REALEM FINAL

Dass gerade in einer Pandemie auch Visionäres entstehen kann, beweist das «Prestige-Projekt» des Panathlon Clubs Chur und Umgebung, der «KlassenschlaGR», ein Schulsport-Anlass mit einer virtuellen «Battle» für Klassen und einem realen Final der zehn Besten in Maienfeld. Mitmachen konnte neben den Klassen der Oberstufe erstmals auch die vierte, fünfte und sechste Primarschulklasse. Diese virtuelle «Battle» trifft nicht nur den Zeitgeist, sondern ist gerade in Zeiten wie diesen tatsächlich das perfekte sportliche Angebot, das dank der riesigen Unterstützung von Oliver Sidler mit den Talentklassen Chur, Thierry Jeanneret und Graubünden Sport weiter optimiert werden konnte.

Dass dabei alle Neigungen und Fähigkeiten berücksichtigt werden, dass es für alle eine Challenge hat, ob sie schnell sind, Sprungkraft, Ausdauer oder Kraft haben, ob sie technisch begabt oder geschickt sind oder ob mit Spiel-Fertigkeiten glänzen, das bewies der erste «reale Final» in der Turnhalle Lust in Maienfeld eindrücklich – es war ein attraktives Spektakel, bei dem

Die Sportkletterin India Sommer im Interview mit Hanspeter Brigger.

die Klassen fast schon für «Champions League Stimmung» sorgten. Mit all den vielen «Special Challanges» kamen schlicht alle Schülerinnen und Schüler auf ihre Rechnung. Organisiert wurde der «Vorzeige-Anlass» des Panathlon Clubs Chur und Umgebung von den Talentklassen in Chur.

Beim «KlassenschlaGR» werden alle Neigungen und Fähigkeiten berücksichtigt.

BVS-PARTNER

VIELFÄLTIGER AUFGABENBEREICH UND EINE EHRENVOLLE PREISVERGABE

Leute, die ein freiwilliges Engagement suchen und Organisationen, die mit Freiwilligen arbeiten, zusammenzubringen, bildet eine der Kernaufgaben der Stiftung benevol Graubünden. Meistens geschieht dies über die Vermittlungsplattform benevol-jobs.ch (siehe Box). Das Anbieten von Weiterbildungskursen für Freiwillige, Organisationen und Vereine sowie die Öffentlichkeitsarbeit (zum Beispiel die jährliche Verleihung des Prix benevol Graubünden/ siehe folgende Seite) und die Sensibilisierung für die grosse Bedeutung der Freiwilligenarbeit für ein gut funktionierendes Zusammenleben der Bevölkerung, stellen weitere Aufgaben dar, welche der Fach- und Vermittlungsstelle für Freiwilligenarbeit am Herzen liegen.

Momentan sind etwa 80 Bündner Vereine, Gemeinden und Organisationen Mitglied bei benevol Graubünden. Das Ziel der Verantwortlichen ist es, schon bald das 100. Mitglied begrüssen zu dürfen.

Der Stiftungsrat setzt sich aktuell aus den folgenden Personen zusammen: Markus Feltscher (Präsident, Wirtschaft), Anita Mazzetta (Vizepräsidentin, Umwelt), Diego Deplazes (Politik), Nikolaus Schmid (Kultur), Corin Rüttimann (Sport), Denise Ryffel (Soziale Wohlfahrt), Myriam Keller (Gesundheit) und Erika Cahenzli (Kirche).

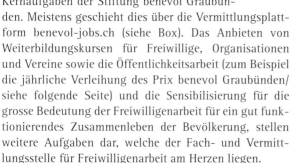

Organisation:	benevol Graubünden
Anschrift:	Steinbockstrasse 2, 7000 Chur
Telefon:	081 258 45 90
E-Mail:	info@benevol-gr.ch
Website:	www.benevol-gr.ch
	www.benevol-jobs.ch

BEWERBUNG UND ANGEBOTE

Offene Freiwilligenjobs werden auf der Vermittlungsplattform www.benevol-jobs.ch veröffentlicht. Interessierte können sich dort für die entsprechende Stelle bewerben. Umgekehrt ist es den Organisationen, die mit Freiwilligen arbeiten, möglich, Registrierte zu kontaktieren und ihnen ein Angebot für eine Freiwilligenaufgabe zu machen. Für Mitglieder von benevol Graubünden ist die Benutzung der Plattform kostenlos.

Die Stiftungsrätinnen und -räte von benevol Graubünden, der Fach- und Vermittlungsstelle für Freiwilligenarbeit.

Die Ausgezeichneten mit Regierungsrat Jon Domenic Parolini (Dritter von links) und Stiftungsratsmitgliedern.

Nachdem die Verleihung des Prix benevol Graubünden 2020 aufgrund der Coronapandemie ohne Publikum durchgeführt werden musste, konnte die Ehrung der Organisationen und Vereine, die mit Freiwilligen arbeiten, am ersten Dezember-Samstag 2021 wieder wie gewohnt öffentlich und unter Beisein von Publikum in der Aula der Fachhochschule Graubünden stattfinden. Neu wurden die rund 20 Bewerbenden in drei Kategorien (Nachhaltigkeit, Vernetzung und Innovation) eingeteilt und von den sieben Jury-Mitgliedern bewertet.

GEWINNER DES PRIX BENEVOL GRAUBÜNDEN
Fondazione Ente Museo Poschiavino

ANERKENNUNGSPREISE
Vernetzung
FamilienRat Davos

Innovation
Informatik für Afrika

Regierungsrat Jon Domenic Parolini richtete das Grusswort der Bündner Regierung an die Anwesenden und überreichte den Pokal des Prix benevol Graubünden sowie die Urkunden an die Gewinnerorganisation.

Für die ehrenvolle Umrahmung der Veranstaltung war der Damenchor Chursüd besorgt. Die gesanglichen Leckerbissen kamen sehr gut beim zahlreich erschienenen Publikum an. Im Anschluss an die Preisverleihung präsentierten sich die Organisationen und Vereine mit einem Infostand.

Regierungsrat Jon Domenic Parolini richtet das Grusswort der Regierung an die Anwesenden.

WERTVOLLER NACHWEIS

benevol Graubünden empfiehlt allen Organisationen, die mit Freiwilligen zusammenarbeiten, einen Nachweis über die geleistete Freiwilligenarbeit auszustellen. Dieser soll bei der Bewerbung für eine bezahlte Arbeit zugefügt werden. So kann dokumentiert werden, dass der Bewerbende Freiwilligenarbeit leistete, sich zusätzliche Qualifikationen erarbeitete und sich für das Gemeinwohl einsetzte.

Die Ausstellung des Nachweises erfolgt ohne grossen Aufwand. Auf der Website www.freiwillig-engagiert.ch sind mehrere Texte für Funktionen im Sportbereich hinterlegt und können mühelos ausgedruckt werden.

BRAIN POWER

Lanciere deine
berufliche Karriere.

ibw
Höhere Fachschule
Südostschweiz

www.ibw.ch

ANPASSUNGEN AM VERTEILSCHLÜSSEL UND DREI AUSZEICHNUNGEN

Der 1933 gegründeten Interessengemeinschaft der Churer Sportvereine (ICS) sind 50 Churer Sportvereine mit über 5000 Athletinnen und Athleten – davon über 2600 Jugendliche – angeschlossen. Die ICS vertritt die Interessen ihrer Vereinsmitglieder gegenüber Behörden und der Öffentlichkeit.

Nach der gewonnenen Abstimmung betreffend der Churer Sportinfrastruktur 2021 stand wieder die Optimierung des Verteilschlüssels der Fördergelder der Stadt Chur im Vordergrund. Die Stadt Chur zahlt aktuell jährlich rund 380 000 Franken an die ICS, welche nach eben diesem Verteilschlüssel, basierend auf Quantitäts- und Qualitätskriterien, an die ihr angeschlossenen Churer Sportvereine weitergegeben werden. Die Churer Sportvereine entschieden, dass Jugendsportförderbeiträge nur noch an Churer Sportvereine ausgerichtet werden, wenn sie Mitglied in einer Organisation zum Schutz von Kindern und Jugendlichen vor sexuellen Übergriffen und Grenzverletzungen sind oder in einer vom ICS-Vorstand vorgegebenen Selbstverpflichtung erklären, geeignete Massnahmen zum Schutz getroffen zu haben. Den Churer Sportvereinen wurde empfohlen, der Versa (Verein zur Verhinderung sexueller Ausbeutung von Kindern im Sport) beizutreten. Aufgrund der entsprechenden Rechtsgrundlagen werden künftig die Qualitätsgelder nur noch für Churer Jugendliche und Kinder in Churer Sportvereinen ausbezahlt. Zudem werden künftig auch Sportverbände mit Sitz in Chur der ICS beitreten und Fördergelder beziehen können.

FUSSBALLER UND EISKUNSTLÄUFERINNEN

Jährlich wird ein mit 3000 Schweizer Franken dotierter und von der Stadt Chur, der Graubündner Kantonalbank sowie der Fachhochschule Graubünden finanzierter Jugendförderungs-Sportpreis vergeben. Seit 2020 werden im Rahmen des neu institutionalisierten Khuurer Sport Obig auch der «Verein des Jahres» sowie «der/die Funktionär/in des Jahres» erkoren. Der diesjährige Khuurer Sport Obig wurde in der neuen Trainings-Eishalle auf der Oberen Au am ersten Mai-Montag durchgeführt. Folgende Preise wurden von der ICS sowie der Stadt Chur vergeben:

– Jugendförderungs-Sportpreis: Chur 97 U18 (Schweizer Meister U18)
– Khuurer Sportverein des Jahres: Eisclub Chur
– Khuurer Funktionär des Jahres: Martin Niggli (EHC Chur Capricorns)

Organisation:	Interessengemeinschaft der Churer Sportvereine
Präsident:	Jürg Kappeler
Website:	www.ics-chur.ch

Schliesslich überarbeitet die ICS aktuell ihr Leitbild, das bis zum Redaktionsschluss noch nicht erstellt war. Dazu wurde im Mai eine Umfrage bei allen der ICS angeschlossenen Sportvereinen durchgeführt und im Juni eine Präsidentenkonferenz veranstaltet.

Jürg Kappeler (links) übergibt Martin Niggli den Funktionär-Preis vor den Augen von Reinhard Spahr.

BVS-PARTNER

MITTENDRIN STATT NUR DABEI UND MIT DEM PROTREK ZUR KESCH-HÜTTE

Mit viel Freude, Motivation und Stolz vertreten die Specials die Farben von Alligator Malans.

Am ersten Juni-Freitag wurde das Team Special Alligators des Unihockey-Clubs Alligator Malans von Procap Grischun mit dem Behindertensportpreis geehrt. Stolz durften die beiden Coaches Hansjörg und Patrick Hummel an der Bündner Sportnacht diese Auszeichnung entgegennehmen. Aber wer sind die Specials überhaupt? Was erreichten sie bisher und welches sind die weiteren Ziele?

Am zweiten Juni-Freitag 2014 beschlossen die Mitglieder des UHC Alligator Malans an der Generalversammlung, dass Menschen mit geistigem Handicap in den Verein integriert werden sollen. Als erster und bis heute einziger Unihockey-Spitzenclub trainieren die Alligatoren ein Team im Rahmen von Special Olympics. Schnell integrierten sich die Spielerinnen und Spieler der Special Alligators in den Vereinsalltag. Sie geniessen das Vereinsleben in vollen Zügen, leisten Helfereinsätze, unterstützen die anderen Teams und dürfen am jährlichen Heimturnier in Maienfeld ebenfalls auf grosse und lautstarke Unterstützung zählen.

Auch sportlich erreichten die Specials schon einiges. An Turnieren im Rahmen von Special Olympics Schweiz gehören die Alligatoren regelmässig zu den Medaillengewinnern. Alle vier Jahre finden zudem die Nationalen Winterspiele statt, an denen sich die Specials im Frühjahr 2016 zum ersten Mal beteiligten. Die Tribüne der Sportanlage in Chur war prall gefüllt mit Alligator-Fans. Die Specials kämpften sich bei ihrem ersten nationalen Auftritt unter grossem Jubel bis ins Endspiel und mussten sich dort erst im Penaltyschiessen geschlagen geben. Vier Jahre später folgte im waadtländischen Villars-sur-Ollon der sportlich grösste Erfolg. Stolz kehrten die Specials mit Gold nach Graubünden zurück.

Damit auch künftig gute Resultate erzielt werden, beginnen die Specials die neue Saison im August jeweils mit einem Trainingsweekend in St. Antönien/Partnun. Danach wird wöchentlich in Malans trainiert. Die Vorfreude auf die Einsätze an Turnieren ist nach der Vorbereitungsphase stets spürbar. Mit viel Freude, Motivation und Stolz vertreten die Specials die Farben von Alligator Malans.

Organisation:	Procap Grischun
Anschrift:	Alexanderstrasse 8, 7000 Chur
Telefon:	081 253 07 07
E-Mail:	info@procapgrischun.ch
Website:	www.procapgrischun.ch

Der beschwerliche Aufstieg erfordert ein gutes Zusammenspiel aller Beteiligten.

Verdiente Mittagspause oberhalb der Waldgrenze bei noch guten Wetterverhältnissen.

ANSPRUCHSVOLLES PROJEKT

Was ist ein Protrek? Es ist ein Trekkingrollstuhl, der gemeinsam mit der Fachhochschule Nordwestschweiz für Procap entwickelt wurde. Er kann für Waldspaziergänge und Bergtouren eingesetzt werden, und es gibt auch eine schneetaugliche Variante.

Innerhalb von Procap Grischun entstand das Projekt «Mit dem Protrek zur Kesch-Hütte SAC für Rollstuhlfahrer». Mit zahlreichen freiwilligen Helferinnen und Helfern sowie Mitgliedern der SAC-Sektionen Prättigau, Rätia und Davos startete die Gruppe beim Bahnhof Bergün. Gemeinsam fuhr sie mit zwei Bussen bis Tuors Chants. Nach einer kurzen Begrüssung und einem Kennenlernen nahm sie gut gelaunt den Aufstieg zur Kesch-Hütte – welchen das Rätoromanischen Fernsehen für die Sendung Telesguard filmte – in Angriff. Plangemäss erreichte die Gruppe am Mittag den Rastplatz oberhalb der Waldgrenze. Nach dieser Pause fing es an zu schneien. Müde von den Strapazen und den ungemütlichen Temperaturen erreichten sie später die Kesch-Hütte. Nach dem Bezug der Schlafplätze genossen sie das gemütliche Beisammensein und erholten sie sich. Ein feines Abendessen bildete die wohlverdiente Belohnung. Der Rückweg am Folgetag erfolgte durch das romantische Val Susauna. Das Wetter spielte wiederum nicht gänzlich mit. Im Schneeregen erreichte die etwas durchnässte Gruppe eine Alp, bei der sie im Stall das Mittagessen einnahmen. Während den letzten drei Stunden durften sie noch ein wenig Sonne geniessen. Glücklich, aber müde erreichten sie Chapella im Engadin und wurden mit Bussen zurück über den Albulapass nach Bergün gefahren.

Bei schwierigen Bedingungen kommt die Gruppe glücklich und zufrieden bei der Kesch-Hütte an.

BVS-PARTNER

ZWÖLF AUSZEICHNUNGEN UND EIN ILLUSTER BESETZTES TURNIER

Neben einem Check in der Höhe von 2000 Franken erhalten Anuk Brändli und Luis Marchesi einen Holzstern.

Die Paul-Accola-Stiftung verlieh die Nachwuchsförderpreise, den Bündner Schneesport Rookie, am dritten Juni-Samstag an die Aroserin Anuk Brändli und an den Davoser Talentschüler Luis Marchesi.

Die talentierte Skirennfahrerin Anuk Brändli schaffte nach ihrer erfolgreichen Saison den Sprung ins C-Kader von Swiss-Ski. Die 19-Jährige überzeugte mit dem zweiten Kategorienrang in der Gesamtwertung des Brack Swiss Cup. Zudem gewann sie den FIS-Slalom in Engelberg und erreichte beim FIS-Slalom in Sörenberg den zweiten Platz.

Der aussichtsreiche Snowboarder Luis Marchesi darf ebenfalls auf einen äusserst erfolgreichen Wettkampfwinter zurückschauen. Der 16-Jährige wurde am Big-Air-Contest in Grindelwald Siebter und erreichte an den Junioren-Weltmeisterschaften in Leysin den 18. Rang. Des Weiteren durfte er sich an den JO-Contests in Laax und Davos über mehrere Podestplätze in den Disziplinen Slopestyle und Big Air freuen.

2000 FRANKEN UND EIN HOLZSTERN

Die beiden Schneesport-Rookie-Preisgewinner wurden anlässlich des 17. Paul-Accola-Charity-Golfturniers in Davos (siehe gegenüberliegende Seite) geehrt und durften ihren Nachwuchsförderpreis über je 2000 Franken sowie den von Andreas Hofer gestalteten Holzstern inmitten von Sportgrössen und -legenden wie Pirmin Zurbriggen, Mike von Grünigen, Fränzi Aufdenblatten, Brigitte Oertli, Alex Fiva und Patrick Küng entgegennehmen.

Anuk Brändli und Luis Marchesi traten in die Fussstapfen von interessanten Athletinnen und Athleten, welche diesen Preis in der Vergangenheit als Nachwuchssportlerin respektive -sportler gewannen und in der Folge auf Stufe Elite reüssierten. So zum Beispiel die an den Olympischen Spielen in Peking gestarteten Alina Meier, Valerio Grond, Bianca Gisler, Jasmine Flury, Rafael Kreienbühl und Dario Caviezel.

ZEHNMAL 500 FRANKEN

Ebenfalls für ihre ausgezeichneten Leistungen geehrt wurden vier weitere hoffnungsvolle Skitalente: die zwei 14-jährigen Lara Bianchi (Obersaxen) und Minna Bont (Lenzerheide), die 17-jährige Elena Stucki (Flond) und die 18-jährige Faye Buff (St. Moritz). Aus dem Bereich Snowboard und Freeski waren es die 14-jährige Lisa Demke vom Stützpunkt Davos (Snowboard Freestyle) sowie die 15-jährige Xenia von Siebenthal (Snowboard Alpin) und die 14-jährige Zoe von Essen (Freeski), die beide in Davos wohnen. Beim männlichen Nachwuchs wurden die folgenden vielversprechenden Skitalente ausgezeichnet: der 16-jährige Ben Kretz aus Obersaxen, der 15-jährige Joel Bebi aus Laax und der 19-jährige Mauro De Almeida aus Flims. All diese Athletinnen und Athleten erhielten einen Fördercheck in der Höhe von je 500 Franken.

Organisation:	Paul-Accola-Stiftung
Anschrift:	Obere Albertistrasse 3, 7270 Davos Platz
E-Mail:	info@paulaccola.ch
Webseite:	www.paulaccola-stiftung.com

Auch Gastgeber und Stiftungsratspräsident Paul Accola geht auf die 18-Loch-Golfrunde.

Der Flight von HCD-Legende Reto von Arx (links) gewinnt das Turnier.

MIT CRACKS AUF DEM GOLFPLATZ

Ein bilderbuchmässiger Sommertag und ein sich in hervorragendem Zustand befindender Golfplatz empfingen am dritten Juni-Samstag die illustre Gästeschar des 17. Paul-Accola-Charity-Golfturniers. Gesamthaft flossen an diesem Tag 45 000 Franken in die Paul-Accola-Stiftung.

Das Turnier wurde auf 72 Startplätze beschränkt und diese gingen weg wie warme Semmeln. Warum? Weil die Chance geboten wurde, mit Skicracks wie Pirmin Zurbriggen, Bruno Kernen, Fränzi Aufdenblatten und selbstverständlich Paul Accola auf eine 18-Loch-Golfrunde zu gehen.

HCD-LEGENDE ZUOBERST AUF DEM PODEST

Der Spielmodus lautete für die Teamwertung «4 ball – 3 best». Dabei zählten die besten drei Resultate pro Loch. Obendrein war eine Einzelwertung im Stableford-Modus vorgesehen. In Topform agierte wiederum die HCD-Legende Reto von Arx, der mit seinem neuen Team seinen Sieg von 2020 wiederholte. Adrian Janser, Pascal Schmid, Jan Kollros und Reto von Arx standen mit ihren 122 Nettopunkten zuoberst auf dem Podest. Ebenso gut spielte die Truppe des HCD-Aushängeschilds Chris Egli mit seinen Mitstreitern Therese und Andrea Bärtsch sowie Tina Wegmüller. Dieses Team erzielte die identische Punktezahl, verlor indes auf den letzten neun Löchern etwas an Terrain, weshalb es «nur» für den zweiten Platz reichte. Der dritte Rang ging an den Flight des Vize-Olympiasiegers Alex Fiva. Der Skicrosser und seine Mitspieler Remo Gross, Walter Vesti und Victor Rohner sprachen ebenfalls an vorderster Front ein Wörtchen mit.

EIN PUNKT VORSPRUNG

Bei den Frauen gewann Lokalmatadorin Sonja Müller die Einzel-Bruttowertung mit 21 Punkten. Individuell sehr gut agierte die Walliserin Fränzi Aufdenblatten; sie erspielte zwar die identische Punktzahl, allerdings mit schlechterem Resultat im Bereich «Back Nine». Der junge Skirennfahrer Semyel Bissig demonstrierte bei den Männern mit 32 Zählern seine hervorragende Form in der Sparte Golf. Patricia Lazzarini machte bei der Nettowertung der Frauen den Sack zu, und zwar mit einem Punkt Vorsprung auf Jeannine Kuratli. Den dritten Rang sicherte sich Tina Wegmüller.

Den ersten Rang in der Nettowertung der Männer schaffte Chris Egli mit 46 Nettopunkten. Kimo Bont reichte es mit 45 Zählern für den zweiten Platz – ein Resultat, mit dem man an anderen Tagen locker den Sieg holen würde. Den dritten Rang ergatterte Jan Kollros mit 43 Nettopunkten, womit es an diesem Tag auch für ihn zwei Preise gab.

Der Flight von Alex Fiva (links) erspielt sich den dritten Rang.

Das ehemalige Ski-Ass Pirmin Zurbriggen lässt den Sand stieben.

GASTGEBER EINES WELTANLASSES UND FÖRDERUNG DER INKLUSION

Die Special Olympics World Winter Games gelten nach den Olympischen Winterspielen als grösster Wintersportanlass der Welt. Vom 6. bis 17. März 2029 werden 2500 Athletinnen und Athleten mit geistiger Beeinträchtigung aus mehr als 100 Ländern alle Regionen der Schweiz kennenlernen, in neun Sportarten antreten und so für das gleichberechtigte Zusammenleben aller Menschen in der Gesellschaft werben. Unzählige Betreuerinnen und Betreuer, Familienangehörige, Fans, Volunteers und Medien aus der ganzen Welt werden sie begleiten. Die Wettkämpfe in Graubünden werden in Chur (Eiskunstlauf, Short Track, Unihockey, Floor Hockey), Arosa (Ski Alpin, Snowboard) und Lenzerheide (Langlauf, Schneeschuhlauf, Tanzsport) ausgetragen. Die Eröffnungsfeier findet im Stadion Letzigrund in Zürich statt. Die Schlussfeier wird in Chur durchgeführt.

HÄLFTE DER FINANZIERUNG GESCHAFFT

Die World Winter Games werden 38 Millionen Franken kosten. Das Finanzierungskonzept sieht vor, dass 75 Prozent der Gesamtkosten von Bund, den Kantonen Graubünden und Zürich, den Städten Chur und Zürich sowie den Regionen Arosa und Lenzerheide getragen werden. Alle Wettkämpfe und Rahmenanlässe werden frei zugänglich sein.

Im Juni sprach der Bündner Grosse Rat einstimmig den Verpflichtungskredit von 9,5 Millionen Franken für die Durchführung. Mit den bereits erfolgten Zusagen der Gemeinden Vaz/Obervaz, Arosa und der Stadt Chur ist nun die Hälfte der nötigen Finanzierung von 30 Millionen Franken der öffentlichen Hand geschafft. Noch im politischen Prozess befinden sich die Gesuche bei der Stadt und dem Kanton Zürich, beim Bund und bei Swiss Olympic, welche die zweite Betragshälfte ausmachen. Die Entscheidung des Kantons Graubünden ist eine der wichtigsten für die Durchführung der World Winter Games in der Schweiz.

INKLUSION ALS THEMATIK

Die World Winter Games sind viel mehr als Sport. Special Olympics Switzerland arbeitet eng mit Schweizer Sportdachverbänden und Sportvereinen zusammen, um gemeinsam die UN-Behindertenrechtskonvention umzusetzen. Die Games bieten eine tiefgreifende Erfahrung für eine inklusive Schweiz, in der alle den gleichen Zugang zu Sport, Bildung, Gesundheit und sämtlichen Aspekten des Lebens haben. Der Anlass wird Inklusion thematisieren, ihr ein Gesicht geben, bedeutende Entwicklungen in der Sport- und Behindertenpolitik lancieren und vorantreiben, die Schweizer Bevölkerung zusammenbringen und sie gegenüber Menschen, die anders sind, offener und verständnisvoller machen. Nach der Schlussfeier vom 17. März 2029 werden die Auswirkungen der Spiele in den Herzen und der Denkweise der Menschen in Graubünden und im ganzen Land weiterleben.

Es sind vor allem die den World Winter Games vorgelagerten Aktivitäten, die für die Legacy und den Einbezug der gesamten Schweiz sehr wichtig sind. Ein Beispiel dafür ist unter anderem das Host Town Programm, wo sich die über 100 Delegationen, verteilt auf alle Kantone in der Schweiz, auf ihren Einsatz vorbereiten und Kontakte zur Bevölkerung knüpfen. Oder der Fackellauf mit Schul- und Fanprojekten. Dessen Ziel ist, viele Schulen und Institutionen zu besuchen und ihnen Anlass zu geben, das Thema Inklusion zu bearbeiten. Zentral ist auch die Zusammenarbeit mit den Sportverbänden und -vereinen, um einerseits Sportarten wie zum Beispiel Short Track und Eiskunstlauf zu entwickeln und anderseits die Athletinnen und Athleten entsprechend vorzubereiten und Trainingsmöglichkeiten zu schaffen.

REGELMÄSSIG AN SPORTANGEBOT TEILHABEN

Das Unified Programm von Special Olympics wird massgeblich zu dieser Entwicklung beitragen. Dessen Hauptziel ist die Anwendung der UN-Behindertenrechtskonvention für die Rechte von Menschen mit Beeinträchtigungen im Bereich des Sports, indem Kindern, Jugendlichen und Erwachsenen der Zugang zu qualitativem und inklusivem Sport gewährt wird. Konkret bedeutet dies, dass Menschen mit erhöhtem Unter-

Organisation:	Special Olympics Switzerland Graubünden
Kontaktperson:	Martina Gäumann
Gründung:	2019
Anschrift:	c/o graubündenSPORT, Quaderstrasse 17, 7001 Chur
Telefon:	079 176 29 53
E-Mail:	gaeumann@specialolympics.ch
Webseite:	www.specialolympics.ch

Das olympische Feuer wird mit der Fackel entzündet.

stützungsbedarf in der Schweiz regelmässig und aktiv an einem Sportangebot des Regelsports – in einem Sportverein oder an einem Breitensportanlass – wie auch am sozialen Leben dieser Sportstrukturen teilhaben können.

MEHR ALS 20 UNIFIED CLUBS

Der Aufbau und die Begleitung von Unified Clubs sowie die Ausbildung und die fachliche Unterstützung der Trainerinnen und Trainer stehen im Zentrum der regionalen Koordinationsstelle in Graubünden. Dazu gehört auch die Pflege des Netzwerks mit Betroffenen und ihren Familien oder den Schulen und Institutionen für Menschen mit Beeinträchtigung. Wichtige Partner sind die kantonalen Sportstrukturen wie graubündenSport und der Bündner Verband für Sport. Über 20 Sportclubs sind im Programm Unified dabei, und vieles wurde bereits erreicht. Das Ziel für die Zukunft bleibt jedoch weiterhin bestehen: Alle Menschen mit Beeinträchtigung in Graubünden haben die Möglichkeit, in bestehenden Sportclubs in ihrer näheren Umgebung Sport zu treiben sowie an Breitensport-Events und angepassten Wettkämpfen teilzunehmen. Ihre Inklusion in die Gemeinschaft und ihr Wohlbefinden werden damit gefördert.

Die Athletinnen und Athleten messen sich auch im Langlaufen, Schneeschuhlaufen, Unihockey und Snowboarden.

216 TALENTKLASSEN CHUR
218 TALENTSCHULE DAVOS
220 TALENTSCHULE SURSELVA
222 STIFTUNG SPORT-GYMNASIUM DAVOS
224 ACADEMIA ENGIADINA
226 HOCHALPINES INSTITUT FTAN
228 GEWERBLICHE BERUFSSCHULE CHUR
230 KV WIRTSCHAFTSSCHULE CHUR
232 FACHHOCHSCHULE GRAUBÜNDEN

SPORT- UND TALENTSCHULEN

SCHULEN

QUALITÄTSLABEL UND EINWANDFREI FUNKTIONIERENDES SYSTEM

Die Talentklassen Chur starteten als frisch zertifizierte «Swiss Olympic Partner School» ins Schuljahr 2021/22. Damit wurden die Organisation und die Strukturen des Angebots der Stadtschule Chur für talentierte Nachwuchssportlerinnen und -sportler gewürdigt und mit dem Qualitätslabel Swiss Olympic Partner School ausgezeichnet.

Dass das Angebot genau den Bedürfnissen der jungen Athletinnen und Athleten entspricht, zeigte sich auch an der grossen Zahl von Schülerinnen und Schülern, welche im Schuljahr 2021/22 in die Talentklassen eintraten. Mit den 25 Neueintritten besuchten knapp 70 Schülerinnen und Schüler eine der fünf Förderklassen im Schulhaus Giacometti in Chur.

Das Schuljahr war gespickt mit Highlights, welche den Jugendlichen noch lange in Erinnerung bleiben werden. Zu Beginn fand der bereits legendäre «Kick Off Event» statt, welcher als zweitägiger «Survival-Ausflug» durchgeführt wurde. Im Winter absolvierten die zweiten und dritten Klassen nach gezieltem

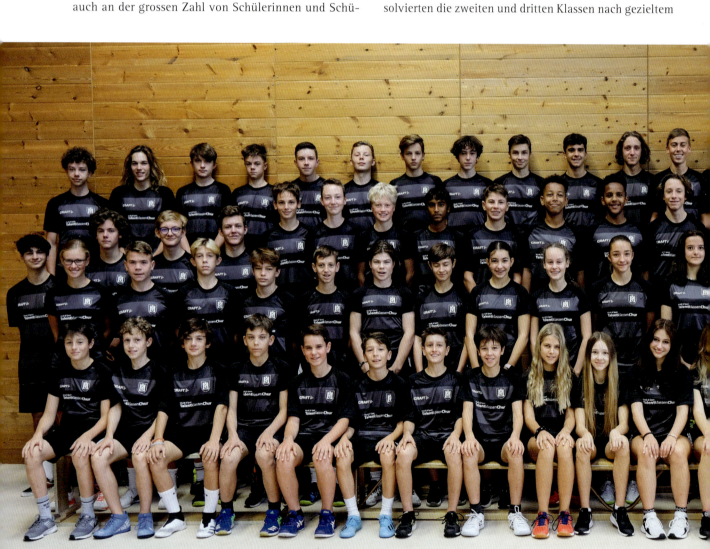

Knapp 70 Schülerinnen und Schüler besuchen eine der fünf Förderklassen im Schulhaus Giacometti in Chur.

Training den Engadin Ski(halb)marathon, und die erste Klasse nahm im Frühling an der Laufparade in Chur teil.

HOHE ANFORDERUNGEN AN FLEXIBILITÄT

Schulisch zeigten die Sportlerinnen und Sportler, was in ihnen steckt. Mit derselben Zielstrebigkeit wie im Sport arbeiteten sie sehr selbstständig an ihrem Schulstoff. Zwölf Schülerinnen und Schüler aus der zweiten Klasse bestanden dann, als Lohn für ihren Einsatz, die Aufnahmeprüfung für die Kantonsschule. Dieses Resultat freute die Verantwortlichen der Talentklassen ungemein für die Schülerinnen und Schüler und bestätigt, dass das Unterrichtssystem einwandfrei funktioniert.

Das hohe sportliche Niveau der Schülerinnen und Schüler der Talentklassen Chur stellte auch hohe Anforderungen an die Flexibilität der Schule. So trainierte beispielsweise eine Schülerin jeweils Dienstag-, Mittwoch-, Donnerstag- und Freitagnachmittag in St. Gallen und konnte in dieser Zeit nicht am Unterricht teilnehmen. Eine andere Schülerin verbrachte jeweils Donnerstag und Freitag im nationalen Leistungszentrum von Swiss-Tennis in Biel und absolvierte einen Teil des Unterrichts via Microsoft-Teams von dort aus. Diese Beispiele zeigen, wie flexibel das System Talentklassen funktionieren kann, und die guten Noten der beiden zeigen einerseits wie diszipliniert sie auch ihre schulischen Aufgaben erledigt haben und anderseits, dass die enge Betreuung durch die Lehrpersonen und den Koordinator sehr gut funktionierten.

MEHRERE PODESTPLÄTZE

Die Talentschülerinnen und -schüler erbrachten sehr gute Leistungen und durften sich zurecht über Topresultate freuen. So zeigte zum Beispiel Kristýna Paul ihr Potenzial bei den ITF-U18-(International Tennis Federation)-Turnieren im Herbst, die Skifahrerinnen und Skifahrer konnten ihr Können zeigen und in der U16-Kategorie nationale Rennen bestreiten. Die Rhythmische Gymnastin Mia Engel feierte beim internationalen Angels Cup im bulgarischen Sofia den zweiten Rang und erreichte diese Klassierung auch beim Qualifikationswettkampf für die Schweizer Meisterschaften. Sie erlitt dann aber eine Verletzung, welche eine Teilnahme an den nationalen Titelkämpfen verunmöglichte. Die Snowboarderin Niah Imper gewann an den Schweizer Halfpipe-Meisterschaften in der Kategorie U15 die Silbermedaille. Auch die beiden Tänzerinnen Kimberly Vils und Anna Lorena Stalder überzeugten. Kimberly Vils wurde an den IDO-Schweizer-Meisterschaften im Hip-Hop Vierte im Einzel und Fünfte mit der Gruppe (La Fam Academy). Anna Lorena Stalder erreichte ebenfalls den hervorragenden fünften Rang, dies an den Schweizer Meisterschaften im Jazzdance (Kategorie Jugend 1-Solo). Joel Tomaselli kürte sich im Juni zum Doppel-Schweizer-Meister im Islandpferdereiten in der Kategorie Jugend (Gang T5 und V3).

Weiterhin auf gutem Wege sind die ehemaligen Schülerinnen und Schüler der Talentklassen. So konnte zum Beispiel Bela Dumrath als erster Absolvent der Talentklassen Chur einen Profivertrag abschliessen. Der Fussball-Torhüter erhielt einen Zweijahresvertrag beim FC St. Gallen.

Talentklassen Chur

Stadtschule

Schulhaus Giacometti

Tittwiesenstrasse 120

7000 Chur

Tel. 081 254 44 80

lars.broennimann@schulechur.ch

www.talentklassenchur.ch

SCHULEN

GEMEINSCHAFT STÄRKEN UND MITEINANDER ETWAS ERLEBEN

Der Sache auf den Grund gehen.

Nach einem Jahr pandemiebedingter Unregelmässigkeiten kehrte an der Talentschule Davos im Schuljahr 2021/22 der schulische Alltag zurück. Wettkämpfe fanden wieder mit einem konstant gefüllten Teilnehmerfeld statt, Schulausflüge konnten wie gewohnt organisiert werden. Die Tatsache, dass über 50 Schülerinnen und Schüler eine gemeinsame Reise antraten und an klassenübergreifenden Projekten teilnahmen, kam nicht allzu oft im Schuljahr vor.

Talentschule Davos
Schulstrasse 4b
7270 Davos Platz
Tel. 081 414 31 80
Fax 081 414 31 84
schule@davos.gr.ch
www.schuledavos.ch

AUF DEN MORTERATSCH GLETSCHER

Im Herbst 2021 unternahm nahezu die gesamte Schülerschaft der Talentschule Davos einen gemeinsamen Ausflug ins Berninagebiet. Begleitet von einem Bergführer, dem outdooraffinen Schulsozialarbeiter und einigen Lehrkräften begann am Bahnhof in Morteratsch die Wanderung auf den Morteratsch Gletscher. Mit Steigeisen an den Schuhen und als Seilschaft gesichert erkundete die Gruppe bei grauen und verregneten Bedingungen die Gletscherzunge.

SCHULEN

NEU EIN EIGENER MITTAGSTISCH

Im Schuljahr 2021/22 wurde die Zusammenarbeit mit Martina Holzach als Mental- und Achtsamkeitstrainerin fortgeführt. Sie entwickelt Anlässe für die gesamte Schülerschaft und vertieft das Thema erfolgreich. Neu verfügt auch die Talentschule Davos über einen eigenen Mittagstisch. Angeboten werden warme und ausgewogene Mahlzeiten, die von etwa 20 Schülerinnen und Schülern regelmässig in Anspruch genommen werden.

Fünf Schüler der ersten Talentklasse in ihren Biwaks.

Die wenigen Verletzten blieben mit einem Spezialprogramm in Davos und stiessen am Abend via Gondel zur Hütte dazu. Nach einem gemeinsamen Abendessen im Berghaus Diavolezza übernachteten die Schülerinnen und Schüler im gemütlichen Bettenlager. Am nächsten Tag begann die Wanderung ins Tal noch im Schneetreiben, welches in tieferen Lagen in Dauerregen überging.

Trotz der widrigen Wetterbedingungen blieb die Laune der Schülerschaft ausgezeichnet. Die äusseren Umstände wurden als Herausforderung angesehen und mit Motivation und Teamgeist bewältigt.

VIELFÄLTIGE KOMPAKTWOCHE

Die Talentschule Davos ermöglicht begabten Schülerinnen und Schülern eine Vereinbarkeit von Leistungssport und Schule. Um die Ausbildung in schulischen Fächern wie beispielsweise Wirtschaft, Arbeit, Haushalt und im Fachbereich Gestalten bestmöglich anbieten zu können, werden diese in kompakter Form unterrichtet. Im Juni 2022 wurde an verschiedenen Orten in Davos drei Tage lang gekocht, musiziert und künstlerisch gestaltet. Einzelne Kleingruppen durften die sehr gut ausgestattete Grossraumküche des Hotels Alpen Gold nutzen, um ein 4-Gänge-Menü zuzubereiten. Andere Gruppen besuchten das Heimatmuseum und kamen für die Essenszubereitung in den Genuss des traditionellen Holzofens.

Als Abschluss der Kompaktwoche wanderte die erste Klasse in Davos Wiesen in die Berge und schlug auf 2000 Metern ein Nachtlager auf. Nachdem die Schülerinnen und Schüler ihre Biwaks aufgebaut hatten, wurde eine Feuerstelle eingerichtet, Feuerholz für Abendessen und Frühstück gesammelt, das Essen zubereitet und gemeinsam unter dem wolkenlosen Sternenhimmel genossen. Nach dieser abenteuerlichen Nacht ging es zu Fuss über Davos Glaris wieder zurück zur Schule.

Die Chefs de Cuisines mit Klassenlehrerin Jasmin Flückiger.

POLY.SPORT – EIN VERBINDLICHES UND GESCHÄTZTES ANGEBOT

Heute ist klar: Erfolgreiche Athletinnen und Athleten sind vielseitig und polysportiv. Bekannte Beispiele sind Sportgrössen wie Dario Cologna, Roger Federer, Laurien van der Graaff, Marco Odermatt oder Andri Ragettli, ehemaliger Absolvent der Talentschule Surselva in Ilanz. Sie alle sind Weltklasse in ihrer Disziplin, ohne aber «Flaschen» in anderen Sportarten zu sein. Sie vereinen Spitzenleistung mit Vielseitigkeit. Was heute klar ist, war nicht von Anfang an eine Selbstverständlichkeit.

UNTERSCHIEDLICHE HERAUSFORDERUNGEN

Als Schule, die sich der Sportförderung verschrieben hat, steht die Talentschule Surselva permanent vor zwei unterschiedlichen Herausforderungen: Einerseits muss eine optimale Balance zwischen einer umfangreichen Unterstützung und einer möglichst weitreichenden Entlastung gefunden und anderseits die Doppelbelastung durch die unterschiedlichen Bedürfnisse von Schule und Sport unter einen Hut gebracht werden. Während das erste Dilemma die grundsätzliche Frage nach dem Umfang des Angebots von Sportschulen stellt und zwischen den Extremen «Je mehr wir bieten, desto besser können wir junge Athletinnen und Athleten unterstützen» sowie «Je weniger wir bieten, desto mehr Zeit bleibt den jungen Sportlerinnen und Sportlern für das Training in ihrem Talentbereich» laviert, fokussiert das zweite Dilemma auf die Ressourcenverteilung: Wie viel der knappen Zeit soll auf die schulische Bildung zur Anschlusssicherung und wie viel auf die Unterstützung für die Talententfaltung verwendet werden, ohne dabei den sprichwörtlichen Karren zu überladen?

Diese Fragen beschäftigen die Zuständigen der Talentschule Surselva heute noch genauso wie bei der Konzeption ihres Schulmodells vor 13 Jahren. Damals stand für sie fest, dass sie mehr als nur ein schulisches Angebot mit reduzierter Stundentafel und mehr Zeit für das Training sein wollen. Ihnen war klar, dass sie nebst einem an die sportlichen Bedürfnisse angepassten Stundenplan auch polysportive Gefässe für die Grundausbildung ihrer Athletinnen und Athleten anbieten wollen. Denn aus der Trainingslehre ist bekannt, dass eine vielseitige polysportive Ausrichtung einen messbaren Effekt auf die Leistungen in spezifischen Sportarten hat. Doch mit dieser Einsicht stiessen die Verantwortlichen anfänglich nicht nur auf offene Ohren – es regte sich von verschiedenen Seiten Widerstand gegen das Vorhaben, bis zu neun Lektionen Polysport ins Schulmodell einzubauen. Und auch die Recherche bei anderen Sportschulen im Bereich Sek I in der Schweiz zeigte, dass diese Idee noch ziemlich neu war und es damals noch keine griffigen Konzepte zur Integration einer polysportiven Grundausbildung in eine Sportschule gab. Und so machten sich die Zuständigen motiviert daran, ein eigenes Konzept für poly.sport zu entwickeln.

NICHT NUR SPORTPARTNERN ÜBERLASSEN

Aber warum ist eine gute polysportive Ausbildung überhaupt wichtig? Was sagt die Trainingslehre dazu? Wer vor allem im Jugendalter sehr vielseitig trainiert, ist nachweislich weniger anfällig für Verletzungen und Disbalancen in der Muskulatur, da nicht nur die sportartenspezifischen Teile des Bewegungsapparats, sondern der ganze Körper geschult und trainiert wird. Dies führt auch dazu, dass später spezifische Bewegungen schneller und präziser erlernt werden können, was sich in einem effizienteren Training bemerkbar macht. Sollte es doch einmal zu einer verletzungsbedingten Pause kommen, sind polysportiv starke Athletinnen und Athleten in der Regel deutlich schneller wieder fit, und selbst bei einem Karriere-Abbruch können vielseitige Sportlerinnen und Sportler schneller in anderen Sportarten Fuss fassen.

Diese Erkenntnisse aus den Sportwissenschaften machten sich die Verantwortlichen der Talentschule Surselva von Anfang an zunutze und bauten fünf Wochenlektionen poly.sport ins Schulkonzept ein. Mit den ersten Erfolgen sank auch die Skepsis gegenüber ihrer Idee, den Sport nicht nur den Sportpartnern zu überlassen. Heute ist poly.sport für alle Trainerinnen und Trainer der Talentschule Surselva eine Selbstverständlichkeit, die niemand mehr infrage stellt.

Inzwischen sind sogar in den kantonalen Weisungen für Talentschulen in Graubünden fünf Lektionen pro Woche an vielseitigem Grundlagentraining verankert, und poly.sport gehört an allen Bündner Talentschulen zum verbindlichen und geschätzten Angebot.

TalentSchule.Surselva

Paradiesgärtli 9, 7130 Ilanz/Glion

Sekretariat: 081 935 28 29

schulleitung@ts-surselva.ch

koordinator@ts-surselva.educanet2.ch

sekretariat@talentschule-surselva.ch

www.ts-surselva.ch

Eine vielseitige polysportive Ausrichtung hat einen messbaren Effekt auf die Leistungen in spezifischen Sportarten.

Im polysportiven Unterricht an der TalentSchule.Surselva legen die Verantwortlichen das Augenmerk besonders auf diese Elemente:
- Sehr gute Rumpf- und Kniestabilität
- Breite und fundierte koordinative Ausbildung
- Kondition sowie altersgemässes und spezifisches Krafttraining
- Geräteturnen und Leichtathletik
- Spielfertigkeiten

In die poly.sport-Lektionen werden auch Elemente aus der Trainingslehre eingebaut, sodass die jungen Athletinnen und Athleten nicht nur Übungen absolvieren, sondern auch Schritt für Schritt erfahren, was warum gemacht wird und so die Verantwortung für ihr eigenes Training übernehmen können. Das ist der Versuch der Zuständigen der Talentschule Surselva, ihnen einen langfristigen Beitrag zum persönlichen Erfolg mit auf den Weg zu geben.

FÜR FÜNFTE UND SECHSTE KLASSE

Im Verlaufe der Jahre stellten die Verantwortlichen der Talentschule Surselva immer wieder fest, dass diese breite polysportive Ausbildung auch für Kinder in der Mittelstufe ein Bedürfnis darstellt. Uns so machten sie sich 2016 daran, die Erfahrungen aus dem poly.sport in ein neues Konzept zu überführen.

poly.kids ist seither ihr polysportives Angebot für bewegungsbegeisterte Kinder der fünften und sechsten Klasse. Die Talentschule Surselva bietet ihnen ein qualitativ hochwertiges, polysportives Trainingsangebot in Ergänzung zum Schulsport und/oder zum sportartenspezifischen Training in den Clubs und Vereinen. Die Trainingsschwerpunkte im poly.kids sind altersentsprechend leicht anders verteilt als im poly.sport. Die Inhalte verteilen sich in etwa wie folgt:
- Koordinative Fertigkeiten (40 Prozent): Spezifisches Koordinationstraining mit der Trainingsleiter, Ropeskipping, Arbeit mit Bällen, integratives Koordinationstraining im Bereich von Geräteturnen und Leichtathletik, diverse Parcoursformen, Gleichgewicht (zum Beispiel Slake-Line) und Koordinationsspiele.
- Allgemeine Spielfertigkeiten (40 Prozent): Technik- und Taktiktraining in allen Schulsportarten in Absprache mit den Sportpartnern.
- Rumpf- und Kniestabilität (20 Prozent): Qualitativ exakte Ausführung der Übungen auf fester Unterlage und Übungen mit labilen Unterlagen (zum Beispiel Swissball, Sypobabrett, Sitzkissen und Slingen).

Immer mit dabei sind konditionelle Elemente und Spass an neuen Bewegungsformen.

NEUES PROJEKT KREIERT

Die Idee, in einer Talentschule auch Sport anzubieten, wurde anfänglich mit Skepsis aufgenommen. Mittlerweile bewährte sich aber das Konzept, eine breite und fundierte polysportive Grundbildung den sportartenspezifischen Trainings zur Seite zu stellen und stiess damit auf breite Akzeptanz. Die Tatsache, dass graubündenSport, zusammen mit J+S Graubünden, das Projekt poly.kids als innovative Vorlage nahm und daraus das neue Projekt 0712 kreierte, ehrt die Verantwortlichen der Talentschule Surselva. Dies zeigt, dass sie mit ihrem Konzept etwas Richtungsweisendes einführten.

EIN VIERTELJAHRHUNDERT UND 500 ERFOLGREICHE ABSCHLÜSSE

Am dritten August-Montag 1997 starteten die ersten 37 Schülerinnen und Schüler ihre Ausbildung am neugegründeten Sport-Gymnasium Davos. 17 Mitarbeitende kümmerten sich damals um die Schülerschaft. Unterricht wurde in drei Schulzimmern, als Unterkunftsgebäude diente einzig das Haus Castelmont. Heute, 25 Jahre später, kümmern sich 52 Mitarbeitende um 150 Schülerinnen und Schüler. Vier Mitarbeitende der ersten Stunde sind auch heute noch an der Stiftung Sport-Gymnasium Davos aktiv. Auf dem Areal Castelmont wurden rund zehn Millionen Schweizer Franken in neue Gebäude und die Sanierung des Gebäudes Castelmont investiert. Gegen 500 junge Frauen und Männer schlossen die Schule über die Jahre mit einer Matura oder einem Eidgenössischen Fähigkeitszeugnis Kauffrau/Kaufmann ab.

Ein Vierteljahrhundert ist die Stiftung Sport-Gymnasium Davos nun also alt. Das 25-Jahre-Jubiläum ist in der heutigen weltpolitischen Lage zwar eine kleine, für die Zuständigen aber sehr wichtige und wohltuende historische Marke. Mit Stolz blicken sie auf eine bewegte und erfolgreiche Dekade zurück. Seit der formellen Gründung 1997 konnte sich die Stiftung Sport-Gymnasium Davos schnell etablieren und zu einem Top-Player in der Schweizer Schul- und Sportwelt weiterentwickeln. Wobei sie sich als Konstante nicht den Stillstand, sondern die fortlaufende Verbesserung und Weiterentwicklung auf die Fahne geschrieben hat. Aktuell wird gerade von der Gemeinde Davos das Gebäude Castelmont umfassend renoviert, und die im Besitze der Stiftung Sport-Gymnasium Davos befindliche Sporthalle Färbi soll in den kommenden Jahren saniert und erweitert werden.

Stiftung Sport-Gymnasium Davos
Grüenistrasse 1
7270 Davos Platz
Tel. 081 410 01 70
Fax 081 410 01 71
info@sportgymnasium.ch
www.sportgymnasium.ch

Schülerinnen und Schüler sowie Mitarbeitende der Stiftung Sport-Gymnasium Davos.

Berenice Wicki besucht aktuell das Sport-Gymnasium, Valerio Grond zählt zu dessen Absolventen.

15 ehemalige und aktuelle Schülerinnen sowie Schüler waren Teil der Schweizer Delegation an den Olympischen Spielen in Peking. Herausragend dabei war der Gewinn der Bronzemedaille von Snowboarder Jan Scherrer in der Halfpipe sowie der siebte Rang von Berenice Wicki in der gleichen Disziplin. Weitere Teilnehmende waren: Lydia Hiernickel, Laurien Van der Graaff, Jonas Baumann, Valerio Grond, Jovian Hediger, Alina Meier und Jason Rüesch (alle Langlauf). Rafael Kreienbühl (Ski Freestyle), Ladina Jenny und Gian Casanova (beide Snowboard Alpin), Lara Casanova (Snowboardcross), David Hablützel (Snowboard Freestyle) und Talina Gantenbein (Ski Cross).

Swiss Olympic reiste mit 48 Sportlerinnen und Sportlern ans Europäische Olympische Jugendfestival im finnischen Vuokatti. Neun davon waren Schülerinnen und Schüler der Stiftung Sport-Gymnasium Davos: Silvano Demarmels, James Pacal, Marlène Perren, Mathis Profit und Felix Ullmann (alle Biathlon), Gabriel Kreienbühl und Nicolas Schütz (beide Snowboard), Ilan Pittier (Langlauf) sowie Ivana Wey (Eishockey). Zudem mit Madeleine Beck und Samuel Marxer auch zwei Skitalente des Fürstentum Liechtenstein.

Mit Freude und Stolz durften die Verantwortlichen im Jahr 2022 viele weitere sportliche Erfolge zur Kenntnis nehmen. So gewann der Langläufer Valerio Grond an den U23-Weltmeisterschaften Gold im Sprint und bestätigt damit seine Leistungsentwicklung der vergangenen Jahre. Die HCD U20-Elit holte Schweizer Meisterschafts-Bronze – was stellvertretend für etliche weitere Medaillengewinne an nationalen Titelkämpfen erwähnt sein soll.

KONZEPT ZU «FRAU IM SPORT»

Die Trainerinnen Katja Gruber-Boner und Stefany Zonin nahmen sich unter Mitwirkung von Adelin Berther dem Thema «Frau im Sport» an. Ein umfassendes Konzept mit Unterrichtseinheiten, persönlicher Beratung bis hin zur Integration des Trainerteams und Eltern wurde erarbeitet. Schritt um Schritt soll das Konzept umgesetzt werden.

ERFOLGREICHE RE-ZERTIFIZIERUNG

Das externe Qualitätszertifikat Master nach Q2E wurde einer Überprüfung durch die Zertifizierungsstelle unterzogen und darauf basierend erneuert. Im kommenden Jahr steht die Re-Zertifizierung des Labels «Swiss Olympic Sport School» durch Swiss Olympic an. Aktuell besitzen es schweizweit nur vier Schulen.

SCHULEN

FOKUS AUF EINZELSPORT DANK INDIVIDUELLER BETREUUNG

Schülerinnen und Schüler der Academia Engiadina Sportmittelschule.

Seit vielen Jahren bietet die Academia Engiadina Mittelschule perfekte Voraussetzungen für grossartige Sporttalente. Dabei setzt sie unter anderem den Fokus auf Einzelsportarten wie Langlauf, Ski Alpin und Biathlon. Dank einer Ausbildungsverlängerung haben die Schülerinnen und Schüler mehr Zeit für Training und Regeneration und werden gleichzeitig optimal auf ihre Maturitätsprüfung vorbereitet. Im Schuljahr 2021/22 besuchten 33 Sporttalente die Sportmittelschule. Eine

grosse Herausforderung – nicht nur für die Schülerinnen und Schüler, sondern auch für die Schulleitung und die Lehrpersonen. Aufgrund der unterschiedlichen Anforderungen der einzelnen Disziplinen sorgen speziell zugeschnittene Stundenpläne, individuelle Coachings und flexible Unterrichtsformate dafür, dass die Jugendlichen ihre Träume – im akademischen und sportlichen Sinne – verwirklichen können.

UMFASSENDE KOMMUNIKATION

Im Wettkampf ist eine Athletin respektive ein Athlet in Einzelsportdisziplinen auf sich selbst gestellt. Sie oder er steht für Erfolg oder Misserfolg, für Motivation oder Frust, für Stärken oder Schwächen selbst ein. Die Sportmittelschule unterstützt sie hierbei optimal. Jede Leistungssportlerin und jeder Leistungssportler wird durch den Leiter der Sportmittelschule und den Coach Leistungssport persönlich betreut. Sie sorgen für eine umfassende Kommunikation zwischen allen Beteiligten aus Schule, Sport und Elternhaus/Internat. Als Ansprechpartner unterstützen sie mit grossem Engagement die Leistungssportlerinnen und Leistungssportler bei schulischen, sportlichen und persönlichen Problemen. «Unsere Sportlerinnen und Sportler absolvieren einen grossen Workload – wo immer ich kann, helfe ich

Academia Engiadina Sportmittelschule
Ralph Böhm
Turn- und Sportlehrer ETH, Prorektor Mittelschule
Leiter Sportmittelschule und Fachmittelschule
ralph.boehm@acaeng.ch
Tel. 081 851 06 05
Allgemeiner Kontakt
Sandra Haas
Sekretariat Mittelschule
Tel. 081 851 06 12
contact@acaeng.ch
www.academia-engiadina.ch/mittelschule

ihnen, um alles unter einen Hut zu bringen», so Selina Foffa, Sportlehrerin und Koordinatorin Leistungssport.

Dank der individuellen Unterstützung kann die bei Einzelsportarten so wichtige Flexibilität gewährleistet werden. Die Schülerinnen und Schüler haben die Möglichkeit, ihre persönlichen Trainings je nach Planung, Terminen oder Schule selbst zu gestalten. Bei Abwesenheiten aufgrund von Wettkämpfen oder Trainingslagern kann der Unterrichtsstoff im Distance-Learning erarbeitet oder sogar mithilfe der Lehrpersonen individuell nachgeholt werden. Für Ralph Böhm, Prorektor und Leiter Sportmittelschule, ist dies eine zentrale Stärke: «Die Sprechstunden bei den einzelnen Fachlehrpersonen helfen, den verpassten Unterricht aufzuarbeiten.»

Hinzu kommen die für die Zukunft wichtigen Kompetenzen. Die Vorteile des Teamsports wie Loyalität, Respekt, Konfliktfähigkeit oder Teamgeist erfahren auch die Einzelsportlerinnen und Einzelsportler dank der gemeinsamen Aktivitäten. Disziplinübergreifende Trainingseinheiten sorgen für wertvolle Learnings. Die Jüngeren lernen von den Älteren, Biathletinnen lernen von Skifahrern – gezielt werden somit Synergien aktiv genutzt. Das Trainieren in der Gruppe ist ein zentraler Bestandteil. Nicht nur fördert es die Gemeinschaft, auch ermöglicht es, sich mit anderen zu messen, die eigene Leistung zu reflektieren und sich gegenseitig zu unterstützen.

INDIVIDUELLE MÖGLICHKEITEN

An der Academia Engiadina Mittelschule besteht für Talente die Möglichkeit, die letzten drei Jahre des Gymnasiums oder die letzten zwei Jahre der Fachmittelschule um ein Jahr zu verlängern. Dieses Konzept gestattet eine optimale zeitliche und stoffliche Entlastung von der Schule, um gezielt Freiräume für die Talententfaltung zu kreieren. Die Leistungssportlerinnen und Leistungssportler sind in den Regelklassen eingeteilt und erhalten einen individuellen Stundenplan. Die Unterrichtsstruktur ermöglicht den Schülerinnen und Schülern ihren Wochenplan auf ihre individuellen Bedürfnisse und den Trainingsplan abzustimmen. Für Training und Wettkampf werden Urlaube gewährt.

Für die Schule bedeuten die verschiedenen Einzelsportarten auch den Anspruch an hohe Flexibilität, denn sie bedingen unterschiedliche Trainingsfenster und -inhalte. Auch müssen sie mit verschiedenen Trainingszellen und -partnern gleichzeitig koordiniert werden.

«Dank der Möglichkeit, die letzten drei Jahre des Gymnasiums in vier Jahren zu absolvieren, habe ich mehr Zeit für Training und Regeneration. Trotzdem kann ich meine Matura abschliessen», sagt die Sportmittelschülerin und Biathletin Alessia Laager. «Ausserdem kann ich mir für Trainingslager oder Wettkämpfe frei nehmen und den verpassten Stoff zu einem späteren Zeitpunkt mithilfe der Lehrpersonen nachholen. Ich bin

Gemeinsame Trainingseinheiten fördern viele Kompetenzen und machen Spass.

sehr dankbar, dass ich von diesem Angebot profitieren kann. So kann ich mein Training professioneller gestalten und komme meinen sportlichen Zielen einen Schritt näher.»

MODERNE INFRASTRUKTUR

Das Engadin bietet perfekte Bedingungen für eine Vielzahl an Sportarten. Nebst der modernen und umfassenden Infrastruktur auf dem Campus der Academia Engiadina treffen Sporttalente auf perfekte Voraussetzungen für ihre Zukunft. Der Campus bietet nebst der Sportinfrastruktur mit Turnhallen, Kraftraum oder Tennisplätzen vielseitige Arbeits- und Ruheräume, sportmedizinische Betreuung, ein abwechslungsreiches Angebot im Bereich Verpflegung sowie eine professionelle und familiäre Betreuung im Internat.

Dank der Individualität kommt Alessia Laager ihren sportlichen Zielen einen Schritt näher.

SCHULEN

ZUWACHS IN MEHREREN SPARTEN UND STÄRKUNG DES TEAMGEISTES

Die Trainer und Coaches betreuen die Sportlerinnen und Sportler das ganze Jahr über.

Das Hochalpine Institut Ftan zeichnet die Kombination aus internationaler Internatsschule mit lokaler Identität aus. Mit dem Gymnasium, der Sekundarschule sowie den internationalen Lehrgängen Cambridge IGCSE und IB Diploma bietet es ein breites Ausbildungsprogramm an. Der Sport bildet dabei einen wichtigen Bestandteil. Er fördert Gesundheit, Wohlbefinden, Widerstandskraft, Selbstdisziplin und Teamgeist.

Die geografische Lage ist für Trainingszwecke optimal. Schneesichere Orte wie die Gletscher auf dem Stelvio und im Kaunertal sowie die Snowfarming-Loipen in Livigno oder Davos sind gut und schnell erreichbar. Im Gegensatz zu den meisten Sportgymnasien wird das Gymnasium am Hochalpinen Institut Ftan ohne Schulzeitverlängerung absolviert. Dies ist dank einer Eins-zu-eins-Betreuung mit Koordination von Schule und Sport möglich. Die Athletinnen und Athleten können dank dem schuleigenen Sportler-Betreuungsmodell auf individuelle und umfassende Unterstützung zählen. Der auf den Stundenplan abgestimmte Trainingsplan ermöglicht zwei Übungseinheiten pro Tag.

Das Hochalpine Institut Ftan verfügt über eigene, professionelle Trainer und Coaches, welche die Athletinnen und Athleten das ganze Jahr über betreuen – nicht nur während der Woche, sondern auch an Wochenenden und Wettkämpfen. Da alles unter einem Dach liegt, können die Wege zwischen Schule und Sport kurzgehalten und die Zeitfenster effizient genutzt werden.

Weitere Bestandteile der Sports Academy am Hochalpinen Institut Ftan bilden unter anderem das Athletic Training, die Sportpsychologie und das Athlete Health Management. Diese Bereiche und Kompetenzen werden laufend ausgebaut. Sie dienen den Athletinnen und Athleten als Fundament und Ergänzung zum eigentlichen Disziplinen-Training sowie als Vorbereitung auf eine erfolgreiche Langzeitkarriere.

ÜBERZEUGENDES DUO

Das junge, kompakte Team Ski Alpin erzielte in der Saison 2021/22 erfreuliche Fortschritte. Mit Trainer Pavle Jonke konnte es das Trainingsprogramm wie geplant umsetzen. Es wurden Gletscherkurse, Konditionstrainings, Techniktrainings sowie Wettkämpfe durchgeführt. Die jungen Athletinnen und Athleten absolvier-

Hochalpines Institut Ftan
Chalchera 154
7551 Ftan
HIF Sports Academy
Tel. 081 861 22 11
sport@hif.ch
www.hif.ch

ten fast ausschliesslich Wettkämpfe auf regionaler und kantonaler Ebene. Dabei überzeugten Janina Hässig und Rachel Krapf mit regelmässigen Podestplätzen. Aufgrund des starken Zuwachses darf das Team seit Beginn des Schuljahres 2022/23 auf die Verstärkung von einem zusätzlichen Trainer, Marco Tumler aus Samnaun, zählen.

Auch Trainer Philip Kontriner gibt sich mit seinem Team Snowboard Freestyle zufrieden. Das Ziel war hauptsächlich die Weiterentwicklung der jungen Athletinnen und Athleten anhand Priorisierung im Trainingsbereich. Die Teilnahme an Wettkämpfen in der Saison 2021/22 stand nicht an erster Stelle.

EINIGE MEDAILLENGEWINNE

An den verschiedenen Meisterschaften zeigten die Teams Langlauf und Biathlon starke Leistungen. In der nationalen U16-Rennserie mischten die Langläufer Maximilian Alexander Wanger und Marchet Nesa regelmässig vorne mit. Maximilian Alexander Wanger entschied zusätzlich die Gesamtwertung der Helvetia Nordic Trophy in seinem letzten U16-Jahr für sich und gewann unter anderem mit Noe sowie Isai Näff auch die Goldmedaille im Staffelbewerb anlässlich der Schweizer U18-Meisterschaften. Dieselbe Auszeichnung sicherten sich Marchet Nesa und Maximilian Alexander Wanger an den Schweizer Meisterschaften.

Luca Benderer ergatterte an den nationalen Titelkämpfen im Biathlon gleich zwei Titel. Über Silber und Bronze durften sich dessen Schwester Valeria Benderer und Carlo Kirchen freuen.

Während das Team Langlauf bereits seit Jahren erfolgreich unterwegs ist, darf die Sports Academy des Hochalpinen Instituts Ftan dank der boomenden Sportart auf eine stark aufkommende, junge Biathlon-Equipe zählen.

Die Langläuferinnen und Langläufer wollen hoch hinaus.

Mit der neu gebauten Biathlon-Anlage Sclamischot bietet das Unterengadin optimale Trainingsbedingungen.

Der Begriff Teamgeist wird bei der Sports Academy des Hochalpinen Instituts Ftan grossgeschrieben. So soll der Zusammenhalt nicht nur in den einzelnen Equipen gestärkt, sondern mit wöchentlichen gemeinsamen Trainingseinheiten auch zwischen den Teams gefördert werden. Zudem wurden im Schuljahr 2021/22 erstmals Teamevents durchgeführt, wobei der Austausch zwischen den Sportarten regelmässig stattfinden konnte. Die Sports Academy des Hochalpinen Instituts Ftan umfasst zwar die sportartspezifischen Equipen, soll aber auch als Ganzes eine Einheit bilden und den starken Zusammenhalt nach aussen tragen.

Mit der neuen Biathlon-Anlage Sclamischot bietet das Unterengadin optimale Trainingsbedingungen.

Bei den Freestyle-Snowboardern stehen das Grundlagen- und Techniktraining an erster Stelle.

SCHULEN

NEUER DIREKTOR, ATTRAKTIVE ANGEBOTE UND EIN PROFI-VERTRAG

Die Gewerbliche Berufsschule Chur hat mit Martin Good einen neuen Direktor.

Die Gewerbliche Berufsschule Chur ist die grösste Berufsfachschule in Graubünden und seit zwölf Jahren eine mit Label ausgezeichnete Swiss Olympic Partner School. Sie ermöglicht talentierten Leistungssportlerinnen und -sportlern einen Karriereaufbau im Nachwuchs-Leistungssport mit gleichzeitiger Absolvierung einer Berufslehre oder einem Abschluss mit Berufsmaturität. 2022 stand der Rezertifizierungsprozess bei Swiss Olympic an, gleichzeitig übernahm mit Martin Good ein neuer Direktor die Führung.

Der Sarganserländer absolvierte nach dem Gymnasium die Eidgenössische Technische Hochschule in Zürich. Danach unterrichtete er auf sämtlichen Schulstufen und absolvierte ein ergänzendes Studium für Berufspädagogik und allgemeinbildenden Unterricht. Verschiedene Funktionen an der Berufsfachschule im st. gallischen Buchs machten ihn zur Fachperson mit

Führungserfahrung in der Berufsbildung. «Ich freue mich auf die Herausforderungen an der Gewerblichen Berufsschule Chur und bin überzeugt, dass wir auch in Zukunft flexible Unternehmen für Sporttalente haben; denn der Sport bietet unverzichtbare Werte in der Kultur und im Umgang in der Gesellschaft», sagt Martin Good.

FLEXIBLE UNTERSTÜTZUNG

Als Swiss Olympic Partner School ist die Gewerbliche Berufsschule Chur ein verlässlicher Partner für die Ausbildungsbetriebe, die Berufsverbände, die Sportorganisationen und natürlich die Nachwuchstalente und ihr Umfeld in unterschiedlichsten Berufen und Sportarten. Mit der jahrelangen Erfahrung der Verantwortlichen ist die Schule gut aufgestellt und kann den jungen Leistungssportlerinnen und -sportlern flexible Unterstützung anbieten und diese zu einem erfolgreichen Qualifikationsverfahren im gewählten Beruf führen.

Die berufliche Ausbildung und den Leistungssport unter einen Hut zu bringen, bildet eine Herausforderung für die jungen Sporttalente. Der Sport ist eine der prägendsten Lebensschulen und lehrt die jungen Leute, Selbstverantwortung zu übernehmen, Ziele zu setzen und im Sport, im Beruf und im privaten Leben positiv voranzugehen und sich als Persönlichkeit zu entwickeln.

TROTZ ABSENZEN KEINE WISSENSLÜCKEN

Die Sportverbände und Sportorganisationen müssen ihre Aufgaben im Bereich der Talentbetreuung erfüllen. Nur so kann die Gewerbliche Berufsschule Chur starker

Gewerbliche Berufsschule Chur
Scalettastrasse 33
7000 Chur
Telefon 081 254 45 16
Fax 081 254 58 16
E-Mail: info@gbchur.ch
Internet: www.gbchur.ch
Koordinationsstelle Berufslehre und Leistungssport
Thomas Gilardi
Telefon 078 691 10 10
thomas.gilardi@gbchur.ch

und hochflexibler Partner sein sowie Bildung und Leistungssport gleichzeitig erfolgen. Sie stellt sicher, dass die Lernenden in der Berufslehre und die Studierenden in der Berufsmaturität keine Wissenslücken haben, obwohl die Athletinnen und Athleten je nach Sportart hohe Absenzen-Zahlen haben.

Als Swiss Olympic Partner School bietet die Gewerbliche Berufsschule Chur den Athletinnen und Athleten gleichzeitig attraktive Zusatzangebote an. Schulungsprogramme im Bereich Mentaltraining, Ernährungswissen, oder die Athletin und der Athlet als Einzelunternehmerin respektive -unternehmer waren Themen der vergangenen zwei Jahre, die von vielen Sportlerinnen und Sportlern besucht wurden.

Sportspezifische Zusatztrainings können auch am Schultag besucht werden. In diesem Bereich gibt es noch Verbesserungspotenzial seitens der Sportorganisationen. Gezielte Zusatztrainings im Ausdauer- und Kraftbereich können auch am Schultag im Angebot stehen.

SPORTARTEN DER ATHLETINNEN UND ATHLETEN

	Talent Card	Ohne Card
Curling	1	0
Eishockey	2	12
Eisklettern	2	0
Fussball	5	4
Golf	1	0
Kickboxen / Karate	0	2
Langlauf	1	4
Leichtathletik	1	0
Radsport	2	0
Schiessen	1	1
Schwimmen	1	1
Ski Alpin	10	2
Ski Freestyle	1	0
Skitouren	1	1
Snowboard	3	1
Tennis	0	1
Unihockey	9	18
Volleyball	0	1
	41	**48**

HERAUSFORDERNDES JAHR

Bela Dumrath ist Lernender Betriebsinformatiker und Fussball-Goalie mit Ambitionen. Nach seinen Erfolgen im Team Südostschweiz und im Fanionteam von Chur 97 gingen attraktive Angebote für höhere Aufgaben ein. Nach sorgfältiger Klärung seiner Möglichkeiten unterzeichnete Bela Dumrath schliesslich einen Profi-Vertrag beim FC St. Gallen als Torhüter der ersten Mannschaft. Alle Beteiligten sind sich einig, dass der Abschluss seiner Informatiklehre trotz Aussicht auf eine Fussballkarriere hohe Priorität hat.

Bela Dumrath befindet sich in einem herausfordernden Lehr- und Sportlerjahr: Eintritt in den Profi-Alltag, Lehrabschlussprüfung, tägliches Training und die Erfüllung seiner Arbeitsstunden im Ausbildungsbetrieb. In Absprache mit sämtlichen Betroffenen werden Arbeits-, Trainings- und Prüfungspläne koordiniert, und Bela Dumrath kann so seinen Weg Richtung Fussballprofi gehen.

IN ZWEI SPORTARTEN ERFOLGREICH

Anina Hutter ist Lernende Schreiner EFZ und als Nachwuchsathletin mit zwei Swiss Olympic Talent Cards – in den Sportarten Langlauf und Mountainbike – sehr polysportiv unterwegs. Mit einem grosszügig ausgestalteten Lehrvertrag kann sie je nach Saison in beiden Sportarten gezielt trainieren und sich gleichzeitig sportlich, beruflich und schulisch weiterentwickeln.

Ende August erkämpfte sich Anina Hutter, die neben der Langlauf-Kandidatengruppe bei Swiss-Ski dem U19-Mountainbike-Nationalteam angehört, an den Mountainbike-Weltmeisterschaften im französischen Les Gets im Team Relay mit der Schweizer Staffel die Goldmedaille. Mit dem Serien-Weltmeister Nino Schurter im gleichen Team zu kämpfen, war ein besonderes Erlebnis für die junge Sportlerin – der Weltmeistertitel der verdiente Lohn.

Bela Dumrath spielt neu als Profi in der ersten Mannschaft des FC St. Gallen.

Anina Hutter mit dem Weltmeistertrikot und der Goldmedaille.

SCHULEN

ENTWICKLUNGEN NACHWUCHSSPORT AUS PERSPEKTIVE DER BERUFSSCHULE

Als Berufsschule spürt die KV Wirtschaftsschule Chur in verschiedener Hinsicht den Einfluss aktueller Megatrends auf den Nachwuchssport im Allgemeinen und auf den Nachwuchsleistungssport im Speziellen. In vielen Lebensbereichen, nicht nur bei den Jugendlichen, steigen die Komplexität und die Anforderungen quantitativ und qualitativ; anderseits äussert sich der Megatrend der Multioptionalität in einer Diversifikation in viel mehr unterschiedliche Lebensmodelle und der Herausforderung, den individuell richtigen Weg im Dschungel der Möglichkeiten zu finden.

CHANCEN UND GEFAHREN

Mit der Umsetzung der Kompetenzorientierung in der beruflichen Grundbildung geht die Forderung nach vermehrter Individualisierung der Berufsbildung einher. Grundsätzlich kann diese Individualisierung bei einer Umsetzung in Richtung asynchronem, ortsunabhängigem Lernen eine grosse Chance für Nachwuchssportlerinnen und Nachwuchssportler bieten. Bei gleichzeitiger Reduktion der Lehrerrolle auf ein Coaching, mit der in vielen Fällen auch eine Reduktion an zur Verfügung stehender Zeit einher geht, löst sich diese Chance mangels zur Verfügung stehender Betreuungszeit jedoch wieder ins Nichts auf und beinhaltet die Gefahr des unbegleiteten Blindfluges.

Positive Aspekte der Individualisierung stellen die Verantwortlichen der KV Wirtschaftsschule Chur bei ihren Sportpartnern fest: in Mannschaftssportarten findet vermehrt eine individuelle Förderung der Besten statt. Ein Musterbeispiel sind die Zusatztrainings, welche der Bündner Unihockeyverband unter der Bezeichnung «RLZ-Trainings» anbietet. Förderungswürdige

Unter der Bezeichnung «RLZ-Trainings» bietet der Bündner Unihockeyverband Zusatztrainings an.

Spielerinnen und Spieler haben die Möglichkeit, an verschiedenen Standorten, zu verschiedenen Wochentagen meist über Mittag eines oder mehrere zusätzliche Trainings zu absolvieren. Der Schwerpunkt bei diesen Trainings liegt bei der individuellen Verbesserung der koordinativen, technischen Grundlagen. Da dies auch ohne hohe konditionelle Intensität geschehen kann, eignet sich dieses Training als zweite Einheit am gleichen Tag, das ohne grosse organisatorische Herausforderungen in den Tagesablauf von Arbeit oder Schule passt.

AUSWIRKUNGEN DER PROFESSIONALISIERUNG

Es ist deutlich spürbar, dass die zeitliche Belastung der Jugendlichen durch die professionalisierten Fördermassnahmen grösser wird. Dies nicht erst ab dem Übertritt in die Berufsausbildung und nicht nur für die Stärksten eines Jahrganges, die beispielsweise als Swiss Olympic Talent Card Holder «etikettiert» sind. Auch Jugendliche, die ihre Sportart «nur» auf zweit- oder dritthöchster Stufe betreiben, erreichen Trainingsumfänge, wie sie vor 10 bis 20 Jahren noch nicht üblich waren. Als gewichtiger Faktor führt dies dazu, dass der Dropout aus dem organisierten Sportsystem schon sehr früh geschieht, vermehrt bereits beim Übertritt in die Sekundarstufe und in den ersten beiden Jahren der Oberstufe, und nicht erst beim Übertritt in die überobligatorischen Ausbildungen.

ENTWICKLUNG EINES NACHFOLGEMODELLS

Die zentrale Herausforderung des nächsten Jahres ist die Umsetzung der Reform der kaufmännischen Grundbildung. Neben der oben bereits erwähnten Kompetenzorientierung stellt die Umstrukturierung der bisherigen Fächer in Handlungskompetenzbereiche die grösste Herausforderung dar. Mit der auslaufenden, kaufmännischen Bildungsverordnung konnte mit der vierjährigen Sportlehre ein ausgezeichnetes Ausbildungsmodell angeboten werden, das sich hauptsächlich bei Sportarten mit hohem Trainingsaufwand – wie zum Beispiel Cross Country Mountainbike – bewährte.

Sobald die letzten, fehlenden Umsetzungsvariablen (zum Beispiel Qualifikationsverfahren, Form der betrieblichen Bildung, Lehrmittel) bekannt sind, können die Zuständigen der KV Wirtschaftsschule Chur in Zusammenarbeit mit den anderen kaufmännischen Berufsschulen und dem Amt für Berufsbildung die Entwicklung eines Nachfolgemodelles anpacken.

SCHULEN

KOMPETENZEN AUFBAUEN UND WEITERENTWICKELN

Das Studium ermöglicht Stefan Rogentin, einen Ausgleich zum Skirennsport zu schaffen.

Spitzen- sowie Leistungssportlerinnen und -sportler sind während ihrer Karriere oft mit der Herausforderung konfrontiert, einen Weg zwischen sportlicher und beruflicher Entwicklung zu finden. Viele von ihnen wollen trotz sportlichen Engagements keine Abstriche bei der Ausbildung machen. Ehrgeiz, Hartnäckigkeit, Durchhaltevermögen und Ausdauer sind Kompetenzen, die Sportlerinnen und Sportler zum Erfolg führen, ihnen aber auch bei der schulischen und beruflichen Entwicklung zugutekommen. Die Fachhochschule Graubünden unterstützt Spitzen- sowie Leistungssportlerinnen und -sportler dabei und bietet ihnen Möglichkeiten, das Studium flexibel zu gestalten. Aktuell studieren an der Bündner Fachhochschule rund 50 Leistungssportlerinnen und -sportler aus den Sparten American Football, Basketball, Beachsoccer, Beachvolleyball, Curling, Eishockey, Freeride Ski, Fussball, Handball, Hochsprung, Laufsport, Leichtathletik Plus Sport, Mountainbike, Orientierungslauf, Skeleton, Ski Alpin, Ski Nordic, Stabhochsprung, Unihockey und Volleyball.

QUALIFIKATION FÜR OLYMPISCHE SPIELE

Einer, der die Doppelbelastung von Spitzensport und Studium auf beachtliche Weise meisterte, ist Stefan Rogentin. Der 28-Jährige aus Lenzerheide erfüllte in der Saison 2021/2022 die Selektionsrichtlinien für die Nationalmannschaft von Swiss-Ski und wurde dank seiner guten Resultate für die Olympischen Spiele in Peking selektioniert. Mit seinen konstant guten Leistungen klassierte er sich im Weltcup im Super-G auf dem siebten und in der Abfahrt auf dem 25. Rang. Gleichzeitig absolvierte der Skirennfahrer an der Fachhochschule Graubünden ein Bachelorstudium in Betriebsökonomie, welches er in diesem Herbst abschloss. Das Studium an der Fachhochschule habe es ihm ermöglicht, sich schulisch weiterzuentwickeln und einen Ausgleich zum Skirennsport zu schaffen, sagt Stefan Rogentin. «Während dem Studium erhielt ich für die Prüfungen und Pflichttermine etwas Spielraum, um diese neben der Skiplanung zu koordinieren.»

IN DEN SPITZENSPORT ZURÜCKGEKEHRT

Wohin der berufliche Weg einer Spitzensportlerin auch führen kann, zeigt das Beispiel von Sandra Betschart. Die 33-Jährige ist General Managerin der YB-Frauenfussball-Abteilung. Die langjährige Schweizer Nationalspielerin ist beim Berner Fussballverein auf Führungsebene das Gesicht des Frauenfussballs und kann dort neben ihren sportlichen Kompetenzen auch ihre Erfahrungen in den Bereichen Sponsoring und Marketing einbringen. Sandra Betschart trieb ihre berufliche Karriere erst nach ihrer Zeit im Spitzensport voran und nahm an der Fachhochschule Graubünden ein Bachelorstudium in Sport Management in Angriff. Sie lernte schliesslich die ganze Bandbreite des Sportmanage-

---

Fachhochschule Graubünden

Pulvermühlestrasse 57

7000 Chur

Telefon: +41 81 286 24 24

E-Mail: info@fhgr.ch

fhgr.ch/sportmanagement

Koordinationsstelle Spitzensport und Studium

Nicole Reifler Steiner

Telefon: +41 81 286 38 76

E-Mail: nicole.reifler@fhgr.ch

www.fhgr.ch/hochschulsport

ments kennen. Diese Kompetenzen kann sie heute für die Berner Young Boys gewinnbringend einsetzen. «Durch die Praxisnähe der Studienrichtung war ich gerüstet für meine Funktion als General Managerin. Mit meinen erlangten Kompetenzen im Sportmanagement möchte ich den Frauenfussball weiterbringen.»

ANALYSE DES SPORTMANAGEMENTS

Die Fachhochschule Graubünden engagiert sich in der Forschung im Bereich Sport und trägt dadurch dazu bei, ein nachhaltiges und erfolgreiches Sportsystem aufrechterhalten zu können. Ein Beispiel dafür ist etwa die heuer publizierte Studie «Sportmanagement in der Schweiz – Analyse der Arbeitsstellen und Kompetenzen». Gemeinsam mit weiteren Hochschulen (etwa der Eidgenössischen Hochschule für Sport Magglingen, der Universität Lausanne oder Swiss Olympic) konnte die Fachhochschule Graubünden darlegen, welches wichtige Kompetenzen im Sportmanagement sind.

Das Sportsystem in der Schweiz besteht aus 20 000 Vereinen, zahlreichen öffentlichen Dienstleistungen und Sportunternehmen. Das Umfeld wird, angeregt durch die Kommerzialisierung und die zunehmende politische Bedeutung des Sports, unbeständiger, unsicherer und vielschichtiger. Die Anforderungen an das Berufsfeld Sport und damit der Bedarf an spezialisiertem, qualifiziertem und kompetentem Personal stiegen deutlich an. Die Studie zeigt denn auch auf, welches die Ausprägungen, Eigenschaften und Herausforderungen des Sportmanagements in der Schweiz sind. Und mit ihrem Studienangebot in Sport Management bildet die Bündner Fachhochschule genau diese Fachleute auch aus.

WICHTIGER BEITRAG ZUR SPORTFÖRDERUNG

Mit konkreten Dienstleistungsangeboten trägt die Fachhochschule Graubünden zudem dazu bei, Kompetenzen im Bereich Sport zu fördern und so gerade auch im Kanton einen Beitrag zur Regionalentwicklung zu leisten. So begleitet die Hochschule beispielsweise das Projekt «Kindergarten-Schneesportwochen» von Graubünden Sport als Dienstleistungspartnerin. Die vielfältigen Angebote des Kantons im Bereich des Schneesports sind nicht nur eine Einladung zur Bewegung für Kinder und Erwachsene, sondern gleichzeitig auch ein wichtiges wirtschaftliches Standbein Graubündens. Darauf basiert ebenfalls die Idee der Kindergarten-Schneesportwochen. Von diesem Angebot profitieren insbesondere die Kindergärtnerinnen und Kindergärtner, die während einer Woche täglich verschiedene Schneesportangebote zu erschwinglichen Preisen wahrnehmen können.

Die Fachhochschule Graubünden evaluiert die Effekte dieser öffentlichen kantonalen Sportförderung und berät Graubünden Sport bei der Weiterentwicklung des Formats. Damit nimmt sie ihren öffentlichen Auftrag an der Schnittstelle zwischen Bildung, Forschung und Praxis aktiv wahr und stellt sicher, dass projektspezifische sowie weitere Erkenntnisse aus der Wissenschaft in die Weiterentwicklung der Kindergarten-Schneesportwochen einfliessen und die positiven Effekte des Projekts optimiert werden. Die Schneesportwoche ist ein gutes Beispiel dafür, wie die Fachhochschule einen wichtigen Beitrag zur Sportförderung in Graubünden leisten kann.

In ihrem Studium lernt Sandra Betschart die ganze Bandbreite des Sportmanagements kennen.

WAHL IN NATIONALEN SPORT-VORSTAND

Mit der Wahl von Nicole Reifler Steiner, Leiterin Hochschulsport an der Fachhochschule Graubünden, in den Vorstand von Swiss University Sports kann sich die Fachhochschule künftig noch stärker auch national im Bereich Hochschulsport einbringen. Die Delegiertenversammlung des nationalen Hochschulsport-Verbands wählte Nicole Reifler Steiner im März in das Gremium, wo sie seither für Werte und Ethik verantwortlich zeichnet. In dieser Rolle setzt sie beispielsweise Massnahmen zur Einhaltung der Ethik Charta von Swiss Olympic und des Bundesamts für Sport im nationalen Hochschulsportverband um. Im Zentrum stehen dabei die olympischen Werte Höchstleistung, Freundschaft und Respekt.

BÜNDNER MEISTER

BÜNDNER MEISTER

BATTASENDAS GRISCHUN

Wölflilauf

Pingu	Battasendas Capricorn Engiadina Bassa

Fähnlilauf

Hai	Pfadi Kobra Larein Pragg-Jenaz

Piolauf

Pio Prättigau	Pfadi Kobra Larein Pragg-Jenaz und Pfadi Rhätikon Schiers

Roverlauf

Aspiradoras	Pfadi Falkenstein Landquart

BIATHLON

Kids W11/M11

Pinelopi Stamataki	Piz Ot Samedan
Gisep Defila	Zuoz

Kids W13

Helena Richter	Trin

Challenger W13/M13

Amelie Baselgia	Bual Lantsch
Carlo Kirchen	Lischana Scuol

Challenger W15/M15

Valeria Benderer	Lischana Scuol
Pablo Baselgia	Bual Lantsch

CURLING

Scuol 1	Jon Carl Rizzi Duri Valentin Ueli Krebs Christian Florin

EISKUNSTLAUFEN

Bronze jüngere

Pauline Jungkind	Chur

Bronze mittlere

Floriana Walder	Lenzerheide-Valbella

Bronze ältere

Leoni Caplazi	Chur

U12 Mini

Ellen Fischer	St. Moritz

U13 Jugend

Salome Schmid	Chur

U14 Nachwuchs

Felicitas Fischer	St. Moritz

U15 Nachwuchs

Emma Brutloff	St. Moritz

EISSTOCKSCHIESSEN

Mannschaftswettbewerb

1. Davos	Ueli Wälti Battista Buemi Sepp Ilmer Simon Winistörfer Christina Hänni

Mannschafts-Zielwettbewerb

ES Sur En 1	Claudio Mathieu Orlando Bass Otto Davaz

Zielwettbewerb Herren

Claudio Mathieu	Sur En

Zielwettbewerb Damen

Marta Bundi	Obersaxen

GOLF

Junioren

Marco Schaflechner	Alvaneu Bad
Laurina Baltisser	Arosa

Senioren

Beat Zogg	Arosa
Patricia Breede	Arosa

Grison Cup

Silvan Maissen	Sedrun
Sara Fischer	Brigels

Team

Steinbock	Lenzerheide

LANGLAUF

Einzellauf

U12

Gianna Lucia Fröhlich	Bual Lantsch
Mic Willy	Lischana Scuol

U14

Saskia Barbüda	Lischana Scuol
Tylan Michel	Trin

U16

Ilaria Gruber	Alpina St. Moritz
Maximilian Alexander Wanger	Lischana Scuol

U18

Leandra Beck	Alpina St. Moritz
Niclas Steiger	Piz Ot Samedan

U20

Fabienne Alder	Bernina Pontresina
Noe Näff	Lischana Scuol

Damen

Fabiana Wieser	Sarsura Zernez

Herren

Toni Livers	Davos

Teamsprint

U12

Rätia Chur	Lia Frehner Melanie Zala
Piz Ot Samedan	Samuel Bärfuss Andrin Marti

U14/U16

Piz Ot Samedan	Selina Faller Nina Cantieni
Lischana Scuol	Marchet Nesa Maximilian Alexander Wanger

U18/U20

Piz Ot Samedan	Maurin Egger Niclas Steiger

Damen

Alpina St. Moritz	Leandra Beck Ilaria Gruber

Herren

Rätia Chur	Andri Schlittler Andrin Züger

LEICHTATHLETIK

Männer

100 Meter
Marco Obrist — Chur

1000 Meter
Sandro Michel — Chur

Weit
Marco Obrist — Chur

U18

100 Meter
Eduardo Heiniger Cascos — Landquart

1000 Meter
Gianin Hassler — Chur

Weit
Eduardo Heiniger Cascos — Landquart

U16

80 Meter
Elia Ruffner — Landquart

1000 Meter
Alessandro Tönz — Chur

Hoch
Elia Ruffner — Landquart

Weit
Elia Ruffner — Landquart

Kugel
Flurin Schwarz — Chur

Speer
Flurin Schwarz — Chur

U14

60 Meter
Janis Stegmann — Chur

1000 Meter
Enea Zahno — Chur

Hoch
Marko Stojanovic — Chur

Weit
Marko Stojanovic — Landquart

Kugel
Paul Meier — Malans

Speer
Marko Stojanovic — Chur

U12

60 Meter
Jamie Tönz — Chur

1000 Meter
Jamie Tönz — Chur

Weit
Jamie Tönz — Chur

Kugel
Jamie Tönz — Chur

Ball
Jamie Tönz — Chur

Frauen

U18

100 Meter
Mara Kern — Chur

Hoch
Svenja Brand — Chur

Weit
Livia Noelle Zahn — Chur

Kugel
Svenja Brand — Chur

Speer
Livia Noelle Zahn — Chur

U16

80 Meter
Lena Scherrer — Landquart

1000 Meter
Anna Philipp — Chur

Hoch
Sofia Bondolfi — Chur

Weit
Jenny Seraina Gerber — Landquart

Kugel
Jenny Seraina Gerber — Landquart

Speer
Anna Philipp — Chur

U14

60 Meter
Gianna Cadusch — Chur

1000 Meter
Milena Brasser — Chur

Hoch
Lavinia Stieger — Chur

Weit
Larina Wallimann — Landquart

Kugel
Larina Wallimann — Landquart

Speer
Emilia Barandun — Thusis

U12

60 Meter
Alicia Berther — Malans

1000 Meter
Gianna Lucia Fröhlich — Lantsch

Weit
Alicia Berther — Malans

Kugel
Mia Wallimann — Landquart

Ball
Emma Ziltener — Landquart

BÜNDNER MEISTER

ORIENTIERUNGSLAUF

Damen Elite
Delia Giezendanner — Chur

Damen –10
Mena Frischknecht — Trin

Damen –12
Lynn Maissen — Rhäzüns

Damen –14
Nina Gujan — Trin

Damen –16
Luisa Gartmann — Chur

Damen 40–
Gabriela Diethelm — Chur

Damen 50–
Ursi Ruppenthal — Domat/Ems

Damen 60–
Margrit Wyss — Chur

Herren Elite
Flavio Poltéra — Domat/Ems

Herren –12
Peer Frischknecht — Trin

Herren –14
Rico Maissen — Rhäzüns

Herren –16
Andri Gujan — Trin

Herren –18
Michael Rüegg — Malans

Herren 40–
Hans Welti — Bäretswil

Herren 50–
Chris Kim — Zizers

Herren 60–
Urs Brühwiler — Weiningen

RAD

Strasse
Nino Schurter — Chur
Alia Pfiffner — Davos

Mountainbike
Andrin Beeli — Sagogn
Anina Hutter — Trimmis

SCHIESSEN

Gewehr 10 Meter

U17
Alicia Beer — Rueras

U21
Jana Kessler — Schiers

Elite
Annina Tomaschet — Trun

Auflageschiessen
Alessandro Rota — Vicosoprano

Pistole 10 Meter

Elite
Nando Flütsch — St. Antönien

U21
Sina Flütsch — St. Antönien

Auflageschiessen
Guido Crameri — Li Curt

Gruppe Gewehr 10 Meter

Nachwuchs
SV Monstein — Martina Herrli
Silas Emmenegger
Gion Bitterli

Elite
Sdt Voluntaria Trun — Annina Tomaschett
Andri Tomaschett
Elena Tomaschett
Nicolas Tomaschett

Auflageschiessen
PC St. Moritz-Julia — Alessandro Rota
Silvio Städler
Marco Murbach

Gruppe Pistole 10 Meter

Elite
PC Igis-Landquart — Roman Clavadetscher
Sybill Tscharner
Ramon Crameri
Peter Strebel

Gewehr 50 Meter

U21 liegend
Martina Herrli — Davos-Dorf

Elite liegend
Lars Färber — Felsberg

Veteranen liegend
Corsin Derungs — Camuns

Seniorveteranen liegend aufgelegt
Armin Mani — Tamins

U21 3 Stellungen
Enrica Caluori — Rhäzüns

Gruppe Elite 50 Meter

Sportschützen Surselva
— Corsin Derungs
Yvonne Margreth
Plazi Caviezel
Annina Tomaschett
Remo Capeder

Pistole Programm B

Open
Elmar Fallet — Müstair

Pistole Programm C

Open
Elmar Fallet — Müstair

Gruppen Pistole 50 Meter

Societa Tiratori Pistolieri Poschiavo
— Guido Crameri
Ramon Crameri
Marco Pellicioli
Davide Ferrari

Gruppen Pistole 25 Meter

Schiess Sektion Chur UOV
— Erica Loretz
Bruno Battaglia
Leo Battaglia
Conradin Knupfer

Gewehr 300 Meter
Einzel liegend

Frei-Sport und Standardgewehr
Roger Monsch — Zizers

Ordonnanzgewehr D
Silvia Plaz — Brugg

Ordonnanzgewehr E
Curdin Candrian — Castrisch

Einzel 2 Stellungen

Standardgewehr

Georg Maurer	Felsberg

Ordonnanzgewehr

Hans Peter Lötscher	Pany

Team liegend

Frei-Sport und Standardgewehr

SV Haldenstein	Meinrad Monsch
	Roger Monsch
	Michael Monsch

Ordonnanzgewehr E

Schützengesellschaft Schiers	
	Desire Hartmann
	Kaspar Hartmann
	Mirjam Engelhardt

Team 2 Stellungen

Gruppen

Frei-Sport und Standardgewehr

Feldschützen Felsberg	
	Peter Voneschen
	Arno Theus
	Barcli Venzin
	Georg Maurer
	Michael Buchli

Ordonnanzgewehr D

Schützenverein Rothenbrunnen	
	Mauro Ardüser
	Carl Frischknecht
	Silvia Plaz
	Franz Josef Plaz
	Kevin Plaz

Ordonnanzgewehr E

Societad da tir Castrisch	
	Curdin Candrian
	Gion Casaulta
	Daniel Cabalzar
	Hermann Jemmi
	Robert Studer

SCHWIMMEN

(2021)

Damen

8 Jahre und jünger

Lara Aerni	Arosa

9–10 Jahre

Ylana Joy Aebi	Domat Ems

11–12 Jahre

Nora Varga	Davos

13–14 Jahre

Jael Anna Frei	Haldenstein

15–16 Jahre

Xenia Emmenegger	Chur

17–24 Jahre

Laila Del Grosso	Chur

Herren

8 Jahre und jünger

Vincenzo Rizzo	Chur

9–10 Jahre

Leo Aerni	Arosa

11–12 Jahre

Matteo Candinas	Chur

13–14 Jahre

Riki Augusto Bothelho	St. Moritz

15–16 Jahre

Timo Bäder	Malans

17–24 Jahre

Balàzs Tòth	Zizers

SCHLITTEN

Jugend

Armon Buchli	Avers

Masters I+II

Christoph Neubecker	Avers

SKI ALPIN

Super-G

U14

Lara Bianchi	Obersaxen
Igor Salvetti	Silvaplana-Champfèr

U16

Julie Roelants du Vivier	Lenzerheide-Valbella
Ben Kretz	Obersaxen

Riesenslalom

U14

Smilla Rüfenacht	Laax Ski
Igor Salvetti	Silvaplana-Champfèr

U16

Julie Roelants du Vivier	Lenzerheide-Valbella
Ben Kretz	Obersaxen

Slalom

U14

Minna Bont	Lenzerheide-Valbella
Igor Salvetti	Silvaplana-Champfèr

U16

Andrina Gansner	Sassuna-Fanas
Lauro Caluori	Beverin

SPORTRODELN

Schüler

Naomi Meisser	Davos

Jugend

Ursina Wendler	Davos

Junioren

Simon Gadmer	Davos
Tina Wendler	Davos

Master I+II

Christian Bauer	Davos
Heike Neubecker	Avers

Master III

Roger Meisser	Davos

Veteranen

Thomas Tschurr	Avers

Doppelsitzer

Linus Büchi	
Simon Gadmer	Davos

BÜNDNER MEISTER

TENNIS

Aktive

Herren Einzel
| Kent Giger | Landquart |

Damen Einzel
| Michaela Zilincova | Bonaduz |

Herren Doppel
| Kent Giger/ Sandro Weber | Landquart |

Mixed Doppel
| Matej Anderko/ Michaela Zilincova | Flims/Bonaduz |

Junioren
U10
| Mikko Sprecher | Davos |

U12
| Matthias Gugelmann | Chur |

U14
| Sandro Weber | Landquart |

U16
| Oscar Kraus | Lenzerheide |

Senioren

Herren 35+
| Roger Lang | Landquart |

Herren 45+
| Thomas Engel | Chur |

Herren 55+
| Richard Riedi | Chur |

Herren 65+
| Reto Zogg | Chur |

Damen 30+
| Pierina Engi | Chur |

Herren Doppel 35+
| Diege Caluori/ Christian Allemann | Landquart |

TISCHTENNIS

Lizenzierte

U18
| Lars Bossi | Trimmis |

Nicht Lizenzierte

Mädchen
| Deborah Lehmann | Igis |

Knaben 2007 und 2008
| Laurin Müller | Chur |

Knaben 2007 und 2008
| Lazar Mladenovic | Chur |

Knaben 2011 und jünger
| Andrey Mladenovic | Chur |

Knaben Doppel
| Laurin Müller/ David Oertli | Chur/Paspels |

TURNEN

Vereinsturnen
BTV Schiers

UNIHOCKEY

D-Junioren Chur
Unihockey orange

U14
Chur Unihockey A

VOLLEYBALL

Damen 2. Liga
VBC Chur 1

Damen 3. Liga
Volley Zizers

Damen 4. Liga
Viamala/Thusis

Herren 2. Liga
VBC Chur 2

Herren 3. Liga
Volley Surselva

Beachvolleyball

Damen
| Hannah Pfister/Lia Maissen | Surselva |

Herren
| Thomas Jaag/Simon Kessler | Chur |

Mixed
| Roman Cantieni/Aya Hussein | Surselva |

U17 Knaben
| Eric Ferreira/Dante Cola | Surselva |

Mixed U17
| David Flurin Cabernard/Annalea Cabernard | Surselva |

VON SPITZENSPORT BIS TRAININGSORT

Swisslos fördert jede Facette der Schweiz: Mit unserem Gewinn von rund 400 Millionen Franken unterstützen wir Jahr für Jahr über 17'000 gemeinnützige Projekte aus Kultur, Sport, Umwelt und Sozialem.

Mehr auf swisslos.ch/guterzweck

@ParaAlpine

SWISSLOS
für eine reichere Schweiz

BILDNACHWEIS

Cover
oben: Damien Sengstag
links: Keystone/AFP/
 Anne-Christine Poujoulat
rechts: Keystone/AFP/
 Ben Stansall

Seite 10
Keystone/Xinhua/Zhu Zheng

Seite 11
oben: AP Photo/
 Alessandro Trovati
unten: Keystone/AFP/
 Marco Bertorello

Seite 12
oben: AP Photo/
 Alessandra Tarantino
unten: AP Photo/Aaron Favila

Seite 13
oben: AP Photo/
 Alessandra Tarantino
unten: AP Photo/Francisco Seco

Seite 14
oben: EPA/Jeon Heon-Kyun
unten: Keystone/AFP/
 Anne-Christine Poujoulat

Seite 15
oben: Keystone/
 Salvatore Di Nolfi
unten: AP Photo/Matt Slocum

Seite 17
Keystone/Peter Klaunzer

Seite 34
Swiss Ice Hockey/Jonathan Vallat

Seite 35
Swiss Golf

Seite 36
Keystone/Maxime Schmid

Seite 37
Keystone/Jean-Christophe Bott

Seite 39
oben: Christian Stadler
unten: Andreas Zimmermann

Seite 40
Keystone/Jean-Christophe Bott

Seite 41
Keystone/CTK/Jaroslav Svoboda

Seite 43
Keystone/Laurent Gillieron

Seite 44
Maurice Parrée

Seite 45
rechts: Maurice Parrée

Seite 53
Keystone/Michael Buholzer

Seite 54
Oceana Galmarini

Seite 55
Christian Danuser

Seite 58
Graubünden Ferien/Marco
 Hartmann

Seite 62
links: Ski Weltcup St. Moritz/
 Agence Zoom/Francis Bompard
rechts: Keystone/Peter Schneider

Seite 63
oben: Keystone/Jean-Christophe
 Bott
unten: Ski Weltcup St. Moritz/
 Agence Zoom/Francis Bompard

Seite 64
Keystone/Gian Ehrenzeller

Seite 65
oben: Verein Weltcup
 Lenzerheide/Christian Egelmair
unten: Keystone/J
 ean-Christophe Bott

Seite 66
Davos Nordic/Marcel Hilger

Seite 67
oben und unten rechts:
 Davos Nordic/Nordic Focus
unten links: Davos Nordic/
 Marcel Hilger

Seite 68/69
Verein Arena Nordic Events/
 Federico Modica

Seite 72/73
Keystone/Peter Klaunzer

Seite 74/75
Arosa Tourismus/Stefan Borer

Seite 76
Snowboard Weltcup Scuol

Seite 77
oben: Keystone/Gian Ehrenzeller
unten: Snowboard Weltcup Scuol

Seite 78
oben links: Philipp Ruggli
oben rechts: Christian Stadler
unten: Marcel Lämmerhirt

Seite 78
oben und unten links:
 Marcel Lämmerhirt
unten rechts: Philipp Ruggli

Seite 80
Marcel Lämmerhirt

Seite 81
links: Marcel Lämmerhirt
rechts: Christian Stadler

Seite 82
Christian Stadler

Seite 83
Andreas Zimmermann

Seite 86/87
IBSF/Viesturs Lacis

Seite 89
Göran Strand

Seite 90
Keystone/Christian Beutler

Seite 91
Alphafoto.com

Seite 92/93
Verein Bike Weltcup/Sven Martin

Seite 95
Swiss Epic/Sam Clark

Seite 98/99
Tennisturniere Klosters

Seite 103
Rémy Steinegger

Seite 105
graubündenSport

Seite 107
graubündenSport

Seite 108/109
Graubünden Ferien/
 Marco Hartmann

Seite 120
Flims Laax Falera/Philipp Ruggli

Seite 124
oben: Swiss Ice Hockey

Seite 139
unten: Athletix

Seite 141
Weltklasse Zürich

Seite 142
Ben Brändli

Seite 143
unten: Graubünden Ferien/
 Marco Hartmann

Seite 146
SLRG/Donovan Wyrsch

Seite 162
links: Swiss-Ski/Stephan Bögli
rechts: Swiss-Ski

Seite 163
oben: Swiss-Ski/Stephan Bögli
unten: Swiss-Ski/Stephan Bögli

Seite 164
unten: Swiss-Ski/Ruedi Flück

Seite 167
oben links: Swiss-Ski/
 Stephan Bögli
oben rechts: Miriam Lottes

Seite 198/199
Graubünden Ferien/
 Marco Hartmann

Seite 229
links: Sam Modestia

**Seite 20 bis 21/45 links/
124 rechts/192/202**
Somedia/Olivia Aebli-Item

**Seite 22 bis 25/27 bis 31/38/
46/47/56/57/85/94/97/100/101
/104/106/203 unten/207**
Somedia/Livia Mauerhofer

Seite 26
Somedia/Philipp Baer

Seite 49/102/205 unten
Somedia/Elea Bank

Seite 114
Somedia/Lars Morger

Seite 133 unten/189
Somedia/Dani Ammann

Alle anderen Bilder stellten die
jeweiligen Verbände respektive
Organisationen zur Verfügung.

HERZLICHEN DANK

Geschätzte Leserinnen und Leser

Es freut mich sehr, dass Sie das Bündner Sportjahrbuch 2022 erworben haben. Ich hoffe, Sie haben an diesem Sammelwerk Gefallen gefunden. Zum Gelingen dieses Werks haben beigetragen:

- Der Bündner Verband für Sport mit seinen Mitgliederorganisationen
- Somedia Buchverlag, Projektleitung Eva Zopfi
- Redaktionsleiterin Anita Fuchs
- Viaduct, Layout und Gestaltung Noemi Bühler
- Unsere Sponsoren:
  - Bündner Verband für Sport, Chur
  - Destination Davos Klosters, Davos
  - Ems Chemie AG, Domat/Ems
  - Gemeinde Flims, Flims
  - Graubünden Ferien, Chur
  - Graubündner Kantonalbank, Chur
  - iBW Höhere Fachschule Südostschweiz, Chur
  - Kanton Graubünden, Erziehungs-, Kultur- und Umweltschutzdepartement, Chur
  - Roland Arena, Lantsch/Lenz
  - Somedia AG, Chur
  - Stadt Chur, Sportstadt Chur
  - Würth International, Chur

Ihnen allen und vielen Helferinnen und Helfern aus den Mitgliederverbänden gratuliere ich zu diesem gelungenen Buch, und gleichzeitig bedanke ich mich für die alljährlich hervorragende Zusammenarbeit.

Sportliche Grüsse

Thomas Gilardi, Präsident Bündner Verband für Sport